# AMISTAD AMOR AUTISMO

Las dificultades de comunicación y el diagnóstico de autismo que nos dieron una nueva vida juntos

MICHELLE Y ANDREW PRESTON

Derechos de Autor © 2023 BELLAMIMA LIFESTYLES INC.

Todos los derechos reservados. Este libro contiene material protegido por Leyes y Tratados Internacionales y federales. Cualquier reimpresión o uso no autorizado de este de este material. Ninguna parte de este libro puede ser reproducida o transmitida en cualquier forma o por cualquier medio, electrónico o mecánico, incluyendo fotocopia, grabación o por cualquier sistema de almacenamiento y recuperación de información sin el permiso expreso y por escrito del autor/editor.

ISBN: 978-1-7387354-7-1 (Tapa Dura)
ISBN: 978-1-7387354-8-8 (Rústica)
ISBN: 978-1-7387354-9-5 (Libro electrónico)

Este libro está dedicado a todas las personas con autismo que se sienten incomprendidas. Estamos a su lado en su búsqueda por aceptar sus diferencias y celebrar sus singularidades.

Asimismo, queremos dedicarle esta traducción a nuestra entrañable, extraordinaria e inolvidable amiga Sakura Hara González, quien falleció trágicamente mientras estaba en medio de la traducción de este libro del inglés al español. Muchas gracias por creer siempre en nosotros, querida amiga. Te apreciamos, te queremos y te extrañamos cada día. Sin ti, esta traducción no habría sido posible.

# CONTENIDO

Agradecimientos . . . . . . . . . . . . . . . . . . . . . . . . . . . . . . . . . . . . .vii
Introducción . . . . . . . . . . . . . . . . . . . . . . . . . . . . . . . . . . . . . . . ix

Chapter 1 - El Gran Descubrimiento . . . . . . . . . . . . . . . . . . . . . . .1

**AMISTAD**. . . . . . . . . . . . . . . . . . . . . . . . . . . . . . . . . . . . . . .23
Chapter 2 - Un "Aceptar" de la Suerte. . . . . . . . . . . . . . . . . . . . .25
Chapter 3 - Inicios de una Amistad. . . . . . . . . . . . . . . . . . . . . . .45
Chapter 4 - La Amistad Continúa. . . . . . . . . . . . . . . . . . . . . . . .58
Chapter 5 - El Paso al Romance . . . . . . . . . . . . . . . . . . . . . . . . .74
Chapter 6 - Nuestra Verdadera Primera Cita . . . . . . . . . . . . . . . .92

**AMOR**. . . . . . . . . . . . . . . . . . . . . . . . . . . . . . . . . . . . . . . . .103
Chapter 7 - Las Pequeñas Cosas . . . . . . . . . . . . . . . . . . . . . . . .105
Chapter 8 - Algunas Curvas De Aprendizaje . . . . . . . . . . . . . . .126
Chapter 9 - Coincidencia . . . . . . . . . . . . . . . . . . . . . . . . . . . . .146
Chapter 10 - Más Curvas De Aprendizaje. . . . . . . . . . . . . . . . .164
Chapter 11 - Situaciones Ligeramente Difíciles. . . . . . . . . . . . .182

Chapter 12 - Situaciones Difíciles . . . . . . . . . . . . . . . . . . . . . . . . .201
Chapter 13 - Las Situaciones Más Difíciles:
              Lo Que Casi Nos Separa . . . . . . . . . . . . . . . . . . . .219
Chapter 14 - Viviendo Juntos . . . . . . . . . . . . . . . . . . . . . . . . . . .234
Chapter 15 - El Dormitorio . . . . . . . . . . . . . . . . . . . . . . . . . . . .246

# AUTISMO . . . . . . . . . . . . . . . . . . . . . . . . . . . . . . . . . . . . . . . .263

Chapter 16 - Noviembre Ha Llegado . . . . . . . . . . . . . . . . . . . . .265
Chapter 17 - El Hombre Robot, La Chica del Periodo
              y Sus Lenguajes de Amor . . . . . . . . . . . . . . . . . . .280
Chapter 18 - El Diagnóstico . . . . . . . . . . . . . . . . . . . . . . . . . . . .298
Chapter 19 - Después del Diagnóstico . . . . . . . . . . . . . . . . . . . .320

Conclusión . . . . . . . . . . . . . . . . . . . . . . . . . . . . . . . . . . . . . . . .325
Notas Finales . . . . . . . . . . . . . . . . . . . . . . . . . . . . . . . . . . . . . .333

# AGRADECIMIENTOS

Nos gustaría extender nuestra más profunda gratitud a nuestros seguidores de las redes sociales, que nos inspiraron a escribir esta serie de libros. Su amabilidad y apoyo emocional nos han hecho seguir adelante cuando hemos dudado de nosotros mismos. También nos gustaría reconocer el invaluable apoyo de Teresa De Grosbois, nuestra mentora de composición, que nunca perdió la paciencia mientras convertía a dos aspirantes a escritores en autores. Por último, nos gustaría expresar nuestro más profundo agradecimiento a todos nuestros lectores de prueba por tomarse el tiempo de leer los borradores y darnos su opinión. Todos y cada uno de ustedes han contribuido al éxito de este libro. Sentimos como si tuviéramos un ejército detrás de nosotros, y esto mejoró nuestro proceso más de lo que las palabras pueden expresar.

# INTRODUCCIÓN

Nuestra historia de amor se desarrolló de forma opuesta a todo lo que me había imaginado. Mi caballero de armadura brillante no llegó de golpe ni hizo todas las cosas bien. No era popular ni carismático. No hubo chispas ni magia, y nuestras primeras citas estuvieron llenas de momentos incómodos. Él no utilizaba palabras dulces ni expresaba sus sentimientos de ninguna de las maneras a las que yo estaba acostumbrada. Para colmo, ni siquiera tenía estilo para vestir.

De pequeña me encantaban los cuentos de hadas y las comedias románticas. Muchos de nosotros veíamos estas películas pensando: "Sólo un idiota podría pensar que alguna de estas historias pudiera ser cierta". Pero creo que podemos admitir que, de forma inconsciente, esperábamos que fueran ciertas.

Personalmente, sé que estaba buscando el amor en todas las formas equivocadas, y una gran parte de esto es debido a lo que la sociedad pinta como importante.

De hecho, mi caballero de brillante armadura es terrible en todas las cosas que la sociedad considera como las más importantes. Así que comprenderás por qué opté por que fuera uno más de mis amigos. No tenía ninguna de las cualidades que yo buscaba en una pareja en ese momento.

Mi nombre es Michelle Preston, y este libro es sobre mi esposo Andrew y yo. Cuanto más hablaba de nuestra historia en las redes sociales, más evidente se hacía que el mundo necesitaba oír todo lo que habíamos pasado para llegar a donde estamos hoy.

Este libro es nuestra historia de amor, y no trata del prototipo de chico popular. Es sobre enamorarse de un *nerd* y buscar de entenderlo.

Cuando empecé a escribir, decidí hacerlo de la única manera que tenía sentido para mí. Como si tú, lector, fueras mi mejor amigo y te contara mi historia mientras tomamos unas bebidas. Andrew y yo estamos de acuerdo en que no vamos a omitir detalles que nos hagan quedar mal. La única forma de hacer justicia a esta serie de libros es hablar libremente contando nuestras historias tal y como sucedieron. Así que, ya que eres mi mejor amigo, que recibe todos los detalles jugosos de nuestras vidas, confío en que harás tu papel de mejor amigo y te reservarás tus críticas.

Este libro lleva "autismo" en el título, pero no trata sólo de eso. Y no es sólo sobre mi propio caballero de brillante armadura. Se trata de todos los *nerds* que andan por ahí. Los menospreciados, a quienes siempre apoyo. Y a sus parejas que podrían ser tan felices con ellos.

Lo único que hace falta es abrir el corazón a las posibilidades que tienes frente a ti y un poco de comprensión. Compartimos nuestra historia con la esperanza de darte una

Nueva perspectiva, porque todo el mundo merece la oportunidad de luchar por una relación feliz y Prospera.

*\* \* \**

*Hola, soy Andrew. El nerd de brillante armadura de Michelle, y soy terrible en eso de las citas. Unos meses antes de conocer a Michelle, tuve una. En mi opinión la cita iba bien, y ella aceptó mi invitación para seguir disfrutando de la noche después de la cena. Encontramos un bar y tomamos algunas bebidas con una conversación ligera. En punto ella desbloqueó su teléfono, mi subconsciente captó su contraseña cuando lo miré. Como tengo memoria fotográfica, su contraseña se quedó grabado en mi mente.*

*Minutos después, me pasó su teléfono para que buscara algo por ella. De inmediato me lo pidió al imaginar que no era posible que yo supiera su contraseña. Pero yo ya lo había desbloqueado. Mi*

explicación fue honesta y despreocupada: "Cuando introdujiste tu contraseña, miré por casualidad en dirección a tu teléfono y la vi de reojo". Para mí, esto no era gran cosa. Fui sincero y le dije exactamente lo que había pasado. No hay problema, ¿verdad?

Error.

El resto de la cita se sintió incómoda, y no podía entender por qué. Nuestro abrazo al final de la noche se sintió como si ella me abrazara a regañadientes. Se sentía raro. ¿Qué hice? pensé.

Días después, le comenté a un amigo que había desbloqueado su teléfono sin que ella supiera que yo conocía su contraseña. Me dijo que podría haberla asustado. En retrospectiva, me di cuenta de que había arruinado la cita o la posibilidad de algo más en ese momento.

Oh, Dios, pensé. ¿A qué más tengo que prestar atención en este mundo para no molestar a la gente?

Desde pequeño, sabía que era diferente. En la escuela, el ser etiquetado como "uno de los niños raros" me seguiría hasta la edad adulta. Durante mis primeros años de adolescencia, me consideraba extraño, de bajo rendimiento y tonto. Me excluía de llevar una vida normal o de tener un buen trabajo. A lo máximo que podía aspirar era una vida feliz con mis intereses, unos cuantos amigos y quizá una novia. Me comparaba con todos los demás y con cómo sería (o debería ser) la vida gracias a la orientación de profesores, padres y otros estudiantes. Resulta que ellos y yo estábamos equivocados.

Durante mis veinte años, pasé por muchos cambios emocionales y espirituales. Esto no ha cambiado. Se me hizo más difícil, pero luché y me hice más fuerte con ello. A mi manera, como nerd, la vida se ha desarrollado de una forma que nunca hubiera imaginado.

Cuando Michelle y yo nos conocimos, supe que ella era especial. Pasar tiempo con ella me hacía feliz. Salir con ella era algo que siempre esperaba. Fue la primera novia a quien sentí como mi compañera de equipo. Michelle tuvo que ayudarme a entender mis sentimientos. Yo podía sentir algo positivo, pero me era difícil entenderlo ya que mis relaciones anteriores no estaban basadas en una verdadera amistad y compañerismo. ¿Por qué soy tan feliz? me preguntaba. Hasta que me di cuenta de que era por mi relación con Michelle. Vaya.

## MICHELLE Y ANDREW PRESTON

*Este tipo de aprendizaje que te cambia la vida no se ha detenido, y no quiero que se detenga. Saber lo lejos que hemos llegado y cuántas personas en las redes sociales se identifican con nuestra historia me da mucha alegría. Este libro es para ayudar a otros a ver las relaciones y la comunicación de manera diferente. Por favor, toma las ideas y las emociones de este libro y úsalos para mejorarte a ti mismo y a los demás.*

# 1
## EL GRAN DESCUBRIMIENTO

Ver a Andrew jugar videojuegos suele ser algo que me gusta. Pero esta noche no. Es miércoles por la noche y estoy acurrucada en mi sillón favorito en su casa. Lo estoy viendo mientras tengo una gran niebla cerebral por mi síndrome post-conmoción cerebral. Los pensamientos negativos ocupan mi espacio mental, y parece que no puedo deshacerme de ellos.

Estoy feliz de estar en casa de Andrew. Llevamos saliendo casi cinco meses. Andrew es amable conmigo cuando mis síntomas se agudizan. Se asegura de que esté cómoda, me besa la frente y luego me deja sola. Nunca me hace sentir mal por ello ni se impacienta. Ojalá yo pudiera ser tan amable conmigo misma.

Andrew no juega a los videojuegos como nadie que haya conocido antes. Su teclado se ilumina como un arco iris y sus auriculares tienen un micrófono. Junto a su extravagante silla de juegos y el hecho de que la pantalla de su computadora tiene una curvatura que se adapta a la forma de su escritorio, parece que está a punto de lanzarse al espacio.

Mirar la pantalla de cualquier computadora puede resultar demasiado estimulante con el síndrome post-conmoción. La pantalla de Andrew parpadea con un movimiento frenético, así que tengo que cerrar los ojos continuamente. Cada vez que lo hago, mi voz interior me avergüenza, diciéndome que soy débil e inútil. Mis síntomas de conmoción cerebral se han agudizado mucho últimamente, y estoy harta. Volver a trabajar, después de un año de descanso, está resultando ser demasiado para mi golpeado cerebro. La depresión se cierne sobre mí mientras me cuestiono todo lo relacionado con mi vida. ¿Podré volver a entrenar en artes marciales? ¿Jugar béisbol? ¿O trabajar en el aula que tanto me gustaba? ¿O he dañado permanentemente mi cerebro al recibir un puñetazo en la cabeza durante una de las tantas peleas de kickboxing?

La colección de libros de Andrew es el doble de grande que la mía, y él lee más que cualquier otro hombre con el que haya salido. Su biblioteca está frente a mí, contra la pared, y se convierte en una grata distracción de mis pensamientos. Mi mirada recorre cada estante, buscando un libro que me pueda ayudar a explicar mis estados de ánimo.

Mis emociones no parecen tener un punto medio; o estoy en la cima del mundo y llena de confianza, o estoy deprimida. Esto se ha hecho más evidente durante mi recuperación cerebral, ya que no tengo muchas distracciones. Estar sentada sola durante horas a diario es una forma segura de conocerse a sí misma, y no me gusta lo que he visto.

Los libros sobre inversión y economía llenan los dos primeros estantes. Los ignoro. Mi mirada se desplaza por el estante del medio cuando un libro me llama la atención. Se titula: *"Síndromes de la sombra, Las formas leves de los principales trastornos mentales que nos sabotean*[1]. Me llama la atención porque Andrew lo ha mencionado antes. Me da pereza levantarme del cómodo sillón, así que espero a que termine su juego para pedírselo.

"Andrew, ¿puedes pasarme Síndromes de la sombra?" Andrew se gira para buscarlo.

Me lo entrega con una sonrisa y dice: "Este es el libro del que te hablé. Me lo recomendó mi psicólogo".

En cuanto lo tengo en mis manos, siento el impulso de leerlo. "¿Me lo prestas?" le pregunto. "Por supuesto", responde Andrew. "Hazme saber lo que piensas. Es bastante interesante".

Se hace tarde y mi perro Baxter está solo en mi apartamento. Nos abrazamos durante unos minutos antes de despedirnos.

---

[1] Solo disponible en inglés - Shadow Syndromes: The Mild Forms of Major Mental Disorders That Sabotage Us - by John J. Ratey M.D. and Catherine Johnson Ph.D

Salgo por la puerta, sin saber que tengo en mis manos un libro que está a punto de cambiar nuestras vidas por completo.

## Síndromes De La Sombra

Hay una cita popular del Dr. Stephen Shore que destaca lo diverso que es el autismo. Esa cita dice: *"Si has conocido a una persona con autismo, has conocido a una sola persona con autismo"*. Comparto esta cita porque quiero destacar que el autismo se presenta de forma diferente en cada persona.

Este libro habla de los rasgos que más noté en Andrew. Puede que te sientas identificado con muchos de ellos y no seas autista. Puede que seas autista y no te sientas identificado con los rasgos de Andrew en lo absoluto. Pero al contarte nuestro proceso de descubrimiento y cómo nuestra relación pudo florecer a través de él (y gracias a él), esperamos inspirarte para que sigas tu propio camino.

Síndromes de la sombra se publicó en 1997, y algunos de sus términos están desactualizados. Por ello, pido disculpas. No me pareció correcto citar mal la información que leí cuando hice mi descubrimiento, así que leerás todo como lo hice yo. Esto significa que recibirás mucha información de golpe, y puede ser difícil de digerir (y lo fue para mí). No te preocupes, amigo. Todavía hay un libro entero por delante que te ayudará a asimilar estas cosas, y siempre puedes volver a este capítulo, una vez que conozcas nuestra historia.

Síndromes de la sombra me cautivó desde el primer momento. Al final del primer capítulo, estaba enganchada. Se titula "The noisy brain" o en español, "El cerebro ruidoso". El fascinante análisis me ayudó a comprender por qué tantas personas siguen cometiendo los errores más simples en su día a día. Dice: "Lo que... el estrés es para el cuerpo, el ruido es para el cerebro". Continúa explicando que "Invariablemente, las personas abrumadas por el ruido cometen errores; su capacidad de procesamiento se desmorona. ...Una persona sobrecargada, es, en otras palabras, una persona que opera en el extremo inferior de sus capacidades".

Este capítulo me gustó porque lo explica de forma muy sencilla. El estrés es un problema enorme en la sociedad. Muchos de nosotros estamos constantemente sobre estimulados sin darnos cuenta. Funcionamos al límite inferior de nuestras capacidades porque nuestros cerebros están sobrecargados.

Disfruto de este capítulo, pero no está a la altura de lo que viene. Así fue como sucedió...

Con un té de manzanilla en la mano, estoy acurrucada en la cama leyendo Síndromes de la sombra.

Todo mi mundo da un vuelco cuando empiezo a leer el capítulo 6, "Ecos autistas". Mi pobre resaltador casi se queda sin tinta porque de repente todo me resulta muy familiar. Es como si me golpearan la cabeza con un garrote lleno de información muy necesaria.

Andrew también ha utilizado su resaltador a lo largo del capítulo y ha escrito números junto a algunos de los párrafos. Subrayo las palabras: *"¿Quién es la persona con una forma oculta de autismo? Él es el "patito feo". Su diferencia con respecto a las personas "normales" es evidente para todos nosotros; lo reconocemos como alguien que de alguna manera es peculiar".*

Los recuerdos pasan por mi mente como la escena de una película. Primero, cuando mi compañero de habitación Gabriel me dijo: "¿A Andrew le falta algo? ¿Qué le falta?". Seguido de mis muchas conversaciones con nuestros buenos amigos Jackson y Caleb sobre cómo Andrew suele "verse incómodo".

Sigo leyendo: *"Sufre problemas abrumadores con la comunicación; le cuesta hacer o responder preguntas, le cuesta utilizar la palabra 'sí'. A pesar de ser capaz de hablar... rara vez capta el vaivén de una conversación; en su lugar, sostiene monólogos o se queda callado como una piedra mientras los demás le hablan. No puede leer el lenguaje corporal ni las expresiones faciales; si puede, no lo hace tan bien como otros niños de su edad. No puede participar en juegos a menos que se le enseñe minuciosamente cada paso".* Esta última frase me hace recordar la vez que intentamos jugar al Scrabble y lo imposible que le parecía captar hacia dónde poner las letras.

No puede leer las expresiones faciales: comprobado. No puede leer el lenguaje corporal: comprobado. Socialmente torpe - doblemente comprobado. Empiezo a pensar en Andrew sentado solo en el suelo en casa de Gavin y Chelsea, leyendo su libro mientras los demás charlamos durante horas. Nuestros muchos pequeños malentendidos pasan por mi mente. Todo empieza a tener sentido.

La adrenalina llena mi cuerpo de tal manera que me resulta imposible permanecer horizontal. Sin pensar en que es más de medianoche, salto de la cama y enciendo las luces. Ninguna cantidad de té de manzanilla va a devolverme a la cama ahora. Un dardo tranquilizante no podría hacer el trabajo.

Tras trasladarme a la mesa de mi sala, sigo leyendo lo que parece ser un capítulo entero sobre Andrew. *"En la actualidad, el clásico síndrome de la sombra del autismo es innegablemente masculino.*[2] *Y, estereotipos sociales aparte, la encarnación más reconocida de este síndrome de la sombra es el nerd. Es el programador informático encorvado sobre su monitor a todas horas del día y de la noche, con un protector de bolsillo para plumas alojado permanentemente en su camisa desarreglada. Tiene pocos o ningún amigo; a menudo no tiene esposa. Es un cerebrito".*

El capítulo tiene muchos puntos que son casi textuales a cosas que he pensado sobre Andrew. Mi mente compara todo con él, mientras continúo leyendo.

*"...suelen hablar de forma algo diferente al resto de nosotros: a menudo su dicción es formal, su afecto algo plano".* Ese es Andrew. Su tono es tan plano que es difícil saber si está hablando en serio o en broma.

*"...no puede tener conversaciones casuales."* Definitivamente Andrew. La idea de tener que hacer conversaciones casuales arruinará su día.

*"...habla en monólogos, sin dejar hablar a nadie más".* También Andrew. A veces habla tanto que tengo que interrumpirlo porque no puedo seguir escuchándolo.

*"...capacidad de acoger las críticas como si fueran simplemente una retroalimentación útil".* Cien por cien Andrew. Me encanta cómo acepta las críticas; escucha sin ponerse a la defensiva.

*"...naturaleza confiada".* Totalmente Andrew. Acepta la palabra de la gente, incluso cuando han demostrado muchas veces que no la cumplen.

---

[2] Más y más mujeres continúan siendo diagnosticadas autista todos los días.

*"...no intuye motivos ocultos"*. Sí, también Andrew. En su mente, todos los demás son tan honestos como él.

*"...gran dificultad para captar lo no dicho"*. Definitivamente, Andrew. No puede captar una indirecta aunque le des una bofetada en la cabeza.

*"Se ve a sí mismo como un libro abierto, y, en su trato con otros humanos, sólo tiene una opción, ser honesto"*. De nuevo, cien por ciento Andrew. Su honestidad es diferente a cualquier otra que haya experimentado.

Cuanto más leo, más me convence.

Esta parte es mi favorita, ya que me hace sonreír el corazón: *"...todos los síndromes de la sombra tienen sus bendiciones, por muy variados que sean, la persona autista, reacia al cambio y que no lee mucho la mente, es tan leal, firme y fundamentalmente honesta como socialmente inconsciente"*.

Una mujer habla de su marido con cariño, aunque tenga muchas dificultades con él: *"Los niños adoran a Dan. Les gusta instintivamente. Es infantil, sencillo; Dan no es complicado. Lo que ves es lo que tienes. Esa fue una de las cosas que me atrajo de Dan, y lo sigue siendo hasta la fecha. Dan es un hombre íntegro"*.

Esta mujer habla mi idioma. Me identifico con todo lo que está diciendo sobre su marido. Eso es exactamente lo que siento por Andrew.

Después de muchos años de salir con hombres que a menudo guardaban secretos en un intento de ocultar sus inseguridades. La integridad de Andrew es impresionante y refrescante.

Sigo leyendo.

*"El verdadero problema de la persona autista puede ser no tanto con la emoción como con la empatía, con percibir y comprender los sentimientos de los demás"*. Ese es Andrew. Es tan difícil para mí explicarle por qué algo que él hizo hirió mis sentimientos.

*"...de pensamiento literal; suelen interpretar una pregunta o un comentario en su sentido más concreto".* Totalmente Andrew. Nos hemos metido en algunas situaciones divertidas por esto. Tengo que vigilar mis palabras porque se las toma muy literalmente.

*"Necesita que le expliquen las cosas; necesita que la gente sea directa. Pero cuando la gente es directa, puede entender. Y eso marca la diferencia".* Definitivamente, Andrew. Si no explico las cosas en detalle, no tendrá idea de lo que espero de él.

*"...habilidad para cambiar su atención rápidamente de una cosa a otra."* No podría ser más parecido a Andrew. Cambia su atención rápidamente y es muy impulsivo. Es difícil para mí seguirle el ritmo.

*"...la necesidad de uniformidad y rutina, los intereses limitados, los comportamientos repetitivos".* También Andrew. Sigue un patrón para todo lo que hace.

*"...dificultad para seguir el ritmo social".* Totalmente Andrew. Definitivamente marcha al ritmo de su propio tambor. Él se siente como si estuviera en su propio mundo.

*"Es 'ciego mental'; no puede leer las mentes."* Oh Dios mío, ¿eso existe? Eso es muy Andrew. Cuando le digo cómo me siento, parece tan sorprendido, incluso cuando es obvio.

*"Una vez que una persona autista está en el proceso de ejecutar una tarea, debe mantenerse haciéndolo".* De nuevo, es Andrew. Si le hablo mientras está haciendo algo, lo desconcentro por completo.

*"Pensamiento visual..."* Sí, Andrew piensa en imágenes. Una vez me describió una imagen para explicar una historia.

Ha habido muchas ocasiones en las que me ha desconcertado la capacidad de Andrew para *"no captar la idea"* en algo que es obvio para mí. Y pienso: ¿Cómo es posible que no lo entienda? Es tan obvio.

Leer la siguiente parte me ayuda a poner esto en perspectiva.

*"...la persona autista, se cree, sufre de un déficit en la capacidad de unificar al mundo percibido. En lugar de ver el mundo como un mundo, o la habitación como una habitación, o la alfombra como una alfombra, ve el mundo en pedazos. La persona normal automáticamente, inconscientemente, ensambla su mundo percibido en conjuntos. Vemos una cara, no una nariz, una boca y dos ojos".*

Tengo que parar y asimilar esto antes de continuar porque es mucha información para procesar.

¿Ve Andrew el mundo en pedazos? ¿Cómo sería si tu cerebro funcionara de esa manera? Debe ser difícil ver los fragmentos del mundo con tanta claridad cuando la mayoría de la gente está viendo el todo.

Es casi como si Andrew estuviera viendo una película completamente diferente que el resto de nosotros, aunque esté en la misma habitación. Vaya.

ALUCINANTE.

Una vez que empiezo a comprender la idea de que Andrew ve el mundo en pedazos, muchas cosas empiezan a tener sentido. Por ejemplo: ¿Por qué pensó en empacar todas las pequeñas cosas que necesitábamos para nuestro fin de semana de campamento, pero no se aseguró de que tuviéramos suficiente tiempo para llegar antes de que oscureciera? y es por el enfoque de su perspectiva.

Esto explica por qué no nota que ciertas personas están obviamente afectando su vida de forma negativa, y nunca entiende el papel importante que alguien puede jugar en arruinar completamente su día.

O, por el contrario, que perciba quién juega un papel enriquecedor en su vida. A menudo he sentido la necesidad de recordarle quiénes son sus amigos de alta calidad, quiénes merecen recibir más de su tiempo, y quiénes quizás no tanto. El por qué he necesitado hacer esto es algo que nunca he entendido, y no me gusta hacerlo. Nadie con quien haya salido anteriormente ha recibido ningún discurso sobre con quién debería relacionarse, pero con Andrew, es tan necesario que no puedo evitarlo.

Andrew es una de las personas más inteligentes que conozco, por lo que nunca he entendido cómo puede ser incapaz de comprender algo tan obvio para mí. Pero si él ve todo en pedazos, como eventos individuales, entonces puedo empezar a entenderlo. Si no puede conectar los puntos de los eventos, tiene sentido que no se dé cuenta de cuáles puntos se conectan con cuáles personas.

"*...se vuelve muy bueno para percibir el mundo por partes*". Continúo leyendo. "*Esta es una fortaleza del autismo, quizás la fortaleza clave y la fuente del genio autista que vemos en los llamados idiotas sabios: una persona autista, aunque es mucho peor que la persona normal para captar un todo, suele ser mucho mejor para percibir las partes. En las pruebas de figuras incrustadas, en las que se pide a un niño que encuentre una imagen oculta en un dibujo, los autistas superan con creces a los niños normales; a menudo también superan a los investigadores*".

Esto me ayuda a poner el enfoque en las evidentes cualidades de genio de Andrew, que son muchas. Está dotado cuando se trata de notar detalles que muchos de nosotros pasamos por alto, especialmente cuando se trata de la mecánica. Nunca toma el camino corto o se apresura en el trabajo.

Son casi las dos de la madrugada cuando termino el capítulo. Termina diciendo "*...se centran exclusivamente en sus estrechos campos de interés; no pueden hacer otra cosa. Y tienen gran éxito. Algunos son genios, otros son casi genios. La rigidez del autismo, la estrechez de intereses, la necesidad de la uniformidad: estas mismas cualidades pueden producir un niño miserablemente infeliz.., o un genio aislado cuyo trabajo alterará el mundo tal y como lo conocemos. El extraño y desconcertante trastorno que conocemos como autismo puede mover a una persona en ambos sentidos*".

Cuando dejo el libro, empiezan a detonar fuegos artificiales en mi cerebro. Me siento inmóvil en mi sala de estar. Siento que mi cabeza está explotando con información. Muchos puntos se conectan para pintar una imagen obvia: Andrew es autista de alguna forma que no entiendo.

No tengo mucha experiencia con el autismo, no con nadie a quien haya tenido cerca, al menos. Es mi decimotercer año enseñando cosmetología en el sistema de la escuela secundaria. Once de esos años los he pasado trabajando específicamente con estudiantes que tienen varios problemas de aprendizaje. He conocido a muchos estudiantes diagnosticados con autismo a lo largo de los años. Pero esos estudiantes nunca han asistido a mi clase. La cosmetología es prácticamente el oficio más social que existe, ya que implica trabajar con clientes. Naturalmente, esto no les resulta atractivo en la mayoría de los casos.

Mientras me siento a reflexionar, no sé qué hacer conmigo misma.

Pienso en llamar a Andrew, pero instintivamente sé que no debo hacerlo. Esto no es algo que pueda soltarle sin más. Tendré que investigar y pensar más en ello para llegar a un enfoque planificado. Además, llamarlo a las 3 de la mañana en un día de trabajo realmente afectaría su rutina, lo cual es una idea terrible.

¿Hay alguna posibilidad de que me equivoque en esto? Parece muy improbable. Hay cualidades en el capítulo que Andrew no posee pero tiene la mayoría de ellas.

Durante casi una hora, me siento a procesar lo que acabo de leer. Investigar más es lo que me apetece hacer, pero mi cerebro ya está sobrecargado con más que suficiente información nueva.

Estoy inquieta, así que vuelvo a tomar el libro para leer algunas cosas que he subrayado, y luego lo vuelvo a dejar.

Entonces, me doy cuenta de algo. Es una pegatina azul en el lateral del libro. Está ligeramente desgastada, así que tengo que acercarla a mi cara para ver lo que dice.

No es frecuente que me ría a carcajadas cuando estoy sola, pero este es uno de esos momentos. Me parto de risa al leer: "Liquidación, cuatro dólares".

*Son los cuatro dólares mejor gastados por Andrew*, pienso en mi mente. No puedo dejar de reírme, no sólo porque es gracioso sino porque estoy aliviada. Estar con Andrew me hace más feliz que nunca. Pero también hay cosas que me frustran de sobremanera. Obtener perspectiva y entender de dónde vienen estas cosas se siente como una posible solución a muchos de nuestros problemas.

## Más Investigación Sobre El Autismo

Los siguientes días fueron un torbellino en los que intenté meterme en la cabeza todos los conocimientos posibles. Pido cinco libros por Amazon que están relacionados con el autismo y empiezo a acechar los pines de Pinterest. No estoy tan familiarizada con Pinterest, así que estoy gratamente sorprendida cuando encuentro fácilmente muchos pines útiles y pequeños artículos.

El primer pin que encuentro dice - Síndrome de Asperger[3]
Los niños y adultos con síndrome de Asperger podrían:

- Tener dificultades para entender el lenguaje corporal
- Evitar el contacto visual
- Quieren estar solos; o quieren interactuar pero no saben cómo
- Tienen intereses estrechos, a veces obsesivos
- Hablan sólo de sí mismos y de sus intereses
- Hablan de forma inusual o con un tono de voz extraño
- Le cuesta hacer amigos
- Parecen nerviosos en grupos sociales grandes
- Son torpes o raros
- Tener rituales que se niegan a cambiar, como una rutina muy rígida a la hora de dormir
- Desarrollan movimientos extraños o repetitivos
- Tienen reacciones sensoriales inusuales

Este último punto me hace sentir como una absoluta idiota. ¿Problemas sensoriales? Todo este tiempo, he estado bromeando con Andrew sobre lo quisquilloso que es con la ropa, y es una sensibilidad real que tiene. Me siento fatal.

Este pin me hace investigar más sobre los problemas sensoriales. El capítulo *"Ecos Autistas"* no decía mucho sobre ellos. Google me enseña mucho sobre el tema. Aprendo que los problemas sensoriales relacionados con el autismo pueden incluir la vista, el sonido, el gusto, el olfato, el tacto y la conciencia corporal. Comprender lo que significa la conciencia corporal es un reto para mí, pero sé que probablemente por qué odio dar masajes a Andrew porque no puede decir si los disfruta o no.

A Andrew le encantan sus auriculares con cancelación de ruido y a menudo se queja de que las cosas huelen mal (incluyéndome a mí en

---

[3] Síndrome de Asperger no es un término utilizado actualmente. Las personas son ahora consideradas autistas. Se entiende que el autismo se presenta como un amplio espectro.

ocasiones) cuando yo no noto ningún olor. Es tan exigente con el flujo de aire y la temperatura que lleva nuestro aire acondicionado portátil para las escapadas de fin de semana por si acaso nuestro AirBnB no tiene uno. Apenas cabe en mi auto, pero Andrew insiste. A veces, se olvida de quitarse las gafas de sol bajo techo. Se lo hago saber y dice que se las quiere dejar puestas. ¿Es eso por la sensibilidad a la luz? ¿Todo le suena más fuerte? ¿Y su piel es más sensible al roce?

Se disparan más fuegos artificiales en mi cabeza. POR SUPUESTO... todos sus sentidos ¡están intensificados! No está siendo difícil. Esto es algo que puedo entender y trabajar con él.

Muchos de los rasgos de Andrew han sido confusos para mí, así que ya he comenzado a tomar notas. Esta semana he añadido varios rasgos a la lista.

No tengo ninguna duda de que Andrew es autista, pero todavía tengo que decidir cómo voy a abordarlo.

Después de algunas deliberaciones, decido que si voy a abordar a Andrew sobre algo que creo que tiene, será mejor que busque primero lo que tengo yo misma. O al menos lo que estoy más cerca de tener. Si voy a pedirle que aprenda más sobre sí mismo, es justo que yo me aventure por el mismo camino. Somos un equipo, y cuanto mejor nos entendamos a nosotros mismos, más fuertes seremos para apoyarnos mutuamente a lo largo de la vida.

Antes de plantearle nada a Andrew, voy a terminar de leer *Síndromes de la Sombra*. Me parece lo más lógico. Me dará tiempo para digerir la información y asegurarme de no obviar nada. También me dará tiempo para saber más sobre mí, que es la razón por la que decidí leerlo en primer lugar.

## Aprender Sobre Mí Misma

El capítulo con el que más me identifico es el de las mujeres hipomaníacas. Es una forma más leve de bipolaridad. Hay un capítulo sobre una mujer llamada Mary Ellen, "La loca ama de casa" que siento que es la más parecida a mí. En el libro, la describen como *"en riesgo de convertirse en maníaco-depresiva"*.

Ella explica lo siguiente: *"Creo que tuve episodios ligeramente maníacos en la universidad, en los que me quedaba despierta toda la noche y memorizaba libros enteros, y luego escribía ensayos maravillosos. Estaba muy alerta y no tenía que tomar medicamentos para mantenerme despierta, como lo hacían todos mis amigos cuando necesitaban pasar la noche en vela. Debido a que la fecha límite me tomaba por sorpresa, me quedaba despierta toda la noche. Obtenía A en los exámenes, y los ensayos. Era una forma extraña de ir a la escuela. La secuela era el agotamiento, y me enfermaba después de los exámenes finales. Y el material sólo quedaba en mi memoria a corto plazo; ya que olvidaba todo lo aprendido".*

La historia de Mary Ellen suena similar a mis días de colegio. Nunca necesité estimulantes para pasar despierta toda la noche, aunque lo hiciera a menudo. Memorizar libros enteros no está dentro de mis habilidades, pero puedo aprender fácilmente todo lo que necesito en una noche para superar un examen. La información nunca se me quedaba grabada durante mucho tiempo, pero no reprobé ningún examen en mi vida. Mary Ellen habla de cómo de repente siente la necesidad de pintar toda la casa. Reacomodar dos armarios, reordenar los muebles en todas las habitaciones, y pintar la casa en veinticuatro horas sin dormir. Mi primer pensamiento es, *"Sí, ya he pasado por eso".*

*"La gran confianza en sí misma, la rapidez mental, la coquetería, la falta de sueño: todos estos son signos de un episodio hipomaníaco. Y, como la mayoría de los hipomaníacos, Mary Ellen se sintió llena de propósito y empuje".* Esto realmente me llama la atención, sentir un propósito. Siempre que siento una oleada de energía para hacer algo, me siento más impulsada por el propósito y la seguridad de que "está destinado a ser".

Mary Ellen me resulta familiar en muchos niveles. Llenar mi agenda al máximo mientras apenas duermo es mi elección de estilo de vida. La confianza extrema era todo lo que sentía mientras me inscribía en un montón de competencias de artes marciales, sólo para luego preguntarme cómo las iba a encajar todas. Me sentía muy bien al ser capaz de abarcar tanto, pero siempre había un choque inevitable. Los resultados solían ser catastróficos y lo logrado no era tan meritorio. Sin embargo, yo repetía este patrón hasta que las conmociones cerebrales me obligaron a parar.

Me resulta difícil encontrar un equilibrio; supongo que es porque se siente algo aburrido. En mis mejores momentos, me sentía como si estuviera en la cima del mundo, persiguiendo objetivos ambiciosos. En mis momentos bajos, me costaba mirarme al espejo o salir de casa. La prisa era algo que necesitaba y ansiaba, y me resultaba casi imposible sentarme y no hacer nada hasta que me vi forzada a hacerlo.

El trastorno depresivo estacional también es algo con lo que me identifico del libro, que es otra forma muy leve de bipolaridad. Cuanto más pienso en ello, más sentido tiene que muchos en mi familia puedan ser algo maníaco-depresivos o bipolares. No hay muchos diagnosticados, pero eso se debe principalmente a que se sobrellevaba con alcohol en lugar de con terapia. Escribo algunas notas que creo que aplican a mí misma y las comparo con mis notas sobre Andrew.

Han pasado casi dos semanas desde que leí el capítulo *"Ecos autistas"*, y ahora me siento preparada para hablar con Andrew al respecto.

Para aquellos que tengan curiosidad de verlas, he incluido las notas que escribí sobre Andrew en la parte posterior del libro[4]. Muchas de esas notas, es probable que te hagan pensar: "Así son todos los hombres" o "Bastante gente es así", y por supuesto, tendrías razón. Muchas personas tienen estos rasgos, pero la intensidad con la que los observé en Andrew fue bastante superior a la que había observado antes en una sola persona.

## Acercándome a Andrew

En las redes sociales, me preguntan con frecuencia qué tan nerviosa estaba, al abordar a Andrew sobre la posibilidad de ser autista. La verdad es que no estaba muy nerviosa. La gente suele sorprenderse al oír eso. Supuse que tendría muchas preguntas, así que me aseguré de estar bien preparada, pero no estaba nerviosa. Andrew y yo no somos ajenos a hablar de terapia, descanso mental y de necesitar ayuda profesional de vez en cuando. La vida te va a lanzar algunas bolas curvas desagradables, y tener sistemas de apoyo parece la única opción lógica para ambos.

---

[4] Mis notas sobre Andrew están en las notas finales de la página 333

Hemos tenido algunos malentendidos, así que Andrew es muy consciente de que me cuesta entender ciertas cosas de él. Acercarse a él sobre una posible respuesta a nuestras luchas parece emocionante. Sé que no se sentirá atacado, ya que yo también exploraré mi propio potencial diagnosis de hipomanía o bipolaridad leve.

## El Gran Momento

Andrew llega a cenar a las 5. El libro está sobre la mesa con mis notas dentro. Cuando se sienta, voy al grano.

"Acabo de terminar de leer *Síndromes de la Sombra,* y no puedo esperar a hablarte de ello".

Andrew parece entusiasmado.

"Algunos de los capítulos me han llamado la atención".

"Suena bien", responde Andrew, mientras sazona su comida.

"Un capítulo que me interesó mucho fue '*El cerebro ruidoso*'. ¿Recuerdas haberlo leído?"

Andrew asiente con una sonrisa y toma el libro.

Mientras lo hojea, dice: "Subrayé algunos pasajes en este capítulo. Siento que algunos de ellos me reflejan, ciertamente".

Hablamos del capítulo "*El cerebro ruidoso*" hasta que terminamos de comer. Mientras recogemos los platos, desvío la conversación hacia mí.

"El capítulo con el que más me identifico es el de la hipomanía. Me hizo pensar que en mi familia puede haber formas de depresión maníaca o trastorno bipolar".

Andrew mira al techo por un momento y hace una pausa antes de hablar. Asiente con la cabeza mientras responde: "Sí, supongo que eso podría ser cierto".

Continúo: "Sólo sé de un primo al que han diagnosticado como maníaco-depresivo, pero no creo que nadie más haya ido a terapia para averiguarlo. Podría ayudar a explicar el consumo excesivo de alcohol".

Mientras empiezo a poner los platos en el lavavajillas, digo: "Voy a pedirle a mi médico que me refiera para ver si me pueden evaluar. Algunos días me siento tan mal que apenas puedo mirarme al espejo, y me gustaría entender por qué. Así al menos, aprenderé más sobre el tema".

Andrew no se inmuta al responder: "Me parece estupendo".

Me parece oportuno esperar a que termine de limpiar la cocina para cambiar la conversación hacia Andrew. De esta manera, nos sentamos sin distracciones.

Poco después de sentarnos, lo expongo.

"El capítulo que me recuerda a ti se llama *'Ecos autistas'*. Escribí algunas notas de las similitudes entre tus rasgos y las cosas que aprendí en este capítulo".

La temperatura de mi cuerpo comienza a subir al abrir mis notas. Quizás estoy un poco nerviosa después de todo. Hago una pausa para dar a Andrew la oportunidad de hablar, pero no dice nada.

Le enseño los puntos más destacados del capítulo y empiezo a repasar mis notas. Andrew escucha atentamente hasta que termino de hablar. Su lenguaje corporal no me ayuda a descifrar lo que está pensando, pero ya estoy acostumbrada a eso.

Una vez que termino, me sorprende gratamente la despreocupación de Andrew cuando dice: "Has hecho algunas observaciones válidas, y parece que es una posibilidad definitiva. Te has dado cuenta de cosas en este capítulo que se me pasaron por alto".

Su tono es tan tranquilo como siempre; me impresiona que no se ponga a la defensiva. Ahora es el momento perfecto para el discurso que ensayé toda la semana en mi cabeza.

Este es el momento. Este es el gran momento que puede cambiarlo todo.

Al comenzar mi discurso, siento que mi ritmo se acelera y mi tono se eleva ligeramente. De repente sueno como una adolescente que está viendo la forma de explicar un problema del cual quiere huir.

"Me encantaría que buscáramos juntos un diagnóstico de autismo. Creo que podría ayudarnos a entendernos mejor. Si eres autista, eso me ayudaría a tomarme las cosas de forma menos personal. Tal vez no eres capaz de expresar tus sentimientos de la forma en que he querido que lo hagas, y si lo supiera, no me dolería tanto. No te entiendo, y para que nuestra relación funcione, necesito ser capaz de entenderte".

Hago una pausa para tomar aire antes de continuar.

"Creo que si ambos buscamos los aspectos más desafiantes de nosotros y los exploramos, podemos apoyarnos mejor el uno al otro. Si lo hacemos juntos, seremos un equipo más fuerte. Independientemente de los resultados, comprenderemos mejor los rasgos que nos causan tanta confusión. Podríamos hacer el trabajo duro ahora y luego beneficiarnos por el resto de nuestras vidas. Me ayudaría a entender mejor cómo puedo hacerte feliz y comunicarme contigo. Realmente creo que tener un diagnóstico podría ayudarnos. Yo haré la cita y todo; tú sólo tienes que venir".

En cuanto termino de hablar, necesito respirar profundamente.

Andrew me mira y dice: "Sí, estoy abierto a ello. Pide una cita". Al instante, sé que me he excedido en mi discurso. Andrew no ha necesitado tanto convencimiento como yo había previsto.

"¿De verdad?" Pregunto. "Me alegra mucho que estés de acuerdo".

"Sí, estoy dispuesto", responde Andrew. "Me diagnosticaron el TDAH (Trastorno por Déficit de Atención e Hiperactividad) de niño, pero luego mi psicólogo me dijo que no tengo TDAH, así que siempre me quedé con duda".

"Estupendo, pediré la cita", respondo con una sonrisa.

Nuestra charla de esta noche no pudo haber sido mejor. Parece que por fin vamos a construir una base más sólida para nuestra relación.

✳ ✳ ✳

## LA PERSPECTIVA DE ANDREW

Unos meses antes de que Michelle se acercara a mí por ser autista, yo hojeé *Síndromes de la Sombra*. Subrayé muchas cosas a lo largo de ese libro. Michelle tenía una gran lista de rasgos del capítulo *"Ecos autistas"* que notó en mí. No me importó cuando se acercó a mí sobre ello. Me ayudó el hecho de que estaba muy dispuesto a descubrirme a mí mismo.

Michelle destacó algunos puntos en *Síndromes de la Sombra* que encontré interesantes, y no pude negar las similitudes.

*"...no puede hacer una charla trivial".*
Nunca me ha gustado la charla trivial. Se siente raro.

*"...monologar, no permitir que otro hable".*
Me encanta hablar y hablar profundamente y con entusiasmo sobre un tema de interés. Intento saber si la persona con la que hablo está interesada en lo que estoy diciendo y termino la conversación sí parece que no está interesada. Pero si la persona muestra algún interés, entonces empujaré la conversación más y más profundamente. Realmente me encanta tener una conversación interesante. Cuando consigues tener este tipo de plática con alguien que también está tan interesada como tú, es una de las cosas más divertidas que se pueden hacer en la vida.

*"...no intuye los motivos ocultos".*
Se necesita mucha energía mental para tratar de averiguar los motivos ocultos de alguien.

*"Se ve a sí mismo como un libro abierto, y, en su trato con otras personas, sólo tiene una opción, ser honesto".*
A lo largo de mi vida, me ha resultado difícil mentir. Me resulta muy incómodo, me tensa. Por eso, trato de asegurarme que la persona con la que hablo tenga toda la información y la entienda bien. Esto puede causar problemas porque sentiré la necesidad de hablar de más. Si siento que no estoy compartiendo lo suficiente, entonces tendré esta sensación de tensión y me veré obligado a dar más información.

*"...de mente literal; suelen interpretar una pregunta o un comentario en su sentido más concreto".*
Yo lucho con esto y siento que siempre lo haré.

*"...la necesidad de la uniformidad y la rutina, los intereses limitados, la repetición de los comportamientos".*
No me di cuenta de lo mucho que necesitaba la uniformidad y la rutina hasta que Michelle me lo hizo notar. Cuando el ritmo se interrumpe, me causa estrés. En el trabajo, me dijeron que me asegurara de que el sonido de la alerta del correo electrónico estuviera activado. Durante el día, la oficina envía correos electrónicos, y quieren que respondas de inmediato. Pero yo no puedo hacerlo. Si estoy en medio de reparar

la maquinaria, y mi teléfono está sonando de dos a doce veces por hora, me vuelvo loco. Cuando mi mente está en un ritmo, y escucho un timbre que descarrila mi tren de pensamiento, me resulta doloroso.

*"...dificultad para seguir el ritmo social".*
Nunca he sido capaz de seguir el ritmo social. A menos que el ritmo social sea divertirse, bromear y disfrutar con otras personas afines, en este entorno, parece que puedo prosperar. Las normas sociales en el trabajo pueden ser muy difíciles de seguir. Como lidiar con la presión del tiempo en el trabajo. La presión del tiempo absorbe bastante mi energía mental.

*"Pensamiento visual..."*
Cuando Michelle me está explicando algo, puedo entenderlo la mayoría de las veces. Pero esto no implica que se me quede grabado y que sea capaz de retener los conocimientos que me explica. Las imágenes tienen mucho más sentido y se me quedan grabadas".

En el 2008 me enteré de que me habían diagnosticado erróneamente TDAH cuando era niño.

Esto mantuvo vivo mi viaje interior y me hizo sentir aún más curiosidad sobre quién soy. Luego, en el 2013, tuve un episodio de ataque de pánico. Fui capaz de superar esta dificultad con la ayuda de un psicólogo.

Es genial ver este viaje de forma proactiva. Aprender más sobre mí mismo me ayuda a entender cómo puedo ayudarme mejor a mí mismo y a Michelle.

Estaba dispuesto a aprender más porque podía ver lo mucho que nos ayudaría.

Además, Michelle mencionó que comprar el libro *Síndromes de la Sombra* fue: "La mejor inversión de cuatro dólares que Andrew ha hecho". Bueno, para ser claros, no fueron cuatro dólares. Eran trece dólares. Lo pedí como una copia usada de Amazon. La pegatina de cuatro dólares todavía está en el libro hasta el día de hoy.

* * *

MICHELLE Y ANDREW PRESTON

## Michelle Busca Un Diagnóstico Para Adultos

Es el día siguiente y estoy emocionada por llegar al trabajo. Durante mi café de la mañana, reservo una cita con el médico y empiezo a buscar en línea cómo conseguir una evaluación de autismo para adultos. El primer médico que aparece en Calgary es el Dr. Baker. Su página web explica que es especialista en el diagnóstico del autismo en adultos y que está cubierto por la asistencia sanitaria provincial (es decir, es gratuito). Hay una sesión de admisión próximamente a la cual intento ingresar, pero está lleno. Sigo buscando.

Los otros especialistas que encuentro en Internet no me parecen prometedores. Dicen que ofrecen diagnósticos para adultos, pero que probablemente puede tomar 10 a 14 sesiones. Andrew y yo tenemos cobertura médica, pero todavía estaríamos gastando alrededor de 3,000 a 4,000 dólares canadienses. Es mucho dinero, pero no es tanto el dinero lo que me preocupa. A como lo veo, se trata de una inversión para nuestro futuro.

La falta de entusiasmo que siento por parte de los profesionales para hacer la evaluación es lo que me decepciona. Ninguna de las personas a las que llamo parece ansiosa por diagnosticar a Andrew. Estoy entusiasmada con esto, y quiero que el profesional que haga la evaluación tenga el mismo entusiasmo. Durante la siguiente hora, mis continuas búsquedas en línea no resultaron en ninguna perspectiva prometedora.

Justo cuando empiezo a perder la esperanza, me doy cuenta de que la Asociación de Autismo de Calgary se encuentra a quince minutos de mi apartamento. Baxter necesita un paseo, así que me imagino que pasaré por allí para hacer preguntas de camino al parque para perros.

Cuando llego a la Asociación de Autismo de Calgary, el estacionamiento está bastante vacío. Al entrar, me recibe una chica en la recepción. Tiene un bonito y largo pelo rojo y unas extrañas gafas de montura gruesa que le sientan bien.

"¿Qué puedo hacer por usted?", me pregunta en tono amistoso.

"Estoy buscando información sobre cómo recibir un diagnóstico de autismo para adultos", le respondo.

"¿Es para usted?", pregunta.

"No, es para mi novio".

"Nosotros no los realizamos aquí, pero el Dr. Baker sí, y trabaja con nosotros". Me entrega su tarjeta con una gran sonrisa en la cara. "El Dr. Baker realizó mi diagnóstico, y me gustó mucho hablar con él. También es autista y está muy bien informado sobre el tema".

Al reconocer su nombre, le respondo: "Sí, intenté apuntarme a una sesión de admisión en su página web, pero estaba lleno".

Ella deja escapar un leve suspiro. "Sí, las sesiones de admisión del Dr. Baker a menudo se llenan en un día, y sólo hace dos o tres al año".

Mi entusiasmo empieza a decaer.

"¿Conoce a alguien más en Calgary que se especialice en el diagnóstico de adultos?" pregunto con entusiasmo.

"No estoy segura de que haya alguien más, pero puedes consultar la página web de Autismo de Calgary", responde.

Por su tono, es obvio que me costará encontrar a alguien más.

Le doy las gracias y sigo mi camino.

Cuando entro en el auto, no me cabe duda de que el Dr. Baker es el profesional para Andrew. Conseguir una cita con él es mi misión. Durante los días siguientes, revisar diariamente la web del Dr. Baker se convierte en algo tan natural como tomar mi café de la mañana.

Pasan semanas antes de que haya algún cambio, pero una mañana hago clic para encontrar un nuevo anuncio en la página de inicio. Se me ilumina la cara al leer las palabras, *Nueva sesión de admisión en febrero de 2019, la inscripción se abre en noviembre.*

Para entrar en esta sesión de admisión, tendré que ser inteligente. Faltan unas semanas para que sea noviembre. Esto da mucho tiempo para que la gente vea esta oportunidad de inscripción, y eso me pone nerviosa.

Al marcar la fecha en mi agenda, me doy cuenta de que es el mismo día que volamos a Ontario por la noche para visitar a la familia de Andrew.

*Perfecto,* pienso. *Me quedaré despierta toda la noche y seguiré actualizando el sitio web hasta que pueda hacer clic en "inscribirse". Me aseguraré de ser la primera".* Mi plan se siente prometedor. Ahora sólo hay que esperar a que sea noviembre.

Retrocediendo a cuando nos conocimos…

# AMISTAD

Muchos de nosotros repetimos los mismos patrones y errores una y otra vez, esperando un resultado diferente. Todos sabemos cómo funciona esto (intelectualmente, al menos). Pero eso no significa que seamos capaces de hacer el cambio.

Yo, bueno, estaba cometiendo el error obvio de perseguir esa sensación de hormigueo. Ya sabes cuál es. Esa sensación inicial cuando conoces a alguien, y tienes mariposas porque sientes mucha atracción. Tienes un cierto nerviosismo que fluye por tu cuerpo mientras interactúas con esa persona y se siente emocionante.

Resulta que, ahora diría que esa sensación que yo perseguía era en realidad una alerta roja para huir y buscar a otra persona si quería algo duradero. Sentirse nervioso cerca de alguien es la forma natural que tiene tu cuerpo de avisarte de que corres el riesgo de que te hagan daño. Ese cosquilleo es la lujuria, y a menudo nos ciega para que tomemos decisiones horribles en la vida. Es imposible ser tú mismo cerca de alguien que te pone nervioso, o mirarlos de forma objetiva.

La vida fue inteligente al disfrazar a mi pareja de amigo. Esto me permitió ser auténtica sin pensar demasiado en todo como suelo hacerlo cuando salgo con alguien. No dudé en decir exactamente lo que pensaba alrededor de Andrew desde el primer día que lo conocí. Sin mucho esfuerzo, rompí mi patrón y encontré algo auténtico.

Esta sección trata de nuestra amistad, y de cómo poco a poco se convirtió en algo que nunca esperaba. La mayoría de nosotros asumimos que sabemos lo que buscamos en una pareja, pero ¿y si la vida sabe mejor que nosotros? Sé que éste fue mi caso. Nunca me imaginé tener una amistad que, inesperada y lentamente, se convertiría en amor. Siempre supuse que cuando conociera a mi persona, lo sabría inmediatamente.

Vaya, cuando me equivoco, me equivoco. Y gracias al cielo lo estaba.

# 2
# UN "ACEPTAR" DE LA SUERTE

A finales de marzo del 2017, pasaba mis vacaciones de primavera visitando a mi buen amigo Jackson en Puerto Vallarta, México. Jackson y yo nos habíamos conocido en el octavo grado, e inmediatamente nos conectamos. Me atraía su piel de chocolate, sus movimientos de baile asesinos, su sonrisa sexy y su sentido del humor. En aquel entonces, salimos durante 48 horas y compartimos unos cuantos besos apasionados antes de que me dejara por medio de un mensaje de voz diciéndome que prefería que fuéramos amigos. Hoy por hoy, seguimos siendo amigos cercanos. Sólo que ahora compartimos un gusto similar hacia los hombres.

Jackson es una de mis personas favoritas. Es una de esas personas que se lleva bien con todo el mundo porque siempre es divertido estar con él. Me puse triste cuando él y su novio Caleb decidieron que necesitaban un cambio y se mudaron a México por dos años. Le echaba mucho de menos. Ellos están a sólo unos meses de regresar a Calgary, y finalmente he cumplido mi promesa de venir a visitarlos. Faltaban 6 semanas para mi trigésimo tercer cumpleaños, y no he tenido una relación seria desde los 26 años. En vez de amor, mi vida está llena de viajes y competencias de artes marciales. Actualmente estoy enamorada de un atleta olímpico con el que llevo hablando desde la víspera de Navidad y me siento optimista de nuestra conexión.

Caleb es el novio de Jackson desde hace 5 años, y nunca he pasado mucho tiempo con él. Caleb es tímido en entornos de grupo, y antes de este viaje sólo lo había visto en grupos grandes en Calgary. En este viaje, nos hemos relacionado mientras Jackson trabajaba. Ha sido fantástico hacer un nuevo amigo que es muy bueno escuchando y mejor aún como guía turístico.

Siempre he sabido que haría falta un hombre especial para que Jackson sentara cabeza. Caleb es todo eso y más. Parece salido de una portada de la revista GQ, es bueno en casi todo, y aun así se resiste a ser el centro de atención. No tengo ni idea de cómo alguien con una mandíbula tan sólida puede dar la impresión de ser tímido, pero ese es el estilo de Caleb. Lo lleva bien, y es de alguna manera la base de su carisma. Caleb es atlético, habla español y puede decorar un pastel tan bien como cualquier profesional, pero sigue siendo humilde. Tiene un encanto sereno que es un hallazgo raro en este mundo.

Este viaje a México es exactamente lo que necesito para relajarme entre combates de kickboxing. Hasta ahora, ha estado lleno de deliciosos tacos, risas y noches de fiesta. Jackson y Caleb son, por mucho, mis personas favoritas para ir a la discoteca. Son fantásticos bailarines, y siempre saben dónde está sonando la buena música.

Puerto Vallarta está lleno de hombres gay ridículamente guapos. Y cuando digo guapos, quiero decir hermosos. Esta es una experiencia nueva para mí. Nunca he estado en un bar tan lleno de traseros perfectos y abdominales cincelados. Ha sido divertido disfrutar de la vista mientras me muevo en la pista de baile. Un tipo musculoso me pellizca el trasero en un momento dado y me dice que soy hermosa. Es la mayor acción que he tenido en todo el viaje, y no me molestó para nada.

## El Viaje Toma Un Interesante Giro

Mientras doy un paseo a pie, veo un cartel de kickboxing cerca de la casa de Jackson. Reconozco el logo de la IKF. Significa "Federación Internacional de Kickboxing". Tengo dos cinturones de título con el mismo logo.

He competido en el clásico mundial de la IKF en Orlando, Florida, durante tres años consecutivos. Cuando volví para defender mi título por segunda vez, mi oponente se retiró en el último momento. Los responsables de la IKF se sintieron muy mal porque había viajado hasta allí para nada, así que trataron de compensarlo. Me dieron una capacitación para que pudiera juzgar algunos de los combates de ese fin de semana, y estaba agradecida de poder aprender de algunos de los mejores en el campo. A través de esta experiencia me hice amiga de muchos de los oficiales…

Encontrar un cartel de la IKF en México me parece extraño. Nunca había visto uno en Canadá. Me tomo una foto con el cartel y la subo a Facebook.

En menos de una hora, recibo múltiples mensajes de funcionarios de la IKF diciéndome que vaya a conocer al presidente de la IKF en México. Minutos después, recibo una solicitud de amistad de él, junto con una invitación para almorzar en su bar al día siguiente. Jackson y Caleb tienen que trabajar, así que acepto su invitación. No soy de las que rechazan las oportunidades, ya que creo que se presentan por una razón.

Cuando Jackson vuelve a casa del trabajo, le cuento mi tarde. "He tenido un día interesante. Me tomé una foto con un póster de kickboxing y la subí a Facebook, ahora voy a almorzar mañana con el presidente que organiza el evento".

"Oh, lo conocemos un poco", se ríe Jackson, "es el dueño del hotel de esta misma calle, y del bar al que vas a ir. Somos amigos de su hijo".

"Qué pequeño es el mundo", respondo, "Es una gran coincidencia".

"Sí, es una coincidencia. Son una familia agradable, disfrutarás del almuerzo". Jackson explica: "Es un bonito bar".

El presidente de la IKF y yo nos reunimos en su pub la tarde siguiente.

Se convierte en una odisea de tres días. Tiene amigos en la ciudad para el evento de Muay Thai y planea tomar un viaje por carretera mañana para mostrarles "El verdadero México", como le gusta llamarlo. Me ofrece llevarme a mí también, y yo aprovecho la oportunidad.

Tres caballeros de unos 50 años y yo nos embarcamos en un viaje por carretera a través de México. Conducimos más de una hora a las afueras de Puerto Vallarta para ir a comer cangrejos de río. Nos lo pasamos muy bien escuchando rock clásico mientras compartimos nuestras historias de vida. Durante todo el viaje, nadie me dijo que es un cangrejo de río, y no tengo datos de internet para buscarlo. Todo lo que dicen es, "La comida es tan fresca que se pesca mientras la pides. Este es el verdadero México".

Al llegar, me entero de que los cangrejos de río se parecen a las langostas pequeñas, y son sabrosos.

Después de un delicioso almuerzo, hacemos un poco de turismo. Luego nos vamos a la conferencia de prensa y a los pesajes para las peleas. Para aquellos que no están familiarizados con el deporte, los pesajes normalmente se realizan la noche antes de las peleas. Esto da a los luchadores tiempo para comer, descansar y rehidratarse después de pesarse.

## El Pesaje

Al llegar al pesaje, el presidente me presenta a los luchadores antes de ir a sentarme. Hay mesas llenas de guantes de boxeo y trofeos, junto con un gran surtido de aperitivos. Me impresiona lo grande y bien organizado que está este evento. Muchos de los familiares de los competidores han venido a apoyarlos y hay cámaras de televisión.

Los pesajes son en español, así que después de un rato, me resulta difícil prestar atención.

Mientras disfrutaba de unas alitas de pollo, le envié un mensaje a Jackson: "Oye, el día se está alargando, así que parece que no volveré para cenar. Avísame si decides salir y nos vemos".

Después de pulsar enviar, empiezo a devorar un ala de pollo.

A mitad de ala de pollo, empiezo a recibir múltiples golpes de codo del hombre que está a mi lado.

Levanto la vista y me doy cuenta de que la sala está completamente en silencio, y todos los ojos y las cámaras están puestos en mí.

El presidente me había presentado como "La campeona canadiense", que sería una invitada de honor en los combates. Esto se anunció en español. No me di cuenta.

Todos esperan que me levante y sonría mientras todos aplauden. En lugar de eso, estoy completamente inmersa en mi teléfono comiendo alitas de pollo (¡Qué pena!...).

En un intento por redimirme, me levanto, hago una reverencia, sonrío y saludo a los presentes en la sala. El presidente sigue hablando de mí, pero no tengo ni idea de lo que dice. El público es sorprendentemente amable y me dedica un gran aplauso.

Después de sentarme, miro al hombre que está a mi lado: "¿Ha sido tan malo como creo?". le pregunto.

"Sí", sonríe sin considerar mis sentimientos. "La única forma en que podría haber sido peor es si hubiera habido un ala de pollo pegado a un lado de tu cara mientras te levantabas".

"Además, para que lo sepas", se ríe y señala las cámaras, "todas estas cámaras están transmitiendo a nivel nacional, así que medio México acaba de ver eso".

"Fantástico", respondo.

Estoy tan avergonzada que no puedo esperar a salir de aquí. Le mando un mensaje a Jackson: "De hecho, ya estoy en camino", y me voy sin terminar mis alitas de pollo.

Mientras vuelvo a casa de Jackson, me digo a mí misma que la vergüenza se me pasará para las peleas del día siguiente.

## Las Peleas En La Playa

Cuando llego a las peleas de Muay Thai en la playa, me doy cuenta que el presidente me ha reservado un asiento en el centro. Tomo asiento y disfruto de la vista. Llegan las siete y los combates aún no han comenzado.

Finalmente, el presidente se acerca a saludar: "Hola, me alegro de verte. Lamentamos no poder empezar, uno de nuestros jueces está retrasado. No hemos tenido noticias suyas, así que no estamos seguros de cuándo vendrá".

El presidente parece preocupado mientras me mira y bromea: "Ojalá pudieras ser juez". Me río y le digo: "Bueno, hice la formación de juez en Orlando con la IKF". Él esboza una enorme sonrisa: "¿Hablas en serio? ¿Te han entrenado para ser juez?". "Sí, para el clásico mundial. ¿Es lo mismo?" Pregunto.

Las cosas cambian rápidamente. El Presidente no responde a mi pregunta. En cambio, sus ojos se iluminan mientras se aleja. Vuelve en unos minutos con una camiseta de juez y me presenta a los otros dos jueces.

"¿En serio quieren que sea juez?" pregunto, "no hablo español".

"Haré que se siente contigo alguien que pueda traducir el formulario", me explica.

Antes de darme cuenta, estoy sentada en el ring con un bolígrafo en la mano. Es un evento televisado, así que estoy tan nerviosa como emocionada. Hay 12 combates en la tarjeta, así que voy a estar aquí hasta bien entrada la medianoche.

En el intermedio, el presidente viene a darme las gracias. "Muchas gracias por arbitrar", dice, "voy a tratar de encontrarte un oponente para que vuelvas a pelear en uno de mis eventos alguna vez".

"Me parece divertido, pero con 1,77 metros es difícil encontrar chicas de mi tamaño", le explico. "Soy un peso pesado".

"Oh, encontraré una", dice mientras se aleja, "a las chicas mexicanas les encanta comer". Qué bien, pienso para mis adentros. Un viaje pagado a México para luchar en una playa, sí, por favor.

El plan era ir a ver a Jackson y Caleb después de las peleas, pero estoy demasiado cansada para ir de fiesta. Ser juez te demanda mucho. Vuelvo a su casa para relajarme y ver algo de Netflix en mi ordenador. Llegan a casa borrachos justo después de las dos y media de la madrugada. Caleb nos prepara la comida y disfrutamos de algunas risas a costa de Jackson. Ha bebido un poco más de lo habitual y Caleb quiere asegurarse de que coma lo suficiente y beba algo de agua.

"Mañana es tu último día, ¿verdad?" pregunta Caleb después de acompañar a Jackson a su dormitorio. "Sí, tengo que estar en el aeropuerto a las 5 de la tarde", contesto.

"¿Qué tal si almorzamos tarde alrededor de las 2 antes de que te vayas?" sugiere Caleb mientras se cepilla los dientes.

"Me parece perfecto", respondo, "Buenas noches".

Mientras me meto de nuevo en la cama, me siento especialmente sola. Ha sido una semana increíble en muchos sentidos. Pero a veces es aún más difícil estar sola cuando eres feliz. Jackson y Caleb son la pareja perfecta, es raro ver que dos personas congenien como lo hacen. Hace que sea un poco más difícil para mí estar sola esta noche. Quiero lo que Jackson y Caleb tienen, y parece que se aleja cada vez más de mí.

Cuando llegué aquí era optimista sobre un nuevo amor en el horizonte, pero apenas he tenido noticias de mi enamorado olímpico en toda la semana. Y lo que es peor, sus mensajes de texto están empezando a parecerse a una conversación trivial.

## Mi Último Día En México

Después de desayunar, salgo a correr por última vez por la playa. Lo más importante que hago al final de todas mis vacaciones es meditar y evaluar en qué punto me encuentro emocionalmente antes de emprender el viaje de vuelta a casa. No hay mejor momento para reflexionar que cuando has tenido un tiempo lejos de tu rutina habitual. La claridad que necesito para hacer cambios duraderos suele llegar cuando estoy en un avión, y en los aeropuertos escribo intensamente en mi diario.

Hasta anoche, no me había dado cuenta de lo sola que me he sentido. Al principio de este viaje, le estaba contando a Jackson todo sobre mi enamorado olímpico. Explicándole cómo me he pasado los 3 meses anteriores pensando que me estaba enamorando de él.

Charlamos a larga distancia, pero siempre sentí que él estaba conmigo. Era como si tuviera un mejor amigo en el bolsillo en todo momento. Mi conexión instantánea con él era tan fuerte que me convenció de que era "el elegido".

Cuando dejé Calgary, estaba segura de que las cosas acabarían encajando entre nosotros. Pero después de una semana con escasos mensajes de texto, estoy empezando a cuestionar todo. Todavía se comunica de vez en cuando, pero ya no me pregunta por mi día como antes. Creo que es hora de afrontar el hecho de que nuestra conexión se ha desvanecido.

Después de terminar mi trote matutino y mi meditación, me siento en unas rocas cerca de la playa. La soledad me abruma. Las lágrimas empiezan a correr por mis mejillas y mi pecho mientras veo las olas. Quiero contactar a mi enamorado olímpico para ver si tengo razón.

¿Me responderá de inmediato? ¿O tardará uno o dos días? Me tomo una selfie sentada en la playa y se lo envío. Inmediatamente me responde: "Se te ve muy feliz. Debes haber tenido un gran viaje".

Algo se rompe dentro de mí al darme cuenta de que no me conoce en lo absoluto. ¿Feliz? ¿Cómo puede pensar que soy feliz? Anhelo la conexión que sentí con él y que parece disiparse cada vez más. Hay un vacío dentro de mí, y me siento sola.

Algo en ese mensaje de texto me hace sentir que nunca vamos a volver a conectar de la misma manera. Esto me destroza, pero él no tiene ni idea. "Sí, ha sido un viaje fantástico", le respondo. No estoy preparada para decirle la verdad sobre cómo me siento.

Llevo semanas diciéndome a mí misma que después de su próxima competición volveremos a conectar y a hablar como antes, pero en el fondo sé que se me está escapando.

Cuando se trata de hombres con los que realmente quiero estar, soy demasiado orgullosa para ser vulnerable. El olímpico nunca sabe la angustia que me causa. Sufro en silencio, como siempre lo he hecho. No le expreso nada de mi dolor, mi tristeza o mis miedos.

Después de este intercambio, me siento y lloro durante una hora, reflexionando sobre los últimos años y mis patrones con los hombres. Estoy a punto de cumplir 33 años y no he tenido una relación significativa desde mi "casi matrimonio" a los 26 años. Había pensado que las cosas eran diferentes con el olímpico. Tuvimos una conexión tan poderosa al principio y nos habíamos abierto el uno al otro de una manera que no había creído posible.

Cuando hablábamos a diario, él estaba al otro lado del mundo, pero sentía como si estuviera a mi lado. Ahora, me siento sola. Ya no estamos conectados, estamos hablando como extraños. Él sigue siendo educado, pero yo me siento como uno de sus pensamientos secundarios. Conozco este patrón, lo conozco demasiado bien.

Queriendo recuperar algo de mi poder, tomo la precipitada decisión de descargar una aplicación de citas online en mi teléfono. Hace meses que no salgo, y es un gran paso para admitir que estoy renunciando al olímpico. Hay que hacerlo ahora, antes de salir de esta playa.

Mientras configuro mi perfil de citas, me comprometo a romper mi patrón e intentar algo nuevo. Esta vez tiene que ser diferente. Llevo años conociendo a un determinado tipo de hombre y eso me lleva siempre al mismo sitio. Es hora de cambiar. Se acabó la química intensa que está destinada a esfumarse en 3 meses, ya lo he superado, no más de lo mismo. Esta vez evitaré a los atletas carismáticos por los que me siento atraída al instante, y conoceré a otros tipos de hombres. Me comprometo a deslizar la pantalla hacia la derecha cuando encuentre chicos cuyos perfiles no me parezcan instantáneamente atractivos. Es hora de que pruebe a salir con tipos que se dedican a cosas que nunca he probado antes.

"Sí, esto será divertido". Me digo a mí misma: "Si un chico parece ser mi tipo habitual, no puedo deslizar la pantalla hacia la derecha. Tengo que encontrar un nuevo tipo".

Creo mi perfil, sin tener ni idea de que esta pequeña decisión pronto cambiará el curso de mi vida. Una vez que mi perfil está configurado, guardo mi teléfono, me limpio las lágrimas y vuelvo a casa de Jackson y Caleb. Es casi la hora de nuestro último almuerzo antes de tomar el autobús al aeropuerto.

"He vuelto a poner una aplicación de citas en mi teléfono", les digo durante el almuerzo.

Los dos se ríen mientras dan vueltas a sus espaguetis.

"¿Qué? ¿Renuncias al olímpico? Te has pasado toda la semana hablando de él", dice Jackson sorprendido.

"Sí, siento que se está alejando. Lo he notado esta mañana. Necesito superarlo", le explico.

"Bueno, eso ha sido rápido", dice Caleb.

"Sí, me he dado cuenta esta mañana. Creo que se alejó hace semanas, pero recién ahora me lo estoy admitiendo", respondo.

"Realmente necesito dejar de salir con atletas", continúo, "voy a intentar salir con chicos que no son mi tipo habitual".

"Esto va a ser interesante", sonríe Jackson.

"Es el momento perfecto para experimentar", le explico. "Empiezo mi campamento de lucha la semana que viene, y esto me mantendrá entretenida. Si no sucede nada más, al menos me dará algunas historias interesantes que contar".

Los dos se ríen y dicen: "Bueno, esperaremos las actualizaciones".

Después de comer, me despido de Caleb con un abrazo y Jackson me acompaña a la parada del autobús. "Odio decir adiós", digo mientras le doy un enorme abrazo de oso.

"Volveré a Calgary en un par de meses", responde Jackson.

"Lo sé, pero aun así te echaré de menos", le explico.

Una vez que subo al autobús, abro la aplicación de citas. Me parece divertido volver a ver fotos deslizando mi dedo sobre mi celular en lugar de esperar los mensajes de texto, que cada vez son menos frecuentes.

La hora que dura el viaje en autobús hasta el aeropuerto parece de 10 minutos porque estoy muy entretenida. Revisar los perfiles es una forma muy divertida de pasar el tiempo mientras viajas sola.

## Es Un "Match"

Andrew es una de mis primeras coincidencias en la aplicación (un match). Su perfil me llama la atención por lo genuino y honesto que parece. Es obvio para mí que es un tipo decente que probablemente está buscando una relación. Tiene fotos de sí mismo buceando en Tailandia, así que puedo decir que también le gusta viajar.

El perfil de Andrew dice: "Me han dicho que soy un hombre inteligente, seguro de mí mismo, guapo y con mi vida en orden. (Siri es demasiado amable a veces) Pros: Estilo de vida saludable, practicante de snowboard, tengo un par de patines (no me juzgues) viajar, hacer senderismo. Aventura. Contras: dejo la tapa del inodoro levantada de vez en cuando".

Lo que escribió Andrew fue adorable. Siento que no puedo quejarme cuando deja la tapa del inodoro levantada (que es todo el tiempo) porque lo reveló antes de conocernos.

La mitad de la diversión de las citas en línea es hablar de ellas, así que a menudo hacía capturas de pantalla de los hombres que planeaba conocer o de los perfiles de los que quería burlarme más tarde con mis amigos. Si no fuera por la captura de pantalla que hice, habría olvidado por completo lo que Andrew escribió en su perfil. No te preocupes, por supuesto que te voy a enseñar sus fotos de perfil. Al final del capítulo te espera un regalo.

Menos mal que existen las capturas de pantalla. Me emociona saber que un día tendré 60 años y podré seguir mirando fotos antiguas y recordando historias de citas en línea.

La siguiente parte va a acentuar mi lado superficial. Pero recuerden, los mejores amigos no juzgan. La verdad es que por su forma de vestir, Andrew no es el tipo de hombre que normalmente me hubiera interesado.

En una foto, llevaba mis gafas de sol menos favoritas de todos los tiempos. Esas populares Oakley de los 90 que tienen los cristales naranjas. Ya sabes, son de montura tan gruesa que ocupan la mitad de la cara de alguien. Se llaman Oakley Juliets y, para mí, parecen tapones de botella gigantes.

Decir que "no son mi estilo" es quedarse corto. Creo que son horribles. Matan al instante cualquier posibilidad de que un chico llame mi atención. Quiero decir que ya eran bastante malos en los 90, y estamos en 2017.

Naturalmente, le envío fotos de Andrew a Jackson cuando llego al aeropuerto. "Oye, gracias de nuevo por un viaje fantástico. Ya he coincidido con un buen chico. Parece guapo, pero es difícil pasar por alto las gafas".

Jackson comparte inmediatamente mi disgusto: "Sí, es guapo, pero definitivamente vas a tener que quemar esas gafas de sol".

"Espero que sea una foto antigua", respondo. "Quizá ya no las tenga".

Me gustaría poder decir que las gafas eran lo único que me desanimaba, pero eran sólo el principio. En otra foto del perfil de Andrew, sus pantalones son obviamente demasiado cortos. Otro gran NO para mí. Además, en dos de las fotos lleva una gorra de béisbol. Normalmente me encantan los hombres con gorra de béisbol, pero no de la forma en que Andrew la lleva. Es demasiado pequeña para su cabeza, el borde está doblado de forma incómoda y tiene una correa de cuero en la parte trasera que necesita ser ajustada. Me recuerda a la gorra de béisbol de un niño de primaria. No es sexy.

La Michelle de antes de viajar a México habría pasado por alto el perfil de Andrew, pero debido a la promesa que me hice a mí misma, deslicé la pantalla hacia la derecha. Él tiene todo lo que juré que empezaría a buscar. Ojos amables, un espíritu aventurero y un comportamiento genuino. Me tomo en serio mis experimentos, al menos durante las dos primeras semanas después de empezarlos. Lo sexy ya no es necesario. De hecho, trato de evitarlo. Después de deslizar el dedo hacia la derecha, somos una pareja instantánea. Está en la aplicación

Bumble, lo que significa que tengo que enviar un mensaje primero. Andrew es educado y fácil de chatear.

"*Hola Andrew, ¿cómo estás?*" Le escribo

"*Hola, estoy bien. Encantado de conocerte Michelle, me parece genial que practiques las artes marciales, yo practico levantamiento de pesas* ", me responde Andrew.

"*Parece que ambos tenemos adicciones saludables, jajaja*". "*¿Qué estás haciendo?*" Le respondo.

"*Estoy montando una cómoda de Ikea*", responde Andrew.

"*Ay, eso no suena nada divertido. Tantas piezas. Estoy a punto de tomar un avión. Acabo de pasar las vacaciones de primavera visitando a unos amigos en México*". Le devuelvo el mensaje.

"*Me va muy bien, he ahorrado mucho porque estoy haciendo la mano de obra*", continúa

"*Qué divertido, debe haber sido un gran viaje*"

"*Bueno, buena suerte con eso :) Ha sido un viaje fantástico, pero estoy contenta de volver a casa*", le digo.

"*¿Te gustaría jugar al squash alguna vez?*" pregunta Andrew.

"*Claro, suena divertido. Sólo he jugado dos veces hace muchos años, pero lo disfruté*", le respondo

"*Genial. Reservaré una cancha entonces, ¿cuándo te viene bien?*", pregunta. "*El próximo fin de semana está bien. ¿Qué tal el sábado por la tarde?*" Sugiero.

"*Te lo haré saber cuándo reserve una cancha*", manda un mensaje Andrew. Seguido de: "*Que tengas un buen vuelo*".

En mis muchos años de citas online, nadie me había pedido jugar al squash. Me parece refrescante. Me gusta que lo hayamos planeado tan pronto.

No nos enviamos muchos mensajes de texto después de fijar el plan para vernos. Esto también es refrescante, ya que no da la impresión de estar necesitado o aburrido. Hablar demasiado antes de conocer a alguien no es algo que me guste, ya que es fácil crear expectativas innecesarias. Es un error que he cometido demasiadas veces. Es mejor tener pocas o ninguna expectativa cuando se conoce a alguien nuevo.

## La Cita De Squash

Mientras me preparo para el encuentro con Andrew, me siento agotada. La primera semana de mi campamento de lucha ha sido dura, y estoy estresada por las 20 libras que tengo que perder antes de mi pelea. Todos esos tacos callejeros en México ciertamente no ayudaron a esta situación. De camino a jugar al squash, me digo a mí misma que, independientemente de cómo vaya la cita, no voy a pasar tiempo con él después. Descanso y un baño de sales de Epsom es lo que necesito. Una noche de buen sueño es obligatoria si quiero superar la próxima semana de campamento de lucha.

Al acercarme a la cancha de squash, veo a Andrew desde lejos. Es exactamente como me lo imaginaba. Está bien arreglado, tiene un aspecto agradable y una gran sonrisa cuando se gira para saludarme. Como estaba previsto, mi primer pensamiento es *"Sí, no es mi tipo"*.

Lleva unos pantalones cortos deportivos demasiado altos en la cintura para mi gusto, y los calcetines le llegan hasta la mitad de la pantorrilla aunque lleve pantalones cortos. Unos calcetines hasta el tobillo habrían sido la mejor opción. También lleva gafas de seguridad, y enseguida me indica que ha traído un par para mí.

"Te he traído un par de gafas de seguridad. Me dieron un pelotazo en el ojo y me rasguñaron la córnea. Ahora siempre llevo gafas de seguridad, porque realmente no querrás recibir un pelotazo en el ojo", explica mientras me las entrega.

"Gracias", digo mientras las cojo y me las pongo. Hace falta mucha fuerza de voluntad para no soltar una carcajada.

Andrew es adorable y agradable para hablar, pero no es el tipo de chico con el que suelo salir. Lo voy a decir, tiene pinta de nerd. Su ropa es suficiente para dirigir mi atención hacia los dos chicos guapos que juegan en la pista junto a la nuestra. No tengo ni idea de si son solteros o no, y no les hablo. Pero sigo mirando en su dirección después de percibir que se fijan en mí. Se mueven de una manera que me llama la atención. Tienen ese estilo al que siempre acudo, en contraposición al estilo más nerd de Andrew. Parece que son más mi tipo.

Hay una cierta torpeza que siempre me ha repelido de los tipos como Andrew. Tal vez sea su nerviosismo o la forma en que se mantiene erguido, pero simplemente no me parece sexy. Para ser justos, estoy segura de que ningún nerd se ha esforzado tanto por llamar mi atención, pero no hay nada en ellos que me atraiga inicialmente. Hago énfasis en esto porque quiero que todo el mundo se dé cuenta de que puede haber una fantástica relación potencial delante de tus narices en la que no te fijas por esta misma razón.

"He traído mi altavoz para que podamos escuchar música", dice Andrew mientras me amarro los cordones de mis zapatos.

"Perfecto", respondo mientras entramos en la pista, "me encanta la música". Sus piernas musculosas hacen evidente que se mantiene activo, y sé que me espera un desafío.

Andrew coloca el altavoz y lo enciende. Me sorprende gratamente cuando empieza a sonar música de los 90. Me encanta The Counting Crows. Mientras miro alrededor de la pista, espero recordar las reglas del juego, pero estoy perdida.

"Tendrás que explicarme el juego", digo mientras me dirijo a Andrew. "Hace años que no juego y no recuerdo nada".

Andrew me explica el juego detalladamente. Es respetuoso, conocedor y paciente. Incluso me da algunos consejos.

"Bien, creo que lo tengo", digo mientras me muevo con la música y mis gafas de seguridad. "Puedes servir primero". Andrew saca y es bastante bueno con su raqueta. Los deportes de raqueta no son mi fuerte. A menudo intercambio la raqueta de un lado a otro porque nunca he llegado a saber qué mano utilizar. La mayoría de la gente nunca se da cuenta de esto, pero Andrew lo capta muy rápidamente.

"Creo que tu otro pie tiene que estar delante si estás sujetando la raqueta con la mano izquierda", me dice después de ganar otro peloteo.

"Gracias, lo intentaré", le respondo. "Escribo y lanzo con la mano izquierda, pero juego al hockey, al golf y bateo con la derecha. Todavía no he descubierto con qué mano es mejor jugar en los deportes de raqueta. Por eso sigo cambiando de un lado a otro".

"Tal vez deberías intentar mantenerla en la mano izquierda, pero cambiar los pies", sugiere Andrew.

"Sí, eso tiene sentido, lo intentaré", respondo, "creo que tengo que mantener la mano derecha detrás de la espalda para dejar de usarla. Estoy indecisa".

La sugerencia de Andrew ayuda un poco y consigo ganar algunos peloteos. Andrew es, por mucho, mejor jugador. No es de los que se ponen fáciles ni me dejan ganar, lo cual agradezco. Puede que me haya ganado en el marcador, pero yo he ganado en el apartado de la charla. Me encanta hablar provocando cuando hago deporte, es la mitad de la diversión. Me alegro de haber conseguido tirar unas cuantas en la esquina a las que él no pudo llegar.

"¿Vamos a nadar?" pregunta Andrew mientras se limpia el sudor de la frente. "Un baño me parece perfecto", respondo mientras intento recuperar el aliento.

Recogemos nuestras cosas y nos dirigimos a los vestuarios. "¿Nos vemos en el otro lado?" Pregunto mientras me dirijo al vestuario de mujeres.

"Sí, nos vemos allí", dice Andrew mientras toma un trago de agua.

Una vez en el vestuario, voy al lavabo, me pongo el traje de baño, guardo mis cosas y me dirijo a la piscina. Cuando llego al otro lado, no está Andrew.

Pasan 5 minutos y estoy confundida. No siento que haya sido demasiado rápida. Mientras miro alrededor de la piscina, me fijo en el gran tobogán de agua. Me vienen a la memoria los recuerdos de la natación en este lugar durante mi infancia.

Pasan otros 10 minutos.

Me muevo de un lado a otro. Pienso: *Este tipo es el que más demora cagando"*. Me planteo volver a ponerme la ropa y salir de la piscina.

Finalmente, Andrew sale del vestuario, "¿Qué demonios estabas haciendo?" le pregunto.

"Oh, se me olvidó el bañador, así que fui a la recepción a comprarlo", explica Andrew.

"Cuando llegué a la caja me di cuenta de que había olvidado la cartera en mi locker, así que tuve que volver a buscarla. Había una larga cola las dos veces".

"Bueno, al menos conseguiste uno bonito", digo mientras le miro de arriba abajo. Le queda mucho mejor que la pantaloneta de squash. Son un poco más holgados y no son tan altos de cintura.

"Sí, me gustan", dice Andrew, "¿vamos a nadar en las olas?".

"Claro", respondo mientras entramos en la piscina.

## MICHELLE Y ANDREW PRESTON

Nos bañamos en las olas y nos subimos al tobogán un par de veces antes de retirarnos al jacuzzi. Disfrutamos de unas risas improvisadas con una pareja sentada frente a nosotros. Parece que a Andrew le gustan tanto las conversaciones al azar con desconocidos como a mí.

Cuando la pareja se va, le pregunto a Andrew: "¿Cuánto tiempo llevas soltero?". "10 meses", responde Andrew.

"¿Cuánto tiempo estuvieron juntos?" le pregunto.

"9 años", responde.

Esto me sorprende. No es frecuente escuchar esa cifra de alguien que tiene 31 años, y no parece que acabe de salir de una ruptura importante.

Cuando se abre la cuerda de Tarzán, Andrew salta del jacuzzi y corre hacia ella como un niño de 5 años. Se balancea en la cuerda de Tarzán y se lanza a la parte más profunda varias veces mientras yo observo desde el jacuzzi.

Mientras observo, Andrew me confunde. Normalmente puedo sentir la atracción de un hombre hacia mí, o la falta de ella, fácilmente en una cita. Con Andrew, no tengo ni idea de si está interesado en mí o no. Me resulta fácil charlar con él, pero aparte de eso no tengo nada que procesar. Simplemente no puedo leerle.

Está claro que es un buen hombre, pero no siento ninguna atracción romántica hacia él. Una parte de mí sigue manteniendo la esperanza de volver a conectar con mi enamorado olímpico, así que Andrew no tiene ninguna posibilidad, incluso si fuera atractivo. Mi corazón está cerrado.

Andrew no es el tipo de chico al que quieres herir. Si se siente atraído por mí, quiero ser sincera con él desde el principio.

Antes de salir del jacuzzi, le digo: "Básicamente has tenido una sola relación durante toda tu veintena. Creo que deberías explorar el mundo de las citas antes de comprometerte con otra relación. Tal vez viajar un poco y ver qué hay por ahí. 10 meses no es mucho tiempo para estar solo después de 9 años con alguien".

"Sí, probablemente tengas razón", dice Andrew con una pequeña sonrisa en la cara, "eso tiene sentido".

"Es difícil saber lo que quieres antes de explorar lo que hay", continúo. Andrew asiente con la cabeza.

"Estaría dispuesta a jugar al squash o a ir de excursión de vez en cuando si quieres que seamos amigos. Yo puedo hacer mis ejercicios y tú puedes contarme cómo van tus citas", continúo.

"Sí, eso suena bien", responde Andrew.

"Tengo sentimientos no resueltos por un chico que está viajando, así que tampoco estoy buscando nada", continúo.

Andrew parece aliviado por mi sinceridad y mi franqueza, pero aparte de eso no puedo percibir ningún tipo de decepción o emoción. De nuevo, me resulta imposible leerle. "¿Te gustaría ir a ver la UFC conmigo esta noche?", pregunta Andrew mientras nos dirigimos a los vestuarios.

"Claro", respondo, rompiendo por completo la promesa que me hice de descansar y alejarme de las tentaciones de la comida. "Hay algunos buenos combates preparados. Soy un gran fan de Daniel Cormier y Patrick Cote".

Decidimos ir cada uno a su casa y ducharnos, y luego reunirnos en el Boston Pizza que se ubica en un punto medio entre nuestras residencias.

## Ver Los Combates De La UFC

Llego a Boston pizza justo cuando empiezan las peleas. Cuando entro, Andrew ya está sentado en una mesa. Me impresiona su ropa, ya que lleva una camisa blanca de manga larga y unos jeans que le quedan bien. Parece tener el pelo más largo y recogido, lo que supone un cambio respecto a la tarde. En un intento de limitar mis calorías, pido agua y alitas asadas al horno con verduras.

Mi compañero de apartamento, Gabriel, y algunos compañeros de entrenamiento están a unas cuantas mesas de distancia disfrutando también de las peleas. Unas cuantas personas que conozco luchan en el cartel de esta noche. He pasado unos cuantos campamentos entrenando en Tristar, en Montreal (Quebec), y muchos de los luchadores de esta noche son gente con la que he entrenado allí.

Andrew está haciendo muchas preguntas sobre las reglas. Le encanta lo mucho que puedo contarle sobre las estrategias de los luchadores y sobre quién creo que va a ganar. Disfrutamos de una conversación amistosa y de un buen entretenimiento.

Cuando terminan los combates, separamos la cuenta y salimos hacia nuestros vehículos. Lo que sucede a continuación es algo de lo que todavía me burlo de Andrew. Me extiende su mano con una gran sonrisa en la cara y dice en voz alta: *"Ha sido un placer conocerte, tienes una personalidad increíble".* No es tanto lo que dice, sino el tono con el que lo dice lo que me hace reír. Lo dice en voz alta y sin rodeos: *"TIENES UNA PERSONALIDAD INCREÍBLE".*

Luego nos abrazamos antes de irnos por caminos distintos. Mientras nos abrazamos, me doy cuenta de que huele bien. "Sí, ha sido divertido. Volvamos a quedar pronto, quizá vayamos de excursión", sugiero mientras me despido.

"Por supuesto", dice Andrew, "nos vemos pronto". Mientras Andrew se dirige a su camioneta, me doy cuenta de lo bien que se le ve el trasero en los jeans. Por un breve momento, pienso: *"Oh, tal vez me atraiga".*

Mientras conduzco a casa, no pienso mucho en el encuentro con Andrew. Lo único que se me pasa por la cabeza es cómo voy a encajar toda mi lista de tareas para mañana, así como el entrenamiento.

"¿Qué tal tu cita?", se burla mi compañero de apartamento Gabriel cuando llega a casa. "Buen tipo, pero sin atracción realmente", le respondo.

Él se ríe y dice: "Sí, eso es lo que parecía. Todos hablábamos de ello entre pelea y pelea. Me hizo mucha gracia verte en una cita".

Gabriel es un compañero de entrenamiento de jiu-jitsu que lleva unos meses alquilando mi habitación libre. En mis 12 años de entrenamiento de Artes Marciales en varios gimnasios, nunca he salido con un solo compañero de entrenamiento. Mi gimnasio es mi lugar seguro, así que me presento como uno más. Esto es importante para mí, sobre todo por ser una de las únicas mujeres en el ring.

"Todo el mundo se va a burlar de ti por tu cita mañana", dice Gabriel mientras se va a la cama.

"No esperaba menos", respondo con una risa. "Seguro que se les hace raro verme en una cita de verdad".

AMISTAD AMOR AUTISMO

\* \* \*

## LA PERSPECTIVA DE ANDREW

Desde mi relación de 9 años, antes de conocer a Michelle en Bumble, sólo había tenido unas pocas citas. Unos meses antes estuve en Tinder y tuve una de mis primeras relaciones de "amigos con derecho". Este tipo de relaciones son agotadoras. Tratar de no "involucrar sentimientos" con alguien es difícil. Tener sexo con alguien con frecuencia y no desarrollar sentimientos por ella es una paradoja.

Una vez que Michelle y yo hicimos match en Bumble, pensé: "tiene unas fotos interesantes de artes marciales y una gran sonrisa en la cara. Parece una persona muy interesante. Me gustaría conocerla". Cuando empezamos a hablar, no tardé en pedirle una cita. Una cita poco común. Una cita de Squash. Me gusta invitar a la gente a hacer actividades que me parecen divertidas. Cuando la vi por primera vez me recibió con una cálida sonrisa y un carácter amable.

El partido de squash estuvo bien, o todo lo bien que podía ir, teniendo en cuenta que era la segunda vez que Michelle jugaba al squash. Me aseguré de llevar protección extra para los ojos de Michelle. Esto se debe a que he trabajado en el campo petrolífero y actualmente tengo un trabajo peligroso. Además, me han golpeado en el ojo con una pelota. No quería que sufriera un desprendimiento de retina en nuestra primera cita.

Después del squash, fuimos a nadar. Estábamos en el jacuzzi cuando me di cuenta de que ¡la cuerda del Tarzán estaba abierta! Quería impresionar a Michelle, era el momento de mostrar mis atributos. En mi mente, esperaba tener un aspecto espectacular, pero en realidad, probablemente fui promedio, en el mejor de los casos. Aunque sí hice un salto hacia atrás desde la cuerda de Tarzán.

A Michelle le gustaban las artes marciales mixtas y sabía que esa noche había un emocionante evento de la UFC. Durante esta época de mi vida, disfrutaba viendo estas competiciones. Debido a mi formación en Levantamiento de Pesas, realmente respeto las competiciones atléticas en las que los deportistas pasan dos meses de duro entrenamiento para un día de competición. Estaba agradecido de poder ver la UFC con Michelle y poder hacerle preguntas y escuchar su perspectiva.

Mientras veíamos los combates charlamos bastante, y me cautivó cómo Michelle hablaba de sí misma, de sus experiencias, de los viajes, del entrenamiento de MMA, de la vida, del futuro y de mí. Enseguida me di cuenta de que Michelle tiene un don especial. Este don puede describirse mejor como la encarnación de la palabra providencial. Afortunada, como si se tratara de una intervención divina.

Qué especial y qué raro es conocer a alguien que tenga este don. Sabía que quería ser su amigo, pero también sentía que no estaba a su altura. Todavía había muchas cosas que tenía que resolver en mi vida. Necesitaba recuperar mi confianza y recuperarme de mi reciente ruptura. Michelle incluso me dijo que no debía tener citas y que debía viajar y adquirir nuevas experiencias mientras me recuperaba. Tenía razón.

Cuando la noche terminó y nos separamos, quise hacerle saber lo especial que me parecía. Hice lo que tenía más sentido para mí y le dije: "Tienes una personalidad increíble", y luego le estreché la mano. Lo dije en serio. Lo dije de verdad. Resulta que esta fue una forma muy singular de terminar una noche agradable.

Al final de la noche, Michelle me dijo que quería seguir en contacto. En ese momento, me sentí especial al saber que se estaba formando una nueva gran amistad. Aunque nos convirtiéramos en simples amigos, ya estaba agradecido.

\* \* \*

Fotos del Capítulo 2
Bellamimalifestyles.com/bookphotos

# 3
# INICIOS DE UNA AMISTAD

## Nuestra Primera Caminata

Dos semanas después, Andrew y yo planeamos nuestra segunda actividad. El plan es ir de excursión el sábado por la mañana. Andrew se atrasa, así que decidimos caminar por el Parque Provincial de Fish Creek en Calgary en lugar de hacer el viaje de ochenta minutos hasta las Montañas Rocosas.

Me quedo sorprendida cuando lo veo. De todas las formas en las que lo he visto vestido, este conjunto se lleva el pastel.

Empezaré desde el principio porque quiero que lo experimenten completamente...pieza por pieza. Sus zapatos son marrones y están bastante desgastados. No son zapatillas de correr ni de montaña. Parecen unos zapatos de trabajo viejos que ya no son aptos para ser usados en público. Los cordones están atados tan apretados que causan una ligera curva hacia arriba sobre el dedo gordo del pie, haciendo que parezca que son demasiado grandes. Justo por encima de sus zapatos, se pueden ver sus calcetines grises. Son gruesos y están ligeramente abultados alrededor de los tobillos.

Te preguntarás por qué puedo ver tan bien sus calcetines. Bueno, eso, mi amigo, es porque sus pantalones son dos pulgadas demasiado cortos. ¿Y qué son estos pantalones, te preguntarás? Prepárate. Son vaqueros deslavados. Sí, así es, jeans lavados a la piedra. No serían demasiado terribles si fueran lo suficientemente largos para él o si combinaran con una camisa medio decente. Lo único que tienen a su favor es que hacen que su trasero se vea bien, pero cualquier pantalón podría hacer que el trasero de Andrew se vea bien.

Esto me lleva a la peor parte: la camiseta. Lleva puesta la camiseta más fea. La única razón por la que alguien debería llevar una camiseta como esa es si están a punto de hacer algo con pintura. Es de color naranja, o al menos solía serlo antes de que se decolorara. Es demasiado corta para su cuerpo y está tan desgastada que tiene unos pequeños agujeros cerca de la axila. Hay restos de una etiqueta que solía estar escrita en el pecho, pero es difícil distinguir lo que dice. Está claro que ha sido lavada más veces de las que cualquiera podría contar.

Es una grave injusticia para un levantador de pesas de buen aspecto tener ropa tan poco elegante sobre su estructura evidentemente musculosa.

Bien, basta de hablar del atuendo.

Sólo dame un minuto para sacar eso de mi mente para que pueda contarte sobre el resto de la tarde.

Respiro profundamente... exhalo... sigo adelante.

Cuando Andrew llega a mi apartamento, tomo a mi perro Baxter y me dirijo fuera para encontrarme con él. Baxter es mi Yorkshire Terrier que pesa dos kilos y medio y parece un oso de peluche negro y marrón. Es un día soleado en Calgary, y el olor de la primavera está en el aire. Es el día perfecto para un paseo.

Andrew sale de su camioneta y se acerca al lado del pasajero para quitar algunos papeles del asiento delantero y hacer espacio para que me siente. Él conduce una vieja camioneta Toyota Tundra blanca del año 2001 a la que ha dedicado mucho tiempo y trabajo, por lo que funciona perfectamente. Se siente como una camioneta de comerciante de principio a fin.

Andrew inclina el asiento del pasajero hacia adelante para hacer algo de espacio en la parte de atrás para poner el porta perros de Baxter. Cuando me subo al asiento delantero, me doy cuenta de esas horribles Oakleys grises con lentes naranjas en la parte delantera del carro. Las gafas de sol que esperaba que ya no estuvieran en su poder.

Después de asegurar a Baxter en la parte trasera, Andrew camina alrededor del camión y se sube al asiento del conductor. Inmediatamente toma las gafas de sol y se las pone en la cara... consolidando aún más su condición de amigo. Ellos se ven aún peor en persona que en su perfil de Bumble. ¿Cómo es posible?

Andrew se cortó el cabello desde que lo conocí para jugar al squash. No es un mal corte, pero es bastante corto, casi militar. Tener menos cabello realmente añade un mayor protagonismo al desastre de la moda que ocupa la mitad de su cara. Andrew tiene un cabello fantástico, así que cortárselo todo parece un crimen.

De camino al parque, Andrew gana algunos puntos extra por sus habilidades de conducción. No lo suficiente como para quitarme de la cabeza su atuendo, pero ciertamente suficiente para suavizar el golpe. Me importa más que a una persona promedio, la forma en que alguien se comporta al volante. Puede ser un factor decisivo de ruptura para mí si alguien siempre tiene prisa, va muy cerca de otros carros o tiene cualquier indicio de ira en la carretera. Conducir es un punto de ansiedad para mí, ya que he tenido bastantes accidentes de carro como pasajera. En mis veintes, mis amigos se burlaban a menudo de mí cuando me quejaba de sus hábitos de conducción. "Pon a la abuela en el asiento trasero", decían.

El Parque Fish Creek está a treinta minutos en carro, y me siento a gusto con Andrew al volante. Está relajado, conduce al límite de velocidad, y deja mucha distancia entre nosotros y los demás autos. Me encanta su forma de conducir, no puede ser más perfecta.

Los tres comenzamos nuestro paseo por el Parque Provincial de Fish Creek.

Le pregunto a Andrew por su educación, sin saber que me va a contar una historia interesante.

"Fui adoptado por una familia japonesa cuando era pequeño", explica Andrew.

"Eso no se oye todos los días", respondo. "¿Cómo ocurrió eso?".

"Mi madre rompió con un japonés más o menos cuando se quedó embarazada de mí, y luego salió brevemente con otro hombre. Cuando estaba embarazada, nadie sabía quién era el padre", Andrew comienza su historia mientras yo escucho atentamente.

"El día que nací, el ex novio de mi madre y su familia japonesa estaban esperando en el hospital, con la esperanza de que yo saliera japonés. Sería su primer y único nieto, y estaban muy emocionados. Aunque salí con el pelo rubio y los ojos azules, me cuidaron mucho y me trataron como si fuera suyo", continúa Andrew.

"Eso es adorable", le digo.

"Sí, me mimaron mucho y me encantaba estar en su casa. Tenía cuatro adultos que me colmaban de atenciones y regalos. Cuando tenía tres años, le tiré el camión de juguete a mi madre y le dije que quería ir a vivir con ellos, y ella aceptó. Le costaba cuidar de mí; no tenía ningún familiar que la ayudara".

"Vaya, fue muy valiente de su parte. ¿Ella se quedó en tu vida?" pregunto. "Sí. Venía en las vacaciones y hablábamos por teléfono", responde Andrew.

"En Navidad, había un salón entero lleno de regalos alrededor del árbol, y casi todos eran para mí", continúa Andrew.

"Ja, eso es divertidísimo", interpongo. "Mi vida fue todo lo contrario a eso. Me crie como Testigo de Jehová, así que mi familia no celebraba las fiestas. Me fui de casa a los quince años porque mi padre y mi hermano son alcohólicos, y yo definitivamente no fui mimada".

"¡Oh por Dios! ¿No celebraban la Navidad?" Andrew pregunta sorprendido. "Eso es muy triste".

"Eso es todo lo que conocía, así que no me pareció un gran problema, en realidad", respondo. "Nunca tuvimos vacaciones ni celebramos cumpleaños. Estaba acostumbrada".

La conversación fluye fácilmente de un lado a otro entre nosotros mientras Baxter nos guía por el camino. Andrew expresa lo mucho que odiaba la escuela y lo que le llevó a elegir su oficio como técnico encargado de la Calefacción, Ventilación y Aire Acondicionado. Yo le explico cómo me fui de casa a los quince años, acabé trabajando en cosmetología, y un poco sobre mi trabajo en el sistema educativo. Caminamos durante un par de horas y disfrutamos a la madre naturaleza.

Los conocimientos aleatorios de Andrew sobre pájaros y plantas me impresionan, ya que me señala cosas en las que yo nunca me fijaría. Hablamos sobre lo mucho que le gusta el levantamiento de pesas y mi amor por las artes marciales. Acabamos subiendo a un árbol y nos sentamos en él durante un rato para dar un respiro a nuestras piernas.

Es refrescante sentarse entre las ramas y disfrutar de la vista. Nos las arreglamos para llevar a Baxter con nosotros, lo que lo hace aún más agradable. Hacía muchos años desde la última vez que subí a un árbol. Algo en Andrew hace que salga la niña que hay en mí.

Hablar abiertamente con Andrew se me hace fácil. Se siente como un espacio seguro.

Tiendo a ser una persona que comparte demasiado cuando se trata de mi vida, pero normalmente no con los hombres, y nunca tan rápido después de conocerlos. Hay algo en Andrew que se siente diferente, no amenazante. Mi incapacidad para leerlo hace que sea fácil abrirse sin sentir el juicio de sus reacciones.

El hecho de que no esté enamorada de él y que no conozcamos a las mismas personas también ayuda. Contarle a Andrew los hechos de mi pasado me resulta natural, incluso las partes traumáticas, porque por primera vez no estoy sobre-analizando nada. Soy más yo misma con él que con mi psicólogo. Con el cual llevo años en terapia.

Uno de los aspectos más refrescantes de Andrew es que no parece chismorrear o quejarse de otras personas. Me cuenta los hechos de su historia tal y como sucedieron, sin ninguna interpretación de cómo desearía que hubiera sido. Sin hacer juicios sobre las acciones de los demás.

Patrones como éste te dicen mucho sobre una persona. Las personas que culpan a otros o se empeñan en hacer que los demás se sientan inferiores no son mi tipo de personas. Carecen de la autoconciencia necesaria para ver sus propios defectos. Puedo sentir fácilmente cuando la gente está tratando de ponerme de su lado, ya que necesitan el apoyo para sentirse validados. Es una señal de alerta instantánea para mí.

Incluso cuando hablamos brevemente de su relación pasada, Andrew no siente la necesidad de desahogarse o de convencerme de que se equivocó de alguna manera. Me cuenta los detalles de tal manera que no siento ningún resentimiento hacia su ex-prometida.

"Salimos durante nueve años, estuvimos comprometidos durante cuatro, pero nunca nos casamos. Rompimos brevemente en el 2009, pero volvimos a estar juntos después de un mes y medio. Nuestra ruptura final fue hace diez meses, y estamos vendiendo la propiedad que poseemos juntos para repartir las ganancias. Simplemente no funcionaba por muchas razones".

Andrew nunca hace un solo comentario para aludir a su carácter o para culparla. Estoy intrigada, ya que es casi imposible encontrar a un hombre con esta cualidad. Durante mis muchos años de citas en línea, sólo me he encontrado con unos pocos hombres así, y todos han sido mayores que yo, mucho mayores.

Cuando volvemos a casa del Parque Fish Creek, Andrew me pregunta: "¿Quieres volver a hacer ejercicio y jugar al squash en el centro de entretenimiento la semana que viene? Tiene un gimnasio en el piso de arriba con un saco de boxeo, así que puedes entrenar ahí".

"Claro, me parece estupendo", respondo. "¿Qué tal el jueves?"

"El jueves será", responde Andrew. "Reservaré una cancha".

Cuando llega el jueves, nos encontramos en el centro de entretenimiento como lo planeamos. Después de que Andrew me pateó el trasero en el squash, nos dirigimos al gimnasio. Le enseñé a Andrew cómo lanzar algunas combinaciones con los guantes de boxeo, y él me pone a entrenar para el fortalecimiento del tronco. Andrew tiene un poco de experiencia en el boxeo, así que es divertido sujetar las almohadillas para él y mostrarle algunos trucos nuevos. Siempre he odiado los ejercicios de fortalecimiento de tronco y no tengo ningún problema en expresarlo verbalmente mientras sostengo una postura de puente o cualquier otro ejercicio básico. Andrew se divierte con mi evidente disgusto por lo que me hace hacer, pero a pesar de mis quejas, reitero que sé que necesito hacerlo.

Disfrutamos de agradables conversaciones y nos reímos como la primera vez que nos conocimos. Mis habilidades de squash están mejorando un poco en cada partido, por lo que nuestros rallies son cada vez más competitivos y agradables.

Al salir del centro de entretenimiento, Andrew se dirige a mí y me dice: "Invite a un grupo de amigos para celebrar con una fogata el próximo sábado porque finalmente vendí mi propiedad. Deberías venir".

"Iré siempre y cuando me haya ido bien en mi campamento de lucha y mi peso siga bajando", le respondo mientras me subo al carro.

## Fogata En La Propiedad De Andrew

Cuando llega el día de la fogata, todavía no estoy segura de sí voy a hacer el viaje de treinta minutos hasta la propiedad de Andrew. Tengo planes para ir a dar un paseo en bicicleta esa tarde, así que dependeré de lo cansada que me sienta después.

Mary, mi compañera de paseo en bicicleta, y yo nos conocimos en Kijiji cuando ella solicitó ser mi compañera de apartamento. Sólo habíamos salido dos veces antes. Ella acabó consiguiendo su propia casa, pero me pidió que saliéramos, ya que era nueva en la ciudad. Disfrutamos de nuestro paseo en bicicleta mientras exploramos el centro de Calgary. Nos topamos con un nuevo local en la azotea que tiene mesas disponibles, así que decidimos ir a comer.

Mientras almorzamos, Mary me cuenta todo sobre un chico con el que acaba de empezar a salir, y yo le hablo de mis varios desengaños amorosos y de mis aventuras en las citas por Internet.

"He estado saliendo con un chico llamado Andrew. Es divertido hacer cosas con él, pero no es romántico", le explico. "Va a hacer una fogata esta noche. ¿Quieres venir conmigo? Yo conduzco si quieres tomar unas copas".

"¿Por qué te molestas en salir con un tipo con el que no planeas tener un noviazgo?" pregunta Mary.

"Cuando has estado soltera tanto tiempo como yo, no siempre se trata de una relación", respondo. "La buena compañía es difícil de encontrar, especialmente para actividades que no impliquen alcohol o comida".

"Es que me parece muy raro. Nunca perdería el tiempo con tipos con los que no salgo", responde María.

"Supongo que una pequeña parte de mí está abierta a una posibilidad romántica con Andrew, pero no creo que sea probable", continúo. "Si él quisiera algo conmigo, yo ya lo habría notado, pero no creo que lo haga nunca. Sin embargo, tiene algo. Me gusta pasar tiempo con él".

"¿Es una fiesta grande?" Pregunta Mary.

"Creo que no, pero no estoy segura. Nunca he conocido a ninguno de sus amigos", respondo. "Sólo voy a ir un par de horas. Quiero estar en la cama a las once".

"Claro, me apunto", dice María con entusiasmo.

Le mando un mensaje a Andrew: *"Oye, voy a ir esta noche con una amiga. ¿Necesitas que pasemos por alguna cosa de camino?*

*Sí, si puedes conseguir los ingredientes para hacer un coctel de whisky (Old Fashioned), sería genia*l, responde Andrew.

*Listo, ¿hay que llevar bocadillos?* pregunto.

*No, hay mucha comida*, responde Andrew.

Miro a Mary. *"¿Sabes cómo hacer un Old Fashioned?"*.

"No", responde mientras toma su teléfono, "pero puedo averiguarlo".

Una vez que terminamos de comer, nos subimos a las bicicletas y nos dirigimos a mi casa para ducharnos.

Resulta que el Old Fashioneds no es una bebida fácil de preparar. Hay varios ingredientes, dos de los cuales no conocemos. Mary y yo acabamos teniendo que ir a tres tiendas para encontrar todo lo que necesitamos, y gasto setenta dólares.

Mientras nos dirigimos a la finca de Andrew, me molesta que me haya pedido que comprara algo tan complicado y caro.

Somos las primeras en llegar a la fogata. Cuando llegamos, Andrew está afuera en su garaje. Está sucio y obviamente ha estado trabajando en algún proyecto allí.

Andrew nos saluda y nos muestra el interior de la cocina. Es una hermosa casa que está, obviamente, puesta en exhibición para ser vendida.

"Aquí están los ingredientes para los Old Fashioneds que me pediste", le digo mientras le doy la bolsa. "Hemos tenido que ir a tres sitios para encontrar todo. No es una bebida sencilla de hacer", continúo, queriendo validar el duro trabajo que hemos hecho.

"Gracias", dice Andrew mientras me quita la bolsa de la mano y la la coloca en su mostrador.

No pregunta si me debe algo, lo que cierra aún más el ataúd de cualquier posibilidad de romance. No estoy segura de sí habría aceptado el dinero, pero aun así me molesta que no lo ofrezca.

Andrew no está ni cerca de estar listo para ser anfitrión cuando todo el mundo empieza a aparecer. Me sorprende. Está nervioso mientras nos da a Mary y a mí un breve recorrido por el lugar. La casa está limpia y obviamente ha sido bien cuidada.

En una hora, hay quince personas afuera, la mayoría de las cuales son del trabajo de Andrew. Andrew saluda a todos cuando llegan, pero ni siquiera ha empezado a poner la comida o los aperitivos. Ya ha oscurecido y nadie ha empezado a comer nada, y me muero de hambre mientras esperamos.

Muchos de nosotros nos sentamos alrededor del fuego para intercambiar historias. Es una velada agradable, aparte del hecho de haber perdido setenta dólares y de que tengo hambre. Andrew está ocupado en la cocina y haciendo visitas guiadas durante el primer par de horas. La mayor parte de mi tiempo la paso afuera disfrutando de la compañía de amigos de Andrew y sus esposas. Mary pasa la mayor parte de la noche adentro, pero sale al fuego una vez que la comida está lista.

Cuando Andrew sale a la fogata, me doy cuenta de algo peor que esa horrible camiseta casi naranja que había llevado en nuestra excursión. Lo que diré a continuación me va a hacer parecer extremadamente vanidosa, pero te lo voy a contar de todos modos.

Cuando se sienta junto al fuego, su silla está ligeramente delante de la mía, y mira de reojo para hablar con su amigo, y es entonces cuando lo veo: Andrew... le faltan... dientes. Tiene un agujero en el lateral de su sonrisa, un gran agujero.

Es la primera vez que le miro desde este ángulo lateral, así que no lo había percibido.

Al instante, me molesta. Estoy pensando, ¿Por qué este tipo tiene un agujero *gigante en su sonrisa? ¿Se ha metido en una pelea? ¿Se le han podrido los dientes? ¿Por qué no se lo corrige? Tiene un trabajo decente; estoy segura de que sería capaz de arreglarse eso. Vivimos en Canadá... ¿No tiene cobertura de salud para eso? ¿Cuánto tiempo lleva así? Es definitivo. No hay manera de que pueda salir con este tipo.*

Sí, lo juzgué. Lo juzgué duramente. Me ha costado perdonarme a mí misma, así que espero que tú también lo hagas.

Y sí, me doy cuenta de la paradoja de decir que sólo veía a Andrew como un amigo, y a la vez lo estaba descartando como pareja. Todo lo que puedo decir es que esos eran mis pensamientos. Los pensamientos no siempre tienen sentido o te hacen ver bien.

Después de que finalmente conseguimos algo de comida, Mary y yo nos quedamos durante otra hora y luego nos fuimos a las 10:30 p.m.

como estaba previsto. Mary está extremadamente callada de camino a casa, sin decir nada sobre la fiesta o lo que pensaba de nadie.

Al día siguiente, se produce un curioso giro en los acontecimientos. Mary me envía un mensaje pidiendo el número de teléfono de Andrew, pero lo hace de la forma más extraña posible. Su texto dice: *"Me gustó mucho estar en la casa de Andrew. Era tranquilo y pacífico. Siento que podría hacer mucha lectura y reflexión allí. ¿Hay alguna razón por la que no quieras compartir su número conmigo para que pueda visitarlo de nuevo?"*

Es uno de los mensajes de texto más extraños que he recibido. Me parece tan extraño que me parto de risa, y sí, por supuesto, hago una captura de pantalla.

"¿Qué pasa?" Gabriel me oye reír desde la cocina.

Sin dejar de reír, le paso el teléfono para que lo lea.

Gabriel lo lee y luego pregunta: "¿Qué es esto?".

"La verdad es que no lo sé, pero ¿no es extraño? María me lo ha enviado ahora, después de venir de la fogata en casa de Andrew anoche", respondo mientras hago un gesto para que me devuelva el teléfono.

Gabriel no me entrega el teléfono. En su lugar, lo acerca a su cara. "Espera, espera", dice. "No he terminado con esto".

Gabriel comienza a leer el mensaje de texto en voz alta muy lentamente.

"Me gustó mucho estar en casa de Andrew... Era tranquilo y pacífico... Siento que podría hacer mucha lectura y reflexión allí... ¿Hay alguna razón por la que no quieras compartir su número conmigo para que pueda visitarlo de nuevo?" Los dos nos reímos como locos mientras lo repite.

"Espera. ¿Hay alguna posibilidad de que realmente quiera ir a leer libros en su casa? ¿Podría ser esa una razón válida?", dice entre risas y finalmente me devuelve el teléfono.

Le explico que no tiene sentido por muchas razones.

1. La propiedad de Andrew acababa de ser vendida. Ella lo sabía ya que era el objetivo de la velada.
2. Mary está saliendo con alguien con quien estaba bastante emocionada ayer.

3. Si pensaba que Andrew era guapo y quería su número, podría haberlo dicho. Habría sido mucho menos vergonzoso.
4. Calgary está llena de hermosos y tranquilos parques en los que ella podría leer, y están mucho más cerca que los cuarenta y cinco minutos de viaje hasta la propiedad de Andrew.

Aparte de asumir que a ella le atrae, no sé cómo interpretar este mensaje.

"No doy los números de teléfono de la gente sin su permiso, pero le preguntaré la próxima vez que lo vea", respondo. Toda esta situación se siente extraña.

Cuando hablé con Andrew por teléfono, le dije: "Mary me pidió tu número, y le gustó mucho tu propiedad".

"Oh, ella me envió un extraño mensaje en Facebook, pero nunca le contesté", responde Andrew.

"¿No quisiste contestarle?" le pregunto.

"Bueno, me hizo una pregunta muy rara sobre su aire acondicionado, y no tenía sentido. La ignoré porque no sabía cómo responderle", explica.

"Sí, su mensaje de texto tampoco tenía mucho sentido. Creo que le gustas", me río.

"Oh, no había pensado en eso", responde Andrew.

Sólo salí con Mary un par de veces más después de la fogata. Nunca saqué el tema con ella, pero supongo que no le molesta el agujero gigante en la sonrisa de Andrew como a mí.

Esa fogata había sido el último fin de semana normal que habría tenido en mucho tiempo.

Mi vida estaba a punto de cambiar drásticamente.

\* \* \*

## LA PERSPECTIVA DE ANDREW

La camiseta fea de la que hablaba Michelle es una vieja camiseta de levantamiento de pesas que tenía desde mis veinte años. Me quedaba muy bien, así que la conservé durante mucho tiempo más allá de su fecha de caducidad. El logotipo decía INZER.

## MICHELLE Y ANDREW PRESTON

Después de nuestra primera cita, hicimos planes para jugar al squash cada dos semanas. Michelle estaba muy ocupada entrenando para una próxima pelea, pero aun así quería jugar. Saber que quería que pasáramos más tiempo juntos y ser amigos me hizo muy feliz. Durante nuestra primera cita, supe que tener a Michelle como amiga sería una bendición.

Yo, por mi parte, seguí su consejo. Me dijo que debía permanecer soltero, viajar y adquirir experiencia. Así que eso es lo que hice. Seguí saliendo y hablando con otras mujeres para aprender más sobre quién era y qué quería.

El conocimiento aleatorio parece ser algo que me sobra. Son horas y horas de ver vídeos interesantes en YouTube y de leer Wikipedia. Entrar sin poder salir fácilmente de YouTube viendo videos sobre agujeros negros o aprendiendo sobre la crisis de los misiles cubanos en Wikipedia es muy divertido. Me halaga saber que Michelle considera interesante lo que le comparto.

Cuando hablo tiendo a mencionar hechos concretos y no conjeturas. Hay veces que Michelle piensa que estoy haciendo el ridículo y yo no lo creo. Sólo estoy tratando de expresar a la persona detrás del mostrador que el menú de su televisor cambia con demasiada frecuencia. Sólo debería mostrar una pantalla; eso es todo. No hay que cambiar entre tres pantallas diferentes y además un comercial. Mmm, tal vez soy tonto y no lo sé.

Cuando Michelle y yo entrenábamos para el fortalecimiento de torso, me sorprendió que ella se quejara de lo mucho que le dolía. Se sintió contradictorio cuando vi lo bien que estaba pateando y golpeando el saco de boxeo. Este y otros incidentes que he tenido mientras entrenaba con la gente me han demostrado que puedo lidiar con el dolor mejor que la mayoría mientras hago ejercicio. Tal como el tipo de dolor que se siente después de aguantar una plancha durante cuatro minutos. Lo extraño del dolor de la plancha es que una vez que te das cuenta que duele, éste comienza a nivelarse después de un minuto y medio. Normalmente puedes aguantar uno o dos minutos más. El dolor no aumenta de forma lineal.

Después de leer esta historia de la fogata, me di cuenta de que no le di a Michelle ningún dinero por los ingredientes de la bebida que recogió para mí.

Si me hubiera pedido dinero, se lo habría dado con mucho gusto. Si alguien no menciona un problema que tiene y no me doy cuenta de que es un problema, entonces asumo que todo está bien.

Tener a Michelle y a otros amigos esa noche fue realmente especial. Sentí que estaba rodeado de gente increíble. En la parte superior izquierda de mi boca, me falta un diente. Es el primer premolar. Cuando el diente de leche se cayó alrededor de los doce años, no había ningún diente permanente debajo de él. Después de todos estos años, me acostumbré a tener el agujero del diente que faltaba y nunca pensé mucho en ello. Dato curioso, tengo otros dos dientes de leche sin dientes permanentes debajo. Ambos segundos premolares en mi mandíbula inferior son dientes de leche, y planeo mantenerlos hasta que me muera. ¡Deséame suerte!

Si le gusté a Mary, debió haberme pedido una cita. En mi mente, ya que ella dijo que su intención era venir a leer un libro en el campo, en un terreno tranquilo, entonces eso es lo que quería. La vida es demasiado confusa cuando tienes que descifrar las verdaderas intenciones de la gente.

\* \* \*

Fotos del Capítulo 3
Bellamimalifestyles.com/bookphotos

# 4
# LA AMISTAD CONTINÚA

La depresión me nubla como una gran neblina. Estamos en junio y he estado ocupada escondiéndome. ¿Ese gran cambio al que aludí en el capítulo anterior? Sí, tengo otra conmoción cerebral que me hizo cancelar mi pelea, dejándome devastada.

Hace semanas que nadie sabe nada de mí, aparte de recibir un mensaje de texto diciendo que la pelea se ha cancelado. Se siente como si lo que más he amado en mi vida ha llegado a su fin, y como si hubiera defraudado a todo el mundo. Echo de menos las artes marciales y a mis compañeros de entrenamiento. El único momento en el que soy capaz de sentir algún tipo de paz es en mi tapete de yoga cuando me siento lo suficientemente bien como para ir a mi nuevo estudio.

Estoy sentada en la cama viendo televisión sin sentido. Mi teléfono está sonando. Miro hacia abajo y veo que es Andrew. No he hablado con él desde el intercambio después de la fogata.

"Hola", respondo.

"Hola, ¿cómo estás?" pregunta Andrew.

"Oh, he estado mejor", respondo. "Últimamente he estado bastante deprimida. Casi no salgo de casa si no es para ir al trabajo y a yoga".

"¿Por qué no sales de casa?" pregunta Andrew.

"Es que no quiero encontrarme con nadie que conozca o tener que explicar la cancelación de la pelea", le explico. "Nunca he tenido que cancelar una pelea antes, y se siente terrible".

"¿Quieres venir a jugar al Dodgeball mañana?". Andrew pregunta. "No conoces a nadie allí, y te sacará de casa".

Lo pienso un rato antes de responder. La verdad es que no me apetece hacer nada. Es mucho más fácil quedarse en casa sintiendo lástima de mí misma. Pero Gabriel se ha estado preocupando por mí, y probablemente debería hacer un esfuerzo por hacer algo.

"De acuerdo", respondo. "Mándame los detalles y nos vemos allí".

## El Partido De Dodgeball

Cuando entro al gimnasio de la escuela para reunirme con Andrew, una de sus compañeras de equipo se apresura a hablarme.

"Hola Michelle, soy Janet. Es un placer conocerte. ¿Has jugado antes al Dodgeball?", me pregunta.

"No desde la escuela primaria", respondo. "Si es que eso cuenta".

Janet empieza a hablar de repente como si acabara de tomarse tres cafés expreso, explicándome todas las reglas en unos pocos minutos.

"La línea azul es la línea de fuera de juego. Cuando el juego comienza, puedes correr hasta la línea roja para tomar una pelota. La gente utiliza diferentes estrategias para empezar el juego. Puedes correr y tratar de ganarle a alguien un balón o quedarte atrás. Pero estos chicos son muy buenos; es un riesgo quedarse atrás", explica.

Mis ojos comienzan a empañarse. Está hablando muy rápido, apenas se detiene a respirar, y es mucha información que procesar para mi cerebro magullado.

"Ahora, no estoy segura si Andrew te lo dijo, pero jugamos múltiples duelos. Te tengo empezando en el segundo juego para que observes uno y puedas familiarizarte con las cosas. Entonces vas a jugar en otros dos juegos después de eso. No se permite apuntar a la cabeza, pero por supuesto, los accidentes ocurren, así que ten cuidado. Ahora, una vez que estás fuera, tienes que ir a la línea verde. Sólo se te permite volver a entrar si alguien atrapa una bola, pero tienes que prestar atención al orden en que fuiste eliminada..."

Janet no deja de hablar, y apenas puedo asimilar la mitad de lo que está diciendo. Requiero de toda mi fuerza de voluntad para no decirle que se calle. Todo lo que puedo hacer es sonreír y asentir con la cabeza mientras me siento completamente sobre estimulada.

Empiezo a caminar hacia Andrew, esperando que capte la indirecta de que: Ya he tenido suficiente.

No, no funciona. Sigue hablando.

Mi ansiedad aumenta.

Como no quiero ser grosera, me quedo en silencio mientras ella termina lo que parece como una orientación completa sobre el juego del Dodgeball.

Andrew toma el relevo y me presenta al resto de su equipo.

Después de saludar brevemente a todos, me dirijo al banquillo para sentarme y verlos calentar.

Mientras descanso y echo un vistazo al gimnasio, empiezo a darme cuenta de lo grave que es mi conmoción cerebral.

Janet realmente me abruma, más que todos los adolescentes de mi clase. Antes de la conmoción, mi cerebro sano, rara vez entraba en pánico o se sentía abrumado, ¿y ahora todo lo que se necesita es una persona que hable rápido para ponerme en un estado de pánico?

Darme cuenta de esto me provoca más pánico y mi cerebro vibra, y todo me comienza a dar miedo. Es como si mi cerebro no fuera capaz de asimilar la nueva información o este nuevo entorno.

En un intento de calmarme, empiezo a respirar profundamente.

Durante las últimas semanas, he estado sola haciendo cosas que me eran familiares. No sabía hasta qué punto un nuevo entorno podría agravar mi conmoción cerebral.

Respirar profundamente me ayuda a calmarme, pero la calma sólo dura hasta que comienza el juego.

Ahora, entro el pánico por una razón totalmente diferente.

Vaya, cuando me equivoco... me equivoco. El Dodgeball no es nada de lo que pensé que sería. Cuando Andrew dijo la palabra Dodgeball, me imaginé esas suaves pelotas de colores brillantes con las que jugábamos en el colegio. Las que apenas dolían aunque alguien se pusiera delante de ti y te la pegara en la cara. NO ES ASÍ. Estas no eran lo mismo en absoluto.

Eran grandes pelotas de goma siendo lanzadas a toda velocidad por hombres adultos y mujeres atléticas. Estos jugadores son rudos. Yo no tenía ni idea de lo intenso que sería el dodgeball para adultos. De repente entendí las gafas de seguridad, los calcetines altos y las rodilleras de Andrew. Es una zona de guerra ahí fuera.

El pánico se apodera de mí cuando me doy cuenta de que no tengo equipo de seguridad, e incluso si lo tuviera, si una de estas bolas me golpea en la cabeza, estoy acabada.

Si voy a ser así de estúpida, podría haber hecho mi combate de kickboxing. Empiezo a respirar más profundamente, pero no parece que eso ayude.

¿Por qué acepté esto? ¿Por qué he salido de casa? Sólo quiero estar en la cama acurrucada con Baxter. No quiero salir. Respira profundo, Michelle... Respira profundo.

Cuando el juego termina, todos regresan a la banca. Inmediatamente, trato de excusarme para no jugar. "Saben qué, chicos, estoy bien. No necesito jugar. Esto parece intenso", digo.

Janet fue la primera en intervenir. "Oh no, tienes que jugar. Tú has venido hasta aquí. Juega sólo una partida, Michelle. Puedes ver el resto".

Todos los demás siguieron, diciendo más de lo mismo. "Inténtalo, es divertido. Sólo un juego".

"Está bien, jugaré un partido", digo mientras me levanto y me estiro un poco, "pero no voy a jugar los tres".

Mientras camino hacia la cancha, pienso para mis adentros: "Quédate en la parte de atrás, muévete un poco y mantén las manos en alto hasta que una pelota te dé en el cuerpo. Entonces todo habrá terminado. Puedes manejar esto."

ME EQUIVOCO DE NUEVO. No puedo "manejar esto".

Apenas estoy en la cancha dos minutos cuando una pelota de dodgeball pasa cerca de mi cabeza y me detona un ataque de pánico. No hay forma de salir de éste. Todo mi cuerpo tiembla. Me siento más asustada en esta cancha de dodgeball que en el ring.

¿Cómo puede alguien en su sano juicio pensar que esto es divertido? Hay pelotas de goma gigantes volando por todas partes a toda velocidad. No, gracias.

Antes de que una pelota me golpee, salgo corriendo de la cancha a mitad del juego. Tomo mis cosas y corro hacia mi carro mientras se me llenan los ojos de lágrimas. Voy tan rápido que consigo hacer todo esto sin que nadie me diga nada. Por suerte mis piernas todavía están en forma desde mi campamento de lucha.

Una vez que llego al carro, siento cierto alivio, pero sigo sollozando. Mi plan es empezar a gritar "¡Déjame en paz!" si alguien se acerca a mi auto.

Nadie me sigue afuera para ver si estoy bien. Por ello, estoy agradecida.

A medida que mi pánico disminuye, empiezo a procesar lo que acaba de suceder. Mi cerebro está mucho más dañado de lo que pensaba. Me he sentido aturdida y cansada, pero supuse que se debía principalmente a mi depresión y soledad.

Esto se siente diferente de cualquier otra ocasión en donde me han dicho que tenía una conmoción. Este nivel de pánico es mucho mayor, tanto que es aterrador. Se siente como si todo mi cerebro estuviera vibrando. Es obvio para mí que la depresión no tiene ningún papel en este giro de los acontecimientos. Lo que está sucediendo es 100 por ciento mi conmoción cerebral. Ya no se puede negar.

Pasan treinta minutos antes de que sea capaz de calmarme lo suficiente como para empezar a conducir a casa. Contemplo la posibilidad de llamar a un Uber, pero pienso que la noche es joven, así que puedo sentarme y esperar a que mi cerebro deje de vibrar.

Voy apenas a mitad del camino antes de tener que detenerme para calmar mi cerebro de nuevo. ¿Por qué me pediste que jugara al Dodgeball, Andrew? ¿Y por qué acepté?

En cuanto llego a casa, cojo a Baxter, apago las luces y me meto en la cama. La oscuridad y el silencio de mi dormitorio acaban por ayudarme a calmarme por completo.

Acostada sola con mis pensamientos, de pronto me doy cuenta de mi realidad.

Mi carrera en las artes marciales ha terminado. Me he visto obligada a aceptarlo. Pero no me he dado cuenta de que todas las áreas de mi vida se verán afectadas por mis conmociones. ¿Quizás tenga que dejar todos los deportes? La idea de entrar en pánico delante de mi equipo de béisbol me hace enviar un mensaje al capitán de mi equipo: Lo siento, no puedo jugar al béisbol este año, tengo una lesión en la cabeza. Se me llenan los ojos de lágrimas mientras pulso "enviar". Vaya, ¿qué voy a hacer todo el verano? No puedo creer que no pueda jugar al béisbol.

Me tapo con las mantas, me acurruco con Baxter y me revuelco en mi tristeza.

Andrew llama en cuanto llega a casa.

Al contestar el teléfono, me disculpo inmediatamente. "Hola, lo siento mucho, salí corriendo... Janet habló tan rápido..."

"¿Estás bien?" Andrew me interrumpe.

"¿Qué?" Pregunto

"¿Estás bien?" Andrew vuelve a preguntar.

"Sí", respondo.

"Eso es lo único que importa", responde Andrew.

Andrew lo dice de tal manera que ya no siento la necesidad de disculparme o dar explicaciones. Es una sensación agradable y a la que no estoy acostumbrada.

"Me quedó claro que no puedo participar en deportes y situaciones sociales. Si vamos a salir, tenemos que hacer algo tranquilo. Tal vez en la naturaleza, lejos de la gente", le explico.

"Sí, podemos hacerlo", responde Andrew.

"Tenemos que asegurarnos de que no me encuentre con más gente que hable rápido o grandes pelotas de goma", digo en un intento de aligerar el ambiente. "De acuerdo", se ríe Andrew.

Mientras me duermo, toda la noche parece un sueño.

## Campamento En La Montaña

La siguiente vez que Andrew y yo hablamos, se ofreció a llevarme a acampar.

"Claro, suena divertido", respondo. "Nunca he ido de campamento". "Genial, miraré mi agenda y podemos elegir un fin de semana", dice Andrew.

"¿Estás seguro? Porque no tengo ningún equipo, ni tampoco idea de cómo sobrevivir en la naturaleza", respondo.

"No pasa nada, puedo enseñarte. Lo he hecho antes, así que ya tengo casi todo lo que necesitamos", explica Andrew.

"Me parece muy bien. Tú puedes decidir a dónde vamos", respondo.

Me siento fatal al admitirlo, pero después de hacer el plan, uno de mis primeros pensamientos es *Perfecto, iré con Andrew mi primera vez para que cuando vaya con alguien de quien estoy enamorada, sepa lo que hago y no pasaré tanta vergüenza.*

Sí, en mi mente, Andrew era mi chico de prácticas. Qué ironía.

Planeamos pasar dos noches en el campo. Se siente refrescante probar algo nuevo después de toda la pérdida que he estado experimentando. La noche antes de la gran aventura, nos enviamos mensajes de texto para confirmar que tenemos todo lo que necesitamos. Los dos estamos entusiasmados.

*Ya alisté mi maleta.* Le mando un mensaje a Andrew con un selfie llevando mi mochila. Pero no tengo una esterilla para poner debajo de mi saco de dormir.

No pasa nada, tengo una de más. Te la llevaré, responde Andrew, enviando también un mensaje de texto con un selfie de su mochila.

Andrew compró nuestras comidas congeladas para el fin de semana, así que alisté los bocadillos. Un amigo me dio unos *brownies especiales* para ayudarme con mi conmoción, así que empaqué un par de ellos junto con un poco de carne deshidratada, mezcla de frutos secos y barras de proteínas.

Ya es viernes y Andrew llega una hora tarde a recogerme. Odio esperar, especialmente cuando significa que estaremos atrapados en el tráfico de la hora pico de los viernes.

En cuanto llega, cojo a Baxter y subo a su camioneta. "Así que... ¿a dónde vamos?" Pregunto.

"A Mosquito Creek, cerca del lago Louise", responde Andrew. "Tengo un libro titulado No pierdas el tiempo en las Rocosas canadienses, y me ayudó a decidir a dónde debíamos ir", dice Andrew mientras vamos saliendo del estacionamiento.

Tenemos un viaje de dos horas y media, seguido de una caminata de cinco kilómetros hasta nuestro campamento.

Como Andrew llega tarde, acabamos luchando contra la luz del día mientras subimos a nuestro campamento.

"Andrew, ¿qué tan cerca estamos?" le pregunto. Me estoy poniendo nerviosa porque me es difícil ver a Baxter en el camino.

"Oh, estamos bien", dice Andrew, manteniendo la calma. "No debería ser mucho más lejos".

Lo último que necesito es que Baxter se vaya detrás de una ardilla en la oscuridad, así que lo recojo y lo llevo cargado. A medida que el sol sigue bajando, mi ansiedad aumenta.

"Oye, creo que tenemos que empezar a caminar más rápido o simplemente elegir un lugar para poner la tienda de campaña", digo.

"Ya casi llegamos y habrá un retrete. Estamos bien. Yo tengo una linterna", dice Andrew, manteniendo la calma.

Una vez que llegamos a nuestro campamento, necesitamos todas nuestras luces y teléfonos encendidos para montar la tienda. Mi ansiedad llega al máximo mientras caminamos tratando de encontrar un lugar plano para poner la tienda. Siento que se avecina un ataque de pánico, pero mantengo la calma. Me digo a mí misma que tener un ataque de pánico en la oscuridad en la ladera de una montaña no va a ayudar a montar nuestra tienda.

"Sí, creo que esto es bastante malo". Andrew finalmente se da cuenta del problema que he visto venir durante horas.

Encontramos el lugar plano y Andrew saca la linterna.

Por suerte, Andrew ha montado su tienda de campaña muchas veces, así que no le cuesta montarla rápidamente. Sostengo una linterna y lo observo en silencio mientras respiro profundamente, tratando de no dejar que mi ansiedad me abrume por completo.

Cuando clava las estacas en el suelo, yo sostengo las dos linternas para que él pueda ver hacia dónde dirigir el martillo. Sin estas linternas, apenas puede ver su mano frente a su cara.

Esto no me gusta. No me gusta ni un poco. Estoy resentida con él por llegar tarde. *"No te preocupes, estamos bien"* por supuesto que no pienso mientras me arrastro entrando a la tienda en completa oscuridad.

Nota mental número uno: Asegúrate siempre de tener suficiente luz de día para llegar a tu destino. Me inquieta el hecho de no haber tenido la oportunidad de familiarizarme con el campamento a la luz del día. Nosotros podríamos estar durmiendo encima de un hormiguero, cerca de un avispero, o cerca de algunos cachorros de oso, no sabemos nada. Parece muy poco probable, pero todavía es posible.

"Oh, vaya, estaba nervioso montando la tienda", admite Andrew mientras se mete en la tienda con Baxter.

Una vez que estamos todos dentro y metemos todas nuestras cosas, siento un gran alivio. Es increíble lo seguro que puede hacerte sentir una tienda de campaña en medio de la naturaleza. Es sólo un pedazo de tela y, en muchos casos, puede hacer muy poco para mantenerte seguro. Y sin embargo, lo es todo. Ahhh, por fin, comodidad, pienso.

"Oye, ¿puedo tener mi esterilla?" Le pregunto a Andrew mientras empezamos a preparar nuestras camas. A la luz de la linterna, veo una expresión de terror en su cara.

"Oh, mieeerda" es todo lo que consigue murmurar cuando se da cuenta de que mi estera está en su camioneta al pie de la montaña.

"¿Hablas en serio, Andrew? ¿Olvidaste mi colchoneta?" Pregunto, esperando que esté bromeando.

"Me acordé de traerla, pero está en la camioneta", explica.

Nota mental número dos: Empaca siempre tu propio equipo para dormir. Ambos nos reímos, sabiendo al mismo tiempo que no tiene ninguna gracia. Hace demasiado frío por la noche en las Rocosas. La risa nerviosa parece ser la única respuesta apropiada. Andrew se siente terrible, pero no es como que haya algo que podamos hacer al respecto.

"Bueno, supongo que puedo poner toda mi ropa debajo de mí", digo. El fin de semana ha empezado de forma fantástica.

Sí, eso fue un sarcasmo.

Se supone que este viaje debe ser tranquilo, y yo estoy de todo menos Tranquila.

Andrew duerme profundamente mientras yo me quedo despierta con frío toda la noche. Sus ronquidos son suficientes para mantener a los osos alejados. El suelo está helado, y hay una brisa que entra por la puerta que está a mi lado. Acostarse encima de mi ropa ayuda un poco, pero sigue moviéndose por debajo de mí. El único punto cálido de todo mi cuerpo está en mi lado derecho, cerca de mi axila, donde Baxter está acurrucado dentro de mi saco de dormir. Al menos él está caliente.

Llevo horas despierta, intentando pensar en algo que me distraiga de mi miseria, pero nada funciona. Considero despertar a Andrew, pero pienso que al menos uno de nosotros debería dormir bien.

Afortunadamente, una vez que el sol comienza a salir, me caliento lo suficiente para conseguir unas cuantas horas sólidas de sueño.

A la mañana siguiente, nos levantamos, desayunamos y recogemos nuestro campamento.

"¿Cómo has dormido?" me pregunta Andrew.

No escatimo en detalles. "Bueno, entre tus ronquidos, estar con frío incómoda, tener que dejar salir a Baxter para orinar, la brisa que entraba que entraba por la puerta, y mi ropa que se deslizaba por debajo de mí, creo que he dormido dos horas sólidas".

"Oh, vaya. Me siento tan mal", dice Andrew por tercera o cuarta vez.

"No te preocupes", le digo. "Estoy acostumbrada a no dormir de todos modos. He luchado contra el insomnio desde que era una niña".

Los dos nos reímos, aunque sabemos que no es tan divertido. Las risas nerviosas parecen ser el tema del fin de semana.

Después de empacar el campamento, pasamos toda la tarde caminando hasta el lugar de acampada más alto que Andrew tiene en su mapa. Cuanto más elevación ganamos, más nieve hay en el camino. Andrew tiene que sacar sus bastones de senderismo. Yo no tengo bastones, así que me da uno de los suyos.

Nota mental número tres: comprar bastones de senderismo.

Poco a poco, a Baxter se le hace cada vez más difícil continuar. Es un pequeño Yorkshire Terrier, así que no le va bien la nieve. Paso cargándolo para llevarlo, para darle a sus pequeñas patas una oportunidad de calentarse. Cuando llegamos a parches de nieve más grandes, Andrew pasa a través de ellos para hacer un camino para mí. Luego extiende su bastón hacia atrás para que yo pueda tomarlo y atravesarlo. Es muy bonito.

A medida que nos acercamos a la cumbre, es evidente que no vamos a encontrar el campamento. La nieve se está volviendo demasiado profunda para continuar, y mis pies están empapados. Nota mental número cuatro: Siempre llevar botas en las Montañas Rocosas, incluso cuando es verano.

"Andrew, creo que deberíamos volver a bajar. No vamos a encontrarlo", digo. "Podemos acampar donde estuvimos anoche".

"Sí, probablemente tengas razón, pero déjame ir a ver si está sobre esa cresta. Tú puedes esperar aquí", dice Andrew mientras toma mi bastón. Él va a necesitar los dos para atravesar esos montones de nieve.

Mientras me siento con Baxter, disfruto de las hermosas vistas y tomo un tentempié.

Una vez que termino mi bocadillo, miro a la distancia y me doy cuenta que Andrew ha ido mucho más lejos de lo que esperaba. Esto no me gusta porque apenas puedo verlo. No estoy segura de que me oiga si le grito.

Mi estómago comienza a hundirse una vez que él está tan lejos que ya no puedo verlo, y así comienza el mini ataque de pánico número dos. Rápidamente me doy cuenta de que si se cayera y se hiciera daño o no lograra volver por alguna razón, no tengo ni idea de cómo voy a recorrer todo el camino por esta montaña para conseguir ayuda. Especialmente porque él tiene las llaves de la camioneta. No me gusta esto. Quiero que Andrew vuelva aquí conmigo. Me siento demasiado vulnerable sin él.

Nota mental número cinco: Nunca te separes en condiciones meteorológicas desfavorables en las Montañas Rocosas. Pero si lo haces... ambas personas deberían tener las llaves del vehículo.

Andrew se ha ido durante lo que parece una hora. Empiezo a gritar, "¡Andrew, vuelve! ¡ANDREW! Vuelve ahora!" No me oye. Mis gritos están asustando al pobre Baxter, así que me detengo.

Finalmente, Andrew reaparece y se dirige hacia nosotros. Suspiro de alivio. Hay puntos en los que la nieve le llega a la cintura, y puedo ver cómo se esfuerza por pasar. A este ritmo, va a ser media hora antes de que llegue a mí. Pero no me importa esperar ahora que puedo verlo.

Una vez que Andrew regresa, estoy ansiosa por ponerme en movimiento de nuevo para entrar en calor. "¿Podemos volver a bajar ya? Vaya, has tardado una eternidad".

"Sí, no lo encontré. Quería ver si estaba sobre esa cresta, pero hay demasiada nieve", responde Andrew.

"¿Podemos volver a bajar ahora?" Pregunto. "Quiero acampar donde hicimos anoche".

"Claro", responde Andrew. "Podemos hacerlo. Sólo déjame tomar un rápido descanso primero".

"Por supuesto", le digo mientras le doy algunas opciones de bocadillos. Volvemos a nuestro campamento original en un tiempo récord. Caminamos rápido ya que estamos emocionados por encender un fuego y cenar algo. Una vez que Andrew enciende el fuego, me quito inmediatamente los zapatos y los calcetines mojados. Nota mental número seis: Asegúrate de que las botas de montaña que compres sean impermeables.

Andrew me enseña a utilizar un hervidor de chorro para hervir el agua. Una vez que el agua está hervida, todo lo que tenemos que hacer es añadirla a las comidas que ha traído para nosotros, cerrar la bolsa y dejarla reposar hasta que los fideos se ablanden. Nota mental número siete: comprar un hervidor a chorro. Se siente bien sentarse alrededor del fuego y comer una comida caliente después de pasar la mayor parte del día en la nieve.

Mientras nos sentamos alrededor del fuego, Andrew saca su libro de *No pierda su tiempo en las Rocosas canadienses* para ver por qué era tan difícil encontrar nuestro próximo campamento. "OOOOH", dice después de leer un par de páginas. "Esta excursión no se recomienda en esta época del año. No me extraña que esté cubierto de nieve. Nos hemos adelantado un mes".

"Sabes, Andrew", digo en tono sarcástico, "realmente deberías estar despedido teniendo en cuenta que te equivocaste en el lugar donde debíamos acampar a pesar de que tienes esa guía definitiva de la que sigues presumiendo. Y te olvidaste de mi esterilla de dormir".

"Sí, probablemente me despediría a mí mismo dadas las circunstancias de las últimas veinticuatro horas", se ríe Andrew.

"Pero lo voy a dejar pasar porque estoy sentada alrededor de un cálido fuego con la barriga llena de comida deliciosa", digo bromeando.

Una vez que estamos totalmente descansados, montamos nuestra tienda. Se siente rápido y sin esfuerzo, dado que tenemos la luz del día de nuestro lado.

Volvemos al lado del fuego para tomar unos bocadillos y disfrutar de la puesta de sol.

"No estoy segura de si te gusta este tipo de cosas, pero he traído a cada uno un brownie de hierba. Son medicinales, así que deberían ser bastante suaves", explico.

"¿Brownies de hierba? Hace años que no pruebo uno de esos. Claro, me apunto", responde Andrew.

"Sí, yo tampoco como uno hace tiempo. La hierba normalmente no es lo mío, pero se supone que no debo tomar alcohol con mi lesión en la cabeza". le explico. "Normalmente sólo me pone paranoica, pero como es medicinal no me importa".

"Genial, suena divertido", responde Andrew.

"Esperemos a comerlas hasta que estemos cómodos en nuestra tienda y listos para la cama. No hay nada peor que comer un brownie de hierba cuando todavía tienes que lavarte los dientes y asearte", digo con una risa.

"Sí, eso tiene sentido. Nos pondremos cómodos primero, y colgaré toda la comida en la bolsa anti oso en un árbol", acepta Andrew.

"¡Genial! Yo descargué algunas películas en mi tableta", respondo.

Después de unas cuantas risas alrededor del fuego, nos retiramos a la tienda para comer nuestros *brownies especiales*.

"Oh Dios, mira esto", dice Andrew mientras desliza mi tableta en una ranura en la parte superior de la tienda. "JAJA, impresionante. Se supone que esto es para secar calcetines, pero tu tableta encaja perfectamente"

"Maravilloso", digo extasiada. "Odio tener que sostenerla".

Nuestros brownies de hierba entran en acción justo cuando empezamos a ver *Where to Invade Next* de Michael Moore. Es un documental donde Michael Moore visita varios países para preguntar sobre los sistemas de salud y educación. Apenas prestamos atención a la película porque no podemos dejar de reír y hacer comentarios estúpidos.

Sopla una brisa en la tienda y hace un frío de mil demonios.

"¿Podemos usar algo para cubrir la puerta?" le pregunto a Andrew. "Me congelé anoche cada vez que entraba una brisa".

Andrew me mira y dice con voz de Yoda: "Qué tal Andrew. Andrew puede tapar la puerta, sí", y luego se lanza encima mío mientras murmura: "Steeaamroller". No puedo dejar de reírme.

El saco de dormir de Andrew tiene su tapete pegado, así que se queda atascado a mitad de camino. El pobre Baxter grita cuando casi muere aplastado por el cuerpo rodante de Andrew. Las lágrimas caen por mi cara porque me estoy riendo demasiado. Tardamos unos minutos en calmarnos.

Después de recuperar la compostura, me muevo hacia el lado opuesto de la tienda. Al instante estoy más caliente, mucho más caliente. "No puedo creer que me hayas hecho dormir junto a la puerta fría", digo mientras le doy una palmada en el saco de dormir. "Sobre todo porque estoy acostada en el suelo frío".

"Sí, no pensé en eso. A veces puedo ser un verdadero idiota". Andrew se ríe. "¿Estarás más caliente ahora?"

"Ah, sí. Hace mucho más calor en este lado", grito en tono de burla.

Nota mental número ocho: No duermas junto a la puerta fría, o asegúrate de bloquear completamente la puerta, especialmente cuando no tienes una colchoneta debajo de ti.

Nos reímos hasta altas horas de la noche antes de dormir tranquilamente. Yo duermo mucho mejor porque no tengo tanto frío. El brownie de hierba también ayuda.

Al día siguiente recogemos la tienda y nos relajamos hasta media tarde antes de bajar la montaña. Todavía tenemos un poco de comida, así que no tenemos prisa por llegar a casa. El paisaje es precioso. Tenemos una vista panorámica de árboles alpinos cubiertos de nieve y picos de las montañas.

En nuestra caminata de vuelta, noto un hermoso lugar.

"¡Andrew, para!" Le grito desde unos metros atrás. "Déjame tomar unas fotos para tu perfil de citas online".

"Tengo fotos para mi perfil online", responde Andrew confundido. "Necesitas unas mejores", le digo convencida.

Andrew se queda quieto mientras le tomo unas cuantas fotos. "Haz una pose, no te quedes ahí", le digo.

Andrew señala hacia los árboles y yo tomo la última foto.

"Ya está", le digo. "Ahora tienes un par de nuevas, así que puedes quitarte las de tus horribles Oakleys de los 90".

Andrew se ríe. Le encantan sus gafas de sol, independientemente de las veces que me burle de ellas.

En general, es un viaje exitoso. Todos salimos sin un rasguño, incluyendo a Baxter. No estoy segura de si lo llamaría tranquilo, pero ciertamente me distrajo de echar de menos las artes marciales.

Curiosamente, después de este viaje, Andrew y yo no nos vemos durante meses.

\* \* \*

## LA PERSPECTIVA DE ANDREW

Cuando Michelle dijo que dejó la cancha de dodgeball a mitad del juego sin que nadie se diera cuenta, no estaba bromeando. Recuerdo que una vez que el juego terminó, miré a mí alrededor, y Michelle se había ido sin dejar rastro. Mi mente pensó que probablemente estaba bien y que por alguna razón tenía que irse.

Antes del juego, cuando Janet estaba abrumando a Michelle, yo no pude notar en absoluto que Michelle estaba en mal estado. Parecía estar bien y lo ocultaba bien. Si fuera yo el que hubiera tenido un ataque de pánico, me habría ido a mitad de la conversación mientras hablaba con Janet.

El dodgeball de la liga recreativa para adultos es súper divertido. Lo recomendaría a cualquiera que quiera hacer ejercicio y socializar más.

Nunca supe cómo se sentía Michelle sobre ese viaje de campamento hasta que leí este capítulo.

"Me molestó que llegara tarde. No te preocupes, estamos bien' por supuesto que no' pienso mientras me arrastro a la tienda en la oscuridad total".

Ella no aparentó lo que sentía mientras armábamos la tienda en esa primera noche. Parecía que estaba disfrutando.

Durante este tiempo, Michelle no hablaba mucho de su conmoción. No fue hasta mucho después que me contó más detalles. Después de escuchar su recuperación, no quiero que ella sufra una conmoción nunca más. Pasar tiempo con Michelle era algo que disfrutaba mucho, aunque sólo fuera como amigos. Tuvimos un gran fin de semana acampando juntos como amigos.

Después de este viaje de mochilero, Michelle y yo no nos hablamos durante varios meses. Durante este tiempo, conocí a otra mujer en Bumble, y empezamos a pasar mucho tiempo juntos. Michelle tenía razón cuando sugirió que me tomara un tiempo para estar soltero, pero eso no significa que le hiciera caso. Al parecer, todavía tenía que aprender algunas duras lecciones.

Fotos del Capítulo 4
Bellamimalifestyles.com/bookphotos

# 5
# EL PASO AL ROMANCE

¿Sabes de esas comedias románticas en las que los dos personajes principales comienzan como amigos y, al cabo de una hora, casi le gritas a la pantalla para que uno de ellos haga algo? Nuestro paso al romance fue más como una serie de televisión de varias temporadas con un progreso lento, y además uno de nosotros ni siquiera se estaba dando cuenta de que estaba sucediendo.

### Los Amigos Del Juego De Squash Se Reúnen

Es diciembre, y por primera vez en meses, Andrew me invita a jugar al squash.

"Claro", respondo. "Pero quizá tenga que desempolvar mi raqueta de squash". Casi no lo he visto desde nuestro viaje de campamento en julio, y me es agradable saber de él.

Por primera vez desde que empezamos a jugar al squash, por fin soy capaz de ganar algunos juegos seguidos. Acabo de volver a casa de un viaje a Nepal, y mis piernas están en una forma fantástica por todas las caminatas que hice en el Himalaya.

Mi victoria es agridulce. Andrew no parece tener su ánimo habitual y es bastante lento con su raqueta. Supongo que las cosas no van bien en su vida personal, pero no pregunto. Hablamos sobre todo de nuestros viajes. Yo le hablo de Nepal y él me cuenta de un viaje que hizo a Italia. Es agradable volvernos a encontrar.

Pasan unas semanas y empiezo a tener noticias de Andrew con más regularidad porque se ha mudado a un sótano cercano a mi apartamento. No pasa mucho tiempo antes de que empecemos a salir una vez a la semana, ya que vive tan cerca. Solemos jugar en realidad virtual o con el Super Nintendo en mi casa.

"Aprendí a hacer un delicioso espagueti en Italia", dice Andrew mientras nos despedimos una noche. "¿Quieres hacer espaguetis la próxima semana?"

"Claro", respondo, "suena divertido".

Llega la semana siguiente.

Es la noche de los espaguetis y estoy viendo la televisión, esperando a Andrew.

"¿Así que sólo viene a hacer la cena?" Gabriel se burla desde la cocina. "Sí, tiene unos espaguetis especiales que quiere hacer", digo.

"Llegará en cualquier momento".

Gabriel sonríe mientras dice: "Pero cenar es algo nuevo para ustedes". "Sí, sí. Lo que sea", respondo.

Gabriel y yo vivimos para burlarnos uno del otro.

Andrew toca el timbre y entra con una gran bolsa negra que apenas puede cargar.

"Eso una bolsa enorme", comento.

"Esto es todo lo que necesitamos para hacer los espaguetis perfectos", dice Andrew mientras se arrodilla para abrir la bolsa.

Gabriel está en la cocina, levantando las cejas mientras asiente con la cabeza. Como si dijera: "¿Ves?".

El entusiasmo de Andrew es contagioso mientras saca cosas de la bolsa y nos las enseña. Gabriel y yo nos reímos porque nunca habíamos visto a nadie tan entusiasmado con unos espaguetis.

Andrew y yo nos dirigimos a la cocina para preparar estos espaguetis perfectos. La mayoría de las veces, lo único que hago es quedarme de pie mientras él narra.

"No puedes usar salsa de tomate envasada. Tienes que aprender a hacer tu propia salsa de tomate", dice mientras abre envases.

"Tienes que usar tomates de verdad, pasta de tomate y salsa de tomate liviana. Es la única manera de hacer espaguetis", continúa Andrew.

No parece necesitar mi ayuda, así que me siento y disfruto del espectáculo. "Estás hablando mucho, Andrew, así que más vale que sean espaguetis deliciosos", bromeo.

Una vez que la cena está lista, nos sentamos a disfrutar de lo que, efectivamente, son unos fabulosos espaguetis.

"Vaya, no estabas mintiendo", digo mientras tomo otro bocado. "Esto está delicioso".

"¿Ves?, es la única manera de hacer espaguetis", insiste Andrew.

"Ahora sólo tenemos que limpiar este desastre", digo mientras limpio los platos. "Estoy bastante segura de que has usado todas las ollas que tengo".

Andrew entra en la cocina para ayudarme. Me pasa unos cuantos platos, los meto en el lavavajillas y cierro la puerta." Queda lleno.

"Haré una segunda carga más tarde", digo.

"Oh no, esta máquina puede aguantar más que eso", dice Andrew mientras me aparta del camino. "¿De qué año es?"

"La compré hace unos años", respondo. "Es bastante nueva".

"Ah, es una Miele", dice Andrew mientras mete la cabeza dentro. "Podemos cargar esta cosa directamente. ¿La rejilla es ajustable?"

"No lo sé. No suelo usar todas mis ollas para una comida", respondo.

Andrew desliza el estante superior y lo baja fácilmente. "Oh sí, mira esto. Podemos meter todas estas ollas". Andrew comienza a apilar los platos unos encima de otros mientras yo me río histéricamente.

Gabriel sale de su habitación para ver de qué se trata el alboroto. "¿Qué están haciendo?", pregunta.

"Oh, sólo cargando el lavavajillas", respondo. "Aparentemente puede contener TODOS los platos".

Andrew se las arregla para meter todos los trastos en el lavavajillas y cierra la puerta.

"Es imposible que queden limpios", digo.

"Oh, estarán limpios", dice Andrew. "Sólo tenemos que elegir la configuración de ajuste correcta".

Gabriel y yo nos reímos mientras Andrew empieza a jugar con los ajustes. Su energía es inusualmente intensa, y lo estamos disfrutando.

"Oh, aquí vamos... Carga grande, aclarado extra, caliente. Sí, estarán limpios", dice con confianza.

"¿Tiene todos esos ajustes?" Digo asombrada. "Yo siempre le doy al botón Normal".

Gabriel se queda en la cocina mientras Andrew hace la maleta y se dirige a la puerta.

"Bueno, ha sido divertido", digo mientras lo sigo para acompañarlo a la salida. "Gracias por los espaguetis".

"De nada", dice Andrew mientras sale por la puerta.

Cuando cierro la puerta, Gabriel está de pie en la cocina con una mirada confusa.

"¿Qué?" Pregunto, esperando que me tomen el pelo un poco más.

"Siento que le falta algo", dice Gabriel. "Simplemente hay algo diferente en él. ¿Qué le falta?"

"Sí, sé lo que quieres decir", respondo. "Pero realmente no sé qué es".

Para mi sorpresa, todos los platos de mi lavavajillas estaban limpios cuando me desperté. Andrew tenía razón.

## Construyendo Un Fuerte

"¿Qué vas a hacer este fin de semana?" Andrew envía un mensaje de texto.

"Principalmente, quedarme en casa. Estoy cuidando al perro de mi hermana, Sparky, y él molesta a mis vecinos cuando me voy", le devuelvo el mensaje. "Y se supone que habrá una tormenta de nieve".

"Estoy de turno. ¿Qué tal si paso y jugamos EN EL Super Nintendo?" responde Andrew.

"Claro, me parece perfecto", respondo.

A las pocas horas, Andrew viene con su maleta de guardia.

"¿Vamos a construir un fuerte para jugar videojuegos?" pregunta Andrew.

"Obviamente", digo mientras me dirijo a mi dormitorio para buscar unas mantas.

"No, no. Primero tenemos que buscar el colchón", dice Andrew una vez que vuelvo con las mantas.

Antes de que pudiera responderle, me llama desde el dormitorio: "¡Ven a ayudarme con el colchón!".

Después de poner el colchón en el suelo, agarramos los estantes para hacer paredes alrededor y colocamos una sábana en la parte superior. Los estantes no son lo suficientemente altos, así que utilizamos un trapeador y un palo de escoba para sostenerlo. Andrew coloca anclajes en la parte superior de la sábana para que no se caiga.

"Genial, creo que está listo", digo mientras Andrew coloca el último anclaje.

"No, no. Necesitamos más almohadas", dice mientras se dirige a mi habitación. "¡Toma todas las almohadas!" Grito mientras me arrastro hacia el fuerte. Los dos perros me siguen. Sparky es el hermano mayor de Baxter, así que también es un Yorkie. Él es unos años mayor que Baxter y mucho más pequeño. Cuando los dos se juntan, tienden a competir por mi atención.

"Este es, por mucho, el fuerte más impresionante que he hecho en mi vida", anuncia Andrew mientras se arrastra hacia adentro del fuerte. "Estas paredes son sólidas, y tenemos un colchón completo".

"Sí", estoy de acuerdo. "Es bastante impresionante".

Pasamos el rato en el fuerte y jugamos al Donkey Kong Country hasta que nos desmayamos.

Por la mañana, me levanto para prepararme un café mientras Andrew duerme.

"¿Te has dado cuenta de que el café te calma?". Andrew me pregunta cuando se despierta.

"La verdad es que no he pensado en ello", respondo, "pero ahora que lo dices, supongo que tiene sentido".

"Sí, es que me he dado cuenta de que pareces relajada cuando tomas café". Dice Andrew. "Así que quizá los estimulantes te calman".

"Puede ser. Nunca he sentido que el café me despierte. Simplemente me gusta beberlo", respondo.

Después de que Andrew desayuna un poco, jugamos otra sólida hora de Donkey Kong antes de desmantelar el fuerte.

"Creo que he estado deprimido últimamente", dice Andrew mientras quita la sábana superior.

"¿Por qué dices eso?" le pregunto.

"Es que he estado pasando mucho tiempo solo, y no creo que sea bueno", responde Andrew. "Necesito salir más".

"Vale, te avisaré la próxima vez que salga a hacer algo divertido", digo. "Gracias, sería genial", responde Andrew.

## La Sala De Escape - Andrew Conoce A Jackson Y Caleb

El fin de semana siguiente, Jackson y Caleb me invitan a probar una Sala de Escape con ellos y su compañero de cuarto. Una Sala de Escape es cuando un grupo de personas descubren pistas para desbloquear la puerta.

"Claro", respondo. "Nunca he ido a una Sala de Escape".

"Nosotros tampoco, así que es la primera vez de todos", dice Jackson. "Voy a ver si mi amigo Andrew quiere venir", digo.

"De acuerdo", responde Jackson. "Nos vemos allí a las tres".

"Oye, ¿qué vas a hacer hoy? le mando un mensaje a Andrew. ¿Quieres venir a probar una Sala de Escape? Vamos a ir a las 3".

"Claro, suena divertido", responde Andrew. "Nunca he ido a una antes".

"Genial, es la primera vez para todos nosotros. ¿Te importa recogerme a las 2:30? Las carreteras se están poniendo feas", le respondo. "Definitivamente deberíamos llevar tu camioneta".

"Claro, nos vemos pronto", dice Andrew.

Andrew me recoge como estaba previsto. Cuando llegamos, le presento rápidamente a los demás y nos dirigimos directamente a la sala.

La sala de escape está llena de celdas y zombis. Ninguno de nosotros puede averiguar una sola pista porque no sabemos lo que estamos buscando. Después de veinte minutos, pulsamos el botón para obtener una pista de un miembro del personal. Incluso con la pista, no podemos averiguar nada.

Poco después de que el tiempo se agote, un miembro del personal viene a explicar todo lo que nos perdimos.

Oh, pienso para mis adentros. Bueno, ¿cómo diablos se supone que íbamos a saber eso?

Cuando nos vamos a ir, todos nos sentimos derrotados. Apenas llegamos a la mitad del juego antes de que se nos acabara el tiempo. Se siente como si hubiéramos desperdiciado nuestro dinero.

"Tenemos que hacer otra sala", dice Andrew. "Si nos vamos a casa desanimados con esto, habremos desperdiciado la tarde. "

"¿Otra habitación?" Digo sin entusiasmo.

"Sí", continúa Andrew. "Creo que podemos lograr descifrar la siguiente habitación. Ahora sabemos qué buscar".

"Sí, vamos a hacer otra", comenta Jackson. "No quiero ir a casa así".

Mientras todos pagamos nuestra segunda ronda, Andrew dice: "Tengo mucha hambre, así que voy a correr al McDonald's rápidamente". Y luego se va y sale por la puerta. No me pregunta si quiero algo, y me quedo decepcionada. Hace frío y me apetece mucho un café. Me gustaría que se le ocurriera preguntarme si quiero algo, pero nunca lo hace.

Andrew vuelve diez minutos después con la barriga llena, y estamos listos para hacer otro intento en una sala de escape.

Nuestra segunda sala es un éxito. Es más bien una habitación al estilo de Sherlock Holmes que parece estar dentro de la casa de alguien. Hay muchos artefactos divertidos para jugar. Cada uno de nosotros viene con ideas tontas para lo que podría desbloquear una puerta, y algunas de ellas funcionan. Todos nos reímos y nos divertimos mucho.

Sin necesitar ninguna pista, completamos el juego con tiempo de sobra. Todos estamos de buen humor mientras nos despedimos y nos dirigimos a casa.

Las carreteras han empeorado porque no ha parado de nevar en toda la tarde. La autopista principal que atraviesa Calgary está cerrada y hay 238 colisiones registradas. Por suerte, hay una carretera lateral poco transitada que podemos tomar en su lugar, y la camioneta de Andrew tiene doble tracción.

Estamos a menos de tres minutos de mi condominio cuando casi tenemos un accidente. Estábamos parados en un semáforo en rojo, y un camión empieza a derrapar de lado hacia nosotros. Andrew mantiene la calma y conduce hasta la mediana para que no nos atropellen. Es impresionante, y estoy feliz de que Andrew esté detrás del volante. Probablemente me habría congelado en shock mientras el camión se deslizaba hacia nosotros.

Cuando llego a casa, veo un mensaje de Jackson. Dice: "¿Quién era ese tipo?"

"Era el tipo de la calabaza con las terribles gafas de sol con el que coincidí en México, le respondo. Salimos de vez en cuando, ¿recuerdas?"

"Oh sí, me acuerdo de esas gafas de sol", responde Jackson. "Bueno, nos encanta él. Es como un niño gigante. Sería genial para ti. Deberías empezar a invitarlo a salir más".

Este texto es una gran sorpresa para mí. Jackson nunca me ha enviado un texto de seguimiento sobre un chico que traigo... nunca.

Esto me hace sentarme y reflexionar por un minuto si hay alguna posibilidad de que pueda enamorarme de Andrew románticamente. Entonces recuerdo cómo fue a McDonald's a por comida sin preguntarme si quería algo, y es un no rotundo. Por supuesto, sus elecciones de moda no ayudan a las cosas.

Le respondo: "Definitivamente no es romántico, pero es divertido salir con él". Voy a invitarlo a salir más seguido.

## El Nuevo Cuarteto

Después de la sala de escape, empiezo a invitar a Andrew cada vez que salgo con Jackson y Caleb, que es básicamente cada fin de semana. Hacemos varias salas de escape más y los introducimos a jugar juegos de realidad virtual. Jackson y Caleb expresan repetidamente lo mucho que adoran a Andrew y sus travesuras infantiles. Cuando está de buen humor, es como si todos estuviéramos infectados con la capacidad de maravillarnos como niños.

Un sábado por la noche, Jackson y Caleb sugieren que salgamos a bailar. Esto me pone nerviosa, ya que me preocupa que mis síntomas de conmoción cerebral se agudicen. Al final, decido que en el peor de los casos, puedo subirme a un taxi y volver a casa. Jackson, Caleb y yo bailamos toda la noche cuando vamos a la discoteca, así que tengo curiosidad por saber si Andrew intentará bailar con nosotros o se mantendrá al margen. Gabriel también se une.

Andrew no solo nos sigue el ritmo, sino que hace algunos movimientos propios. Esto es gratamente sorprendente. La noche termina siendo un éxito en todas las áreas. Mi cabeza no me duele, y todos nos divertimos. También es divertido que Gabriel decida unirse a nuestro círculo de baile para algunas canciones cuando no está ocupado hablando con las damas.

Me la paso en grande con Andrew. Más diversión de la que suelo tener, pero me sigue sorprendiendo su ropa. Lleva una camiseta gris clara de manga larga que no le queda bien. Es demasiado corta en longitud y demasiado ajustada a su pecho musculoso. Después de cinco minutos en la pista de baile, tiene evidentes manchas de sudor que permanecen allí durante toda la noche. *¿Por qué, decidió vestirse de gris claro para ir a la discoteca? ¿Y por qué sus camisas nunca le quedan bien?*

Por primera vez en esa pista de baile, miro a Andrew y pienso que desearía que me gustara, ya que me sonríe mientras se mueve.

Después de tomar unas cuantas copas, se lo digo en voz alta a Caleb. "Vaya, ojalá me gustara. Nos divertimos tanto. Sólo que no hay sentimientos románticos".

"Bueno, no lo fuerces", responde Caleb. "Pero es raro encontrar un hombre hetero que siga nuestro ritmo en la pista de baile".

Caleb tiene razón. No puedo forzarlo.

"Tengo hambre", dice Andrew mientras salimos del bar.

Decidimos caminar y conseguir una poutine gourmet (plato de la gastronomía quebequesa a base de papas fritas) en el Big Cheese antes de compartir un taxi a casa.

"Dios mío, es la mejor poutine que he probado nunca", digo chupándome los dedos. Debatimos pedir una segunda, pero logramos detenernos.

Es la primera vez que Andrew y yo nos emborrachamos juntos. Una parte de mí se pregunta si sentiremos una atracción de borrachos en el viaje en taxi a casa, pero es lo mismo de siempre. No hay chispas ni coqueteos. Nos decimos buenas noches y nos vamos por caminos separados después de una noche divertida. Nos conformamos con una barriga llena de poutine.

## El Vínculo Crece

Andrew y yo empezamos a enviarnos más mensajes de texto durante las siguientes semanas. Tomo un trabajo como niñera tres días a la semana porque necesito una forma de ganar dinero. Mi cerebro es capaz de manejar más estímulos, así que creo que soy capaz de manejar un trabajo de medio tiempo. Este trabajo me da muchas razones para quejarme. Los padres no se han mostrado comunicativos sobre los problemas de comportamiento de su hijo mayor, y odio estar en una cámara de niñera todo el día. Enviar mensajes a Andrew me ayuda a desahogarme de lo mucho que lo odio.

La familia es muy agradable, pero me cuesta relajarme mientras trabajo. Empiezo a cometer errores simples mientras cocino o trato de entender el funcionamiento de la aspiradora. El trabajo resulta ser demasiado para mí. Es difícil para mí admitirlo, pero todavía no soy capaz de trabajar. Andrew es un oído de apoyo a quién hablar a través de este proceso, y nuestras bromas de mensajes de texto me hacen reír y me ayudan a pasar el día. Después de sólo tres semanas, pongo la renuncia.

En marzo, mi estudio de yoga anuncia de repente que va a cerrar. Esto me molesta mucho, ya que sólo nos avisan con tres días de antelación. Mi estudio de yoga ha sido mi segundo hogar y mi salvador después de tener que dejar las artes marciales. Todo el personal se siente como si fueran amigos, y han sido pacientes y amables conmigo a lo largo de mi proceso de curación. Cuando salgo después de la última clase, no puedo contener las lágrimas. Es el fin de una era.

Andrew sabe lo mucho que me gusta mi estudio de yoga y lo mal que me siento por su cierre. Es difícil encontrar un buen estudio, y yo anhelo un ambiente social con energía positiva. Los entrenamientos en solitario nunca han sido algo que disfruto, así que estoy nerviosa por llenar el vacío.

La mañana siguiente al cierre de mi estudio de yoga, me despierto con el mensaje de texto más adorable de Andrew.

¿Quieres que vaya a tu casa para que hagamos yoga en tu sala después del trabajo? Tengo algunos buenos vídeos de Rodney Yee.

La sonrisa más grande ilumina mi cara al leerlo. Naturalmente, acepto. Andrew me envía mensajes similares varias veces esa semana. Cada dos días recibo un mensaje preguntándome si quiero hacer yoga. Andrew ha llenado por sí solo ese vacío.

## Cena De Pascua

Es el domingo de Pascua, un año después de que Andrew y yo coincidiéramos en Bumble.

Son las 3 de la tarde y Andrew entra con su alfombra de yoga.

"¿Cómo va todo?", le pregunto.

"Bien. Vamos a hacer algo de yoga", dice Andrew mientras apenas me mira a mí. Su energía parece algo frenética.

Dejo mi alfombra de yoga en el suelo mientras Andrew revisa su teléfono para elegir un vídeo. "Hoy sólo puedo hacer una clase de cuarenta y cinco minutos porque tengo una cena a las cinco", dice Andrew.

"Vale, me parece bien", digo mientras empiezo a estirarme.

"¿Te parece bien Rodney Yee otra vez? Me gustan sus vídeos", pregunta Andrew.

"Claro, me parece bien", respondo mientras Andrew le da a reproducir.

Durante nuestra sesión de yoga, Andrew no deja de mirar su teléfono y está obviamente distraído. Una de las cosas que más me gustan de Andrew es lo poco que mira su teléfono, así que me parece raro que lo mire tanto.

Una vez terminado nuestro vídeo de yoga, voy a la cocina a servirnos un poco de agua. Andrew me sigue a la cocina mientras mira su teléfono. Lo que sucede a continuación se me queda tatuado en el cerebro, ya que me resulta muy extraño.

Andrew vuelve a mirar su teléfono, lo guarda en el bolsillo y mira la pared -sí, la pared- y dice: "Voy a la cena de Pascua en casa de mi tío a las cinco, y tú estás invitada. Deberías prepararte porque tenemos que irnos pronto". Luego, sin mirar en mi dirección, toma su maleta y se dirige al baño de visitas.

Me quedo congelada durante un rato, intentando asimilarlo.

Estoy confundida por varias razones:

1. ¿Por qué ha mirado a la pared?
2. ¿En serio me está invitando a conocer a su familia en Semana Santa?
3. ¿Creerán que soy su novia?

Andrew vuelve a la cocina. "Métete en la ducha; tenemos que salir pronto", insiste.

No me mira ni me da la oportunidad de responder.

Hay dos baños completos en lados opuestos de mi apartamento. Los dos podemos ducharnos fácilmente al mismo tiempo. Me quedo allí durante unos minutos más tratando de descifrar lo que Andrew está pensando. Luego me meto en la ducha.

El agua me baña. Parece que estoy viviendo en la dimensión desconocida. La emoción está en el aire. Sin embargo, estoy más bien confundida sobre lo que acaba de pasar. La cena de Pascua está sucediendo en la casa de la familia de Andrew en una hora. Es como si nos hubiéramos saltado cinco pasos. No nos hemos besado. No nos hemos tomado de la mano. No hemos hecho nada ligeramente romántico.

¿Andrew está enamorado de mí?

No creo que esté enamorado de mí. En ningún momento de todo este año he sentido un momento incómodo en el que he pensado que podría estar enamorado de mí. Nunca se queda más tiempo. Nunca ha tratado de acercarse a mi cara. Nunca envía mensajes de texto para hablar de cualquier cosa. Nunca dice buenas noches. Todas las cosas que esperaría de alguien que se siente enamorado de mí.

Ahora, me pide que tenga una cena de Pascua en la casa de su familia. Me hace cuestionar todo. Jackson pensaría que es divertidísimo. Me gustaría tener tiempo para llamarle y reírme de ello antes de salir de casa.

La casa del tío de Andrew está a media hora en carro desde mi casa. Andrew está de guardia, así que tiene que ir en su furgoneta del trabajo. Mientras sigo su furgoneta a las afueras de Calgary, pienso en cómo está cambiando nuestra amistad. Algo está a punto de cambiar. No tengo ni idea de si acabará siendo para mejor o peor. Pero un cambio está ocurriendo.

Cuando llegamos, me encuentro con sus tíos, su prima, su marido y sus dos hijos. Al instante me hacen sentir bienvenida. Son agradables, y la conversación fluye muy bien mientras disfrutamos de una deliciosa comida. Nadie pregunta cómo nos conocimos Andrew y yo ni nada sobre el estado de nuestra relación.

Después de la cena, nos retiramos a la sala de juegos del sótano. La sala de juegos tiene una mesa de billar y un juego de maquinita Galaga de la vieja escuela. Es en esta sala de juegos que Andrew me da esa sensación de hormigueo por primera vez. Ya sabes, las mariposas.

Está jugando al billar con su primo mientras yo juego al solitario en la mesa. En medio de la partida, Andrew sube de repente las escaleras y no se molesta en decirle a nadie a dónde va. Después de quince minutos, su primo bromea: "¿Andrew está cagando? Quiero terminar esta partida de billar". Todos nos reímos.

Minutos después, Andrew vuelve con un café para mí. Se acerca y lo pone delante de mí en un posavasos y dice: "Pensé que te gustaría un café". Es adorable, y mi cuerpo siente un cosquilleo por todo el cuerpo. Es la primera vez que Andrew me trae algo. La cereza en el pastel es que ni siquiera lo he pedido.

"¿Por qué has tardado tanto?" La prima de Andrew pregunta mientras hace girar su taco de billar. "Oh, lo siento, tuve que arreglar algo en la máquina de café. No funcionaba", explica Andrew.

Mientras Andrew termina su partida de billar, empiezo a mirarle de forma diferente. Por primera vez, me siento atraída por él. Después de un par de partidas más de billar, decidimos dar por terminada la noche y volver a casa.

Salimos a la calle y nos encontramos con una pequeña tormenta de nieve. A través de la creciente ventisca, Andrew conduce justo detrás de mí todo el camino a casa. Nunca dice nada, pero se siente como si estuviera asegurándose de que llegue a casa a salvo. Me sigue hasta la entrada de mi apartamento, que está a unas manzanas de distancia fuera de la ruta a su casa. Mi corazón se siente feliz al entrar a mi parqueo. Se siente bien estar protegida.

Cuando entro por la puerta, me recibe Baxter, que está ansioso por verme. Después de acariciar a Baxter, me pongo ropa cómoda y me meto en la cama. Cuando conecto mi teléfono, veo un mensaje de Andrew. *Buenas noches. Gracias por venir a cenar.*

Al leerlo, sonrío. Es nuestro primer mensaje de buenas noches.

"Buenas noches", le respondo. "*Gracias por invitarme*".

Me duermo con la sensación de que se ha producido un gran cambio entre nosotros. Me gusta.

## La Incomodidad Llega

La semana siguiente a la cena de Pascua se siente extremadamente incómoda. Por lo menos para mí. No tanto para Andrew. Para mí, se siente como si las cosas hubieran cambiado entre nosotros. Andrew actúa como si todo siguiera igual. Como si no fuera súper raro que me haya invitado a una cena familiar de día festivo cuando no estamos saliendo. Los amigos varones no hacen eso. Al menos ningún amigo que haya tenido.

A mis ojos, hemos dejado la zona de amigos, pero parece que Andrew no ha recibido ese mensaje.

Andrew envía un mensaje de texto al día siguiente. "¿Quieres hacer yoga cuando salga de trabajar?"

"Claro, nos vemos entonces", le respondo.

Supongo que las cosas van a ser diferentes entre nosotros cuando Andrew venga hoy. Es evidente que las cosas han cambiado. Error. Andrew actúa igual que siempre. Viene a casa. Hacemos yoga. Él se despide. Se va.

Lo único que ha cambiado es que ahora salimos a diario, y me manda un mensaje de texto para darme las buenas noches.

Este patrón se repite durante dos días más. Me siento frustrada. La atracción que sentí después de que Andrew me trajera el café ha perdurado ligeramente, pero no es suficiente para saber si me gusta o no. Se siente como si estuviéramos viviendo en una zona gris. Ya no estamos en la zona de amigos, pero sin avanzar. Estar en el limbo no es un lugar en el que me guste estar. Esto se siente un poco como una tortura.

El jueves, Andrew me pregunta si quiero salir el fin de semana.

"Claro, pero hagamos algo diferente", le digo.

Pienso para mis adentros, tengo que sacarlo de este condominio, para poder ver si tenemos más química.

"De acuerdo", responde Andrew, "pero todavía estoy de guardia, así que tengo que llevar la furgoneta".

Saco mi teléfono para buscar en Google eventos en Calgary. Hay un festival de comedia improvisada durante todo el fin de semana.

"¿Te apetece un poco de comedia?" Pregunto. "Es en Inglewood".

"Claro", responde Andrew. "Sólo hazme saber a qué hora, y ahí estaré".

## MICHELLE Y ANDREW PRESTON

Nos encontramos en el teatro de improvisación justo a tiempo para conseguir el último par de entradas. Andrew huele bien y me encanta la chaqueta de cuero que lleva. Como las entradas están agotadas, han puesto sillas extra en el teatro. Las sillas están casi unas encima de las otras. Sólo con sentarnos, Andrew y yo estamos básicamente abrazados. Me siento bien apoyada en su hombro. Mi atracción está creciendo. Asomó la cabeza después de la cena de Pascua, se escondió de nuevo para unas cuantas sesiones de yoga amistosas, y luego reapareció en el espectáculo de comedia de improvisación.

El espectáculo es sumamente divertido. Todo el teatro se ríe a carcajadas durante una hora.

"Es la mejor improvisación que he visto nunca", le susurro a Andrew.

"Sí, yo también", está de acuerdo. "Es divertidísimo".

Mientras veo el espectáculo, los fuertes hombros de Andrew se convierten en una de mis cosas favoritas, y su olor le sigue de cerca. Después del espectáculo, la gente sigue riéndose mientras nos dirigimos a nuestros vehículos. Mi carro está parqueado mucho más cerca que el de Andrew, así que nos detenemos para despedirnos.

"Bueno, ha sido divertido", digo.

"Sí, realmente lo fue. ¿Qué vas a hacer mañana?" pregunta Andrew.

"Voy a ir a probar un nuevo estudio de yoga a las 9 de la mañana, luego probablemente llevaré a Baxter al parque para perros".

"Genial, todavía estoy de guardia. Así que probablemente no haré mucho", responde Andrew.

"Vale, nos vemos", digo mientras me acerco a mi vehículo.

"Adiós", dice Andrew, y se queda ahí de pie.

Por primera vez en toda nuestra amistad, se queda ahí y me mira fijamente durante lo que parece un minuto entero mientras pienso: "¿Va a besarme? No, no intenta besarme. Es una larga e incómoda pausa sin fin. No se inclina ni intenta decir nada. Se queda congelado. No soy ajena a tener despedidas incómodas con los hombres, pero nunca he tenido una como esta.

Normalmente es obvio si un tipo quiere besarme o decir algo. Con Andrew, no hay nada. Es como una estatua. Ni siquiera intenta inclinarse para ver si yo le sigo. No tengo ni idea de lo que está pensando mientras está de pie y se me queda mirando. Es un comportamiento que nunca había visto antes en él. Finalmente, me doy la vuelta y subo a mi auto. Andrew no se inmuta mientras me mira alejarme.

Cuando me estoy metiendo en la cama, recibo un mensaje de Andrew. *"Buenas noches, esta noche ha sido muy divertida".*

*"Así fue, buenas noches",* le respondo.

*"Avísame si quieres que te acompañe a yoga mañana por la mañana. Iré contigo".* Continúa Andrew. Ahora, me estoy hartando. ¿Qué está pasando? Haz algo ¡ya! Esto me está matando. ¡Aaaaargh! Esto es ser más que amigos.

Los amigos no te envían mensajes de texto para decir buenas noches y pasar el rato todos los días. Al menos no en mi mundo. *"¿No es que estás de guardia?"* Pregunto. *"No puedes traer tu teléfono al estudio de yoga".*

*"Oh sí,* dice Andrew. *Bueno, llámame si quieres que pasemos el rato juntos después."*

*"Bien, buenas noches de verdad",* respondo. Me duermo.

Definitivamente estoy viviendo en la dimensión desconocida.

\* \* \*

## LA PERSPECTIVA DE ANDREW

Mientras Michelle me leía este capítulo, me confundían muchas de sus afirmaciones. Parecía que estaba leyendo ficción. Se dio cuenta de muchas cosas entre nosotros a las que yo no estaba prestando atención.

Estoy muy agradecido con Jackson y Caleb. Es súper divertido compartir con ellos, y me alegro de que el sentimiento sea mutuo. Pasé una noche muy divertida en un club con Michelle, Jackson y Caleb. Me sentí como si estuviera pasando el rato con tres nuevos amigos increíbles. Tenía muchas ganas de que me invitaran a salir de nuevo.

Después de que Michelle y yo comiéramos un delicioso poutine, compartimos un taxi a casa. Durante el viaje en taxi, mi mente no pensaba que hubiera un romance. Ella ya me había puesto en la zona de amigos. Yo estaba feliz de estar allí mientras nos divirtiéramos.

Empezamos a salir más. Fuimos a algunas sesiones de yoga, jugamos a juegos de Super Nintendo, y construimos un fuerte en su sala de estar (que fue muy divertido). Después de un mes más o menos, la invité a casa de mi tío para la cena de Pascua. No tenía ningún plan, así que pensé que era algo amistoso.

Resulta que este tipo de comportamiento hace que el sexo opuesto piense que te gusta. Especialmente cuando las tratas atentamente durante la cena de Pascua. La razón por la que le llevé café fue porque pensé que necesitaba relajarse y calmarse. Me sorprendió leer que significaba tanto para ella. En mi mente, sólo estaba cuidando de una amiga.

Recuerdo cuando estábamos de pie afuera de un club de comedia en el lado este del edificio después de que el espectáculo de improvisación terminara. Justo antes de separarnos, hubo un largo e incómodo silencio.

Resulta que, en la mente de Michelle, ella se preguntaba, ¿Va a besarme?

No, no lo hará. Sabe que está en la zona de amigos y yo estaba pensando, estoy tan feliz de tener a Michelle como amiga. Espero que podamos hacer yoga mañana.

Es otro ejemplo para darnos cuenta de cómo hemos llegado tan lejos a pesar de lo mal que nos hemos comunicado.

En mi mente, Michelle me había dicho, hace mucho tiempo atrás, cuando nos conocimos, que sólo éramos amigos. Este era el contexto en el que me movía. Resulta que no lo era, y enviar "mensajes de buenas noches" hace que la mujer piense que estás interesado en ella. Aunque al varón se le dijo explícitamente que era sólo un amigo.

Esto es más extraño que la ficción. No entiendo este proceso de pensamiento. No tengo ni idea de lo que Michelle quiere decir con el texto de buenas noches. No sé lo que es un texto de buenas noches. Ella dijo que es el último texto que envías a alguien antes de irte a la cama. Significa que estás pensando en ellos antes de acostarte.

Esto es nuevo para mí. Sólo Michelle se dio cuenta de que estaba ocurriendo un cambio entre nosotros. Yo no noté nada en ese momento. Le estaba enviando un mensaje de buenas noches con frecuencia, y ni siquiera sabía que eso significaba algo. Sé que estoy siendo repetitivo. Así de confuso es para mí.

Estaba tan agradecido de que Michelle y yo estuviéramos haciendo yoga juntos y pasando el rato. Siempre me sentía bien cuando estaba con Michelle. No pensé que estaba enamorado de ella porque sabía que estaba en la zona de amigos. Nunca pensé que a medida que pasábamos más tiempo juntos, algo estaba cambiando entre nosotros. En mi mente, éramos buenos amigos que salían varias veces a la semana.

La verdad es que la mayor parte del tiempo no soy consciente de cómo me siento y de cómo manejar esos sentimientos. No me doy cuenta del lenguaje "tácito" entre las personas, así que no tengo ni idea de lo que está hablando.

* * *

Fotos del Capítulo 5<br/>Bellamimalifestyles.com/bookphotos

# 6
## NUESTRA VERDADERA PRIMERA CITA

Todo se siente incómodo, y no puedo vivir así por más tiempo. Algo tiene que pasar para que nos inclinemos en cualquier dirección.

Besar a Andrew podría amplificar nuestra química o hacer que se desvanezca por completo.

En cualquier caso, tengo que saberlo. Es más excitante para mí si él da el primer paso, pero Andrew no me deja muchas opciones. Tengo que ser yo. Una parte de mí está nerviosa por ello, pero vivir en este limbo de la etapa intermedia me está volviendo loca. Todo se siente incómodo.

"Ya sé", pienso para mis adentros. "Le daré una sesión más de yoga para ver si hace un avance. Luego, si no lo hace, le pediré que salgamos".

Otra sesión de yoga llega y se va. Andrew no hace ningún avance.

No me queda más remedio que invitarle a salir yo misma. No hago un plan de cómo lo voy a hacer, sólo me prometo a mí misma que voy a aprovechar la próxima oportunidad que se presente.

Andrew me manda un mensaje: "Oye, ¿quieres hacer yoga el miércoles de esta semana? tengo algo el martes "

"¿Qué tal si en vez de hacer yoga, no nos vemos en toda la semana, y luego este fin de semana, me llevas a una verdadera cita?" pregunto con descaro.

*"Vaya, ¡una cita! ¿Dónde te gustaría ir?"* responde Andrew.

*"Eso lo dejo a tu elección. Puedes recogerme el sábado por la noche"*, respondo.

*Me parece bien,* dice Andrew.

Lo dejamos así.

## El Juego De La Espera

A medida que se acerca la gran cita, me siento más confundida sobre mis sentimientos románticos por Andrew. Pensé que tener unos días lejos de él podría ayudarme a tener algo de claridad. No ha servido de nada.

El viernes, llamo a mis mejores amigas, las que realmente me conocen. Hace tiempo que no tengo una noche de chicas, y es imprescindible que hable de mi situación con unas cuantas amigas tomando vino. Ninguna de ellas ha oído hablar mucho de Andrew, así que sé que esto va a ser divertido.

A lo largo de los años, he disfrutado de muchas noches de vino con mis chicas para discutir sobre con quien sea que esté saliendo o que esté enamorada. Nunca ha habido una conversación como esta. Están acostumbradas a que les hable de todas las emocionantes razones por las que pensaba que un chico era potencialmente "el elegido". Con Andrew, tengo muchas razones por las que no creo que sea el elegido. Se siente bien estar rompiendo mi patrón habitual y mantener la promesa que me hice de cambiar las cosas.

Mis amigas están emocionadas y entretenidas escuchando un nuevo tipo de historia. El hecho de que tengo muchos ejemplos de pensar que Andrew es lindo, seguido de muchos ejemplos de "No hay manera de que pueda salir con este tipo", es divertido para todas nosotras. Cuanto más vino bebo, más empiezo a burlarme de mí misma.

¿Cómo puedo no saber si quiero salir con él de verdad? Estoy tan indecisa y nunca tengo sentimientos tan contradictorios en nada. Tomar decisiones y ejecutarlas es mi fuerte. Las decisiones a medias nunca han sido mi estilo. Nos reímos mientras hablo de cómo él es el tipo al que nunca trato de impresionar, y sin embargo le gusto de todos modos. Damos vueltas en círculos debatiendo si es "amor verdadero" acabar con un tipo así o si hacerlo se consideraría conformarse. Nadie lo sabe.

Al final de la noche, llegamos a la conclusión de que la única manera de saber es saliendo con él. Todo se reduce a la atracción y a cómo se sienten las cosas románticamente. Ninguna conversación puede ayudarme a averiguar cómo va a pasar.

Al salir por la puerta, las chicas bromean con que la cita va a ser "extremadamente incómoda" o "súper fantástica". No parece haber mucho espacio para un punto medio, ya que hay mucho en juego.

"¡Más vale que seamos las primeras personas a las que llames después de esta cita!", gritan desde el pasillo.

"¡No se preocupen, les contaré cómo va!" les grito.

## El Gran Día

Llega el sábado y recibo un mensaje de Andrew: "*¿Puedo recogerte a las 5:30?*"

Hace cinco días que no hablamos, así que decido hacerle una pequeña broma, "*¿Para qué?*" Le respondo el mensaje.

Me río mientras siento su pánico a través de mi teléfono. Después de unos minutos, le respondo: "*Es una broma. Nos vemos a las 5:30.*"

"Oh, vaya, sí que caí en la broma", responde Andrew.

Para asegurarme de que no estoy sobre estimulada para nuestra cita, me paso la tarde tumbada en la cama escuchando podcasts. Tomar todo ese vino anoche no fue la decisión más sabia, así que bebo mucha agua.

Andrew llega puntualmente a las 5:30. Entra en el edificio y llama al número de mi unidad, en lugar de enviar un mensaje de texto cuando llega como suele hacer.

Al girar la esquina para ir hacia el vestíbulo, veo que va bien vestido y lleva el pelo acomodado de la manera que me gusta. Cuando abro la puerta del vestíbulo, me doy cuenta de que también huele bien. Andrew suele oler bien, pero tiene más impacto cuando su ropa también es agradable.

Lleva una camisa azul de manga larga con botones y unos jeans. La camisa le queda un poco grande, a diferencia de la mayoría de sus camisetas, que a menudo son demasiado cortas. Los jeans le quedan bien y lleva la chaqueta de cuero que me encanta. Andrew me abre la puerta de salida mientras nos vamos, y yo sonrío al pasar junto a él.

"No te voy a decir a dónde vamos; es una sorpresa", dice Andrew mientras subimos a su camioneta.

"De acuerdo, puedo vivir con eso", digo mientras le sonrío. La cita ha empezado bien.

Soy capaz de adivinar a dónde me lleva Andrew cuando estamos a cinco minutos de distancia. Conozco bien la ciudad, y parece ser el único lugar al que podría llevarme en esta zona.

"Me vas a llevar a Stage West, ¿verdad?" Pregunto mientras estamos parados en un semáforo en rojo.

"¿Qué te hace decir eso?" pregunta Andrew.

"Bueno, es eso o me llevas al casino, y sabes que odio los casinos", le respondo.

"Sí, vamos a ir a Stage West. ¿Te parece bien?" pregunta Andrew.

Stage West es un teatro con cena que sirve un buffet libre. Es conocido por tener una gran variedad de excelentes comidas y postres.

"Por supuesto que está bien", respondo. "Sólo he estado allí una vez con un compañero de apartamento. Vimos un musical de los 80 y lo pasamos genial".

"Genial. El espectáculo empieza a las 6:30, así que deberíamos tener tiempo de sobra para comer primero", dice Andrew.

"Perfecto", respondo.

Cuando entramos en Stage West, hay una cola para entregar las entradas.

"La única manera de conseguir asientos de cerca es sentándonos frente a otra pareja en una mesa para cuatro", me dice Andrew. "Pensé que te gustaría porque sé que te gusta hablar con extraños".

"Sí, suena divertido", respondo.

"La obra es Sherlock Holmes. Pensé que era la mejor porque un musical podría ser demasiado para tu cabeza", explica Andrew.

"Sherlock Holmes es perfecto", respondo.

Está claro que ha pensado mucho en esta velada, y se lo agradezco. Me sorprende que haya pagado por los buenos asientos. Cuando vine con mi compañero de cuarto, compramos los asientos más baratos en la parte trasera, e incluso esos eran caros.

Mientras avanzamos por la fila, le expreso mi agradecimiento a Andrew.

"No podías haber elegido un lugar mejor para traerme", le digo. "Siempre me han gustado las obras de teatro, pero rara vez hago el esfuerzo de ir a verlas".

Andrew parece aliviado y esboza una gran sonrisa. "Oh, qué bien, esperaba que te gustara", dice mientras le entrega al cajero nuestros boletos.

Encontramos nuestra mesa, dejamos nuestros abrigos en las sillas y nos dirigimos hacia la zona del buffet. La obra empieza en cuarenta minutos, lo que nos da tiempo de sobra para comer. Cuando nos acercamos al buffet, me dirijo a Andrew.

"Vamos a separarnos y nos reunimos en la mesa", le digo. "Este buffet es enorme, y no tengo ni idea de lo que quiero".

"Me parece bien", responde Andrew mientras me pasa un plato.

El área del buffet tiene todo tipo de comida que puedas imaginar que se te antoje. Hay tantas mesas con bandejas de comida que apenas sé por dónde empezar. Después de dar varias vueltas a las opciones, decido probar un poco de todo.

Después de llenar mi plato con grandes cantidades de comida, vuelvo a la mesa. Andrew me sigue de cerca, también con un plato lleno.

Una pareja está sentada frente a nosotros, disfrutando de su comida. Nos presentamos, y ellos responden con asentimientos y sonrisas. Es evidente que no están de humor para hablar... ni entre ellos... ni con nosotros. A Andrew y a mí no nos importa en lo absoluto. Los cuatro nos sentamos y disfrutamos nuestras comidas sin mucha interacción.

Una camarera se acerca para ofrecernos bebidas. No pensaba pedir nada hasta que Andrew me mira y dice: "¿Quieres un cóctel de fruta? Pidamos unos cócteles". "Claro", respondo. Su entusiasmo es imposible de resistir.

"Tomaré una sangría", le digo a la camarera mientras Andrew mira la carta de bebidas.

"Yo quiero un té helado Long Island", dice Andrew.

La camarera se retira a buscar nuestras bebidas.

"¿Deberíamos hacer una ronda más en el buffet antes de que la obra?" dice Andrew mientras terminamos nuestros primeros platos.

"Obviamente", respondo, ya levantándome de la silla. "Ya sé qué es lo mejor ahora, y quiero más".

"Oh, sí, esa costilla estaba para morirse", responde Andrew. "Quiero otra porción. Y más sushi".

Entre los dos, comemos fácilmente lo suficiente para alimentar a una familia de cuatro. Es difícil no excederse en un buffet que ofrece un recorrido culinario de la mejor cocina del mundo.

Cuando empieza la obra, apartamos nuestros platos y giramos nuestras sillas hacia el escenario. Nuestra mesa está colocada perpendicularmente al escenario, así que estoy mirando el perfil de Andrew mientras veo la obra. Estamos un poco al lado del otro, pero debido al tamaño de las sillas y al ángulo de la mesa, es imposible acurrucarse junto a él. Su silla está ligeramente delante de la mía. Parece un poco nervioso y no hace ningún intento de tomarme la mano o abrazarme.

En el intermedio, vamos a por fruta y postre. El buffet de postres es tan impresionante como el de la cena. El intermedio es lo suficientemente largo como para ir al baño y disfrutar del postre, pero no es lo suficientemente largo como para entablar una conversación. Vuelvo por más moras. Tienen esa dulzura recién cosechada que es un deleite poder saborear.

Después del intermedio, decido que es hora de hacer un avance. Sé que disfruto de mi tiempo con Andrew; siempre lo he hecho. Es la parte romántica que nos falta. Necesito saber qué se siente al acurrucarse con él.

Dada la situación del tamaño de nuestras sillas, mi única opción es estirar la mano y agarrar su mano. No hay una forma sutil de hacerlo. Tiene que ser un movimiento obvio por encima de su gran reposabrazos.

Cuando extiendo el brazo, Andrew me agarra inmediatamente la mano y coloca su otra mano en la parte superior. La firmeza con la que me aprieta la mano me produce una sensación de cosquilleo en el estómago. No me devuelve la mirada, pero me doy cuenta de que está contento. Sonrío mientras me hundo un poco en la silla.

Mi espalda está incómoda durante el resto de la obra, ya que mi brazo está extendido lejos de mi cuerpo, pero vale la pena. Me siento muy bien sosteniendo la mano de Andrew.

Cuando termina la obra, nos quedamos en nuestra mesa para terminar nuestros bocadillos.

"¿Qué te ha parecido la obra?" pregunta Andrew.

"Me ha gustado", respondo. "Se nota que el reparto disfruta trabajando juntos, y me gusta la buena vibra".

"Sí, fue bastante divertida", responde Andrew.

"Creo que la chica detective principal está enamorada en la vida real del actor que interpreta a Sherlock Holmes. Pero es obvio que a él le gusta la chica que hace de la criada", continúo.

"¿Qué?" dice Andrew confundido. "¿Cómo diablos podrías saberlo?"

"Los vi interactuar en el intermedio, y era descaradamente obvio", explico. "Me entristece por ella porque he estado esa situación".

Como es típico de mí, mi comentario no tiene nada que ver con la obra. Tiene todo que ver con las personas reales que interpretan los personajes de la obra.

"Me distraje con el decorado", dice Andrew mientras señala uno de los árboles de madera. "Utilizaron el mismo recorte para todos estos árboles".

Vuelvo mi atención al escenario y me fijo en los árboles por primera vez.

"¿Ves eso?" Andrew explica: "Son todos perfectamente simétricos. Sólo han dado la vuelta a algunos de ellos para que estén al revés".

"Ahora lo veo", respondo, "pero nunca me había fijado en ellos antes de que lo dijeras".

Al estilo típico de Andrew, su comentario no tenía nada que ver con la gente o la obra y tenía todo que ver con el montaje del escenario.

Mientras Andrew termina su cóctel, yo reflexiono sobre lo que acaba de ocurrir. Mucha gente en este mundo sólo parece darse cuenta de lo que ocurre a nivel superficial. Los que "sólo están viendo la obra", por así decirlo. Andrew y yo estábamos observando lo que ocurría entre bastidores, pero estábamos dirigiendo nuestra atención a dos áreas de interés completamente diferentes.

Me intriga que Andrew haya señalado algo en lo que yo nunca me habría fijado porque siempre me he considerado alguien que se da cuenta de todo.

## Posterior a la Cita

"¿Tienes planes más tarde? ¿Vas a salir?" Andrew pregunta durante nuestro camino a casa.

Esto me sorprende.

"Obviamente, no he hecho planes para después de nuestra cita. No soy una idiota", digo riendo.

"Bueno, no estaba seguro", responde Andrew. "¿Quieres hacer algo más?"

"Claro", respondo. "¿Vamos a mi casa a ver algo?"

"Sí, eso suena bien", responde Andrew. "Sólo tengo que ir a casa y tomar algunas cosas". Me siento en la camioneta y espero mientras Andrew empaca sus cosas.

Pasan diez minutos.

Pasan veinte minutos.

¿Qué diablos está haciendo? Pienso para mis adentros. Una pensaría que se habría preparado un poco de antelación.

Cuando llegamos a mi casa, decidimos ver algunos vídeos de YouTube. No recuerdo lo que estuvimos viendo. Lo que importa es lo mucho que disfruto apoyándome en los hombros de Andrew por primera vez con su brazo alrededor de mí. Algo sobre apoyarme en los hombros de Andrew me hace sentir pequeña y protegida. No soy una chica pequeña, ni mucho menos, así que estoy gratamente sorprendida. Nada se siente incómodo, al menos todavía. Vemos vídeos de YouTube en el sofá durante un par de horas y disfrutamos acurrucarnos antes de irnos a la cama.

Lo que ocurre a continuación no es, desde luego, lo que esperaba. Nos metemos bajo las sábanas y Andrew me acaricia

Es agradable hasta que empieza a reírse. Sus risitas se convierten en carcajadas. Comienza a reírse tan fuerte que hace que yo comience a reírme junto con él. No sé de qué se ríe. Es así de contagioso.

Finalmente, consigue escupir algunas palabras entre sus risas.

"Es muy raro. Estoy en la cama de Michelle, y es raro".

"¿Qué?" Pregunto mientras me giro para mirarle. "Ya has dormido antes en el fuerte; no es tan raro".

"No, no, es raro. No es lo mismo". Andrew sigue riendo. "Todo es diferente. Estoy en tu habitación. Me gusta mucho, pero es raro".

Nos reímos tanto que cualquiera que nos vea pensaría que estamos drogados. Andrew está todo atolondrado y feliz. Nunca antes he causado este efecto en un hombre.

Nos quedamos despiertos hablando y riendo durante una hora antes de quedarnos dormidos. La noche no podía ser más perfecta.

Veo por primera vez la máquina CPAP de Andrew para la apnea del sueño.

Es una tontería verle ponerse esa máscara en la cara antes de acostarse, pero aprecio el hecho de que le impide roncar.

Me duermo tranquila, dándome cuenta de que me estoy enamorando de Andrew, y que debería dejar de analizarlo tanto. Me río más fuerte con Andrew que con cualquier otra persona, y ahí es donde tengo que centrar mi atención.

## Ahora Tenemos Una Relación

La próxima vez que Andrew venga, consolidará su condición de novio. Al menos, así es como lo veo yo. Nunca nos molestamos en tener una conversación real al respecto.

"Te compré esto en el supermercado", dice Andrew cuando entra en mi cocina. Saca unas moras y las pone en mi mostrador. "Me di cuenta de que las estabas disfrutando en la obra".

Ya está. Estoy cayendo. Siento que las estrellas salen disparadas de mis globos oculares. Ningún hombre me había regalado moras antes. No es que me gusten especialmente las moras. Pero el pensamiento que ha puesto en ellas lo dice todo.

Por el momento, Andrew ha aplastado mi miedo a que no tengamos tener química romántica. Es una de las cosas más dulces que podría haber hecho.

* * *

## LA PERSPECTIVA DE ANDREW

Cuando Michelle me pidió una cita, al principio me desconcertó porque ella fue la que me puso en la zona de amigo un año antes. Pero sabía que no podía decir que no porque me gustaba mucho.

En cuanto Michelle me tomó de la mano en nuestra primera cita, el peso de la tensión se liberó a medida que la emoción se apoderaba de mí. Quería sostener su mano para demostrarle lo especial que era esta noche, así que respondí con un doble apretón de manos con apretones intermitentes y caricias. Me gustaba tomar la mano de Michelle.

Era fascinante cómo Michelle se daba cuenta de cosas personales de los miembros del reparto con sólo observarlos cándidamente. Este tipo de conciencia es invisible para mí.

Mientras estaba en la cama de Michelle, miraba la habitación y pensaba: "Recuerdo haber mirado esta habitación cuando era amigo de Michelle". Esta es la habitación de Michelle, la habitación de mi AMIGA Michelle, lo que significaba que nunca entraría en esa habitación por ninguna razón fuera de una amistad. Así que cuando estaba acostado con Michelle en su cama, estaba meditando sobre la idea y sintiendo el cambio. Fue una experiencia muy bonita, y por eso me reía antes de irnos a dormir.

Una máquina CPAP se utiliza para tratar la apnea del sueño. Envía un flujo constante de aire presurizado en la nariz y la boca mientras duermes. Este mantiene las vías respiratorias abiertas y te ayuda a respirar con normalidad. Mi apnea del sueño es leve, pero siempre llevo mi máquina CPAP para detener mis ronquidos fuertes.

En mi mente, cuando Michelle me tomó de la mano y me invitó a venir, éramos novios. Se acabó la zona de amigos. No me di cuenta hasta que leí este capítulo que Michelle no nos consideraba novio y novia hasta unos días después del Stage West. Esto me chocó un poco. Para mí, si estoy durmiendo en tu cama, eso significa que somos novios. No importa si es la primera, la segunda o la quincuagésima cita.

* * *

Fotos del Capítulo 6
Bellamimalifestyles.com/bookphotos

# AMOR

Así que ahora que Andrew y yo estamos en una relación, la vida está a punto de ser color de rosa, ¿verdad?

Incorrecto.

Esta sección, es una colección de cuentos cortos que tienen lugar en el primer año de nuestra relación, antes de saber que Andrew era autista. La mayoría de ellos tienen lugar antes de que sospecháramos que el autismo podría ser una posibilidad.

Muchas personas están en una especie de período de luna de miel durante su primer año juntos, y toma un tiempo antes de que las gafas de color rosa caigan. Este no fue el caso de Andrew y yo. De hecho, estábamos viviendo todo lo contrario.

Nuestro primer año juntos fue, por mucho, el más difícil. Luché por entenderlo, y él luchó por comunicar sus sentimientos. Casi rompemos dos veces, y no siempre estaba segura de si íbamos a lograrlo.

Ese fue un año lleno de momentos confusos, fallos de comunicación y malentendidos. Así como momentos mágicos y realizaciones de la vida, además de giros y vueltas.

Fusionar dos vidas es difícil, pero cuando una persona es autista, y ambos no son conscientes de éste hecho, puede ser muy difícil. Andrew era diferente a cualquiera con quien yo hubiera salido, y había muchas cosas sobre él a las que no podía encontrarle sentido. Estaba caminando en territorio desconocido sin un manual de instrucciones, y definitivamente pisé algunas minas terrestres. Para colmo, con mi lesión cerebral, aumenté de peso sustancialmente, y tuve problemas de depresión por tener que dejar las artes marciales. Fue un año el cual estoy agradecida de no tener que revivir nunca.

A veces la vida te hará esforzarte por superar algo bastante negativo, pero cuando vale la pena, de verdad vale la pena.

Mirándolo desde donde estoy ahora, me siento muy orgullosa de los dos por aprender las lecciones.

Esta sección le dará mucha información sobre nuestra relación a medida que comparto historias de nuestras muchas luchas y pequeñas victorias en nuestro primer año juntos.

Si buscas un análisis más profundo de cómo hemos trabajado a través de estos temas y hemos seguido manteniendo una relación exitosa, hemos creado un curso sobre relaciónes para apoyarte. Éste desglosa todas las estrategias que hemos implementado a lo largo de los años y cómo hemos seguido aprendiendo más el uno del otro.

Éste curso, así como nuestras otras publicaciones, se pueden encontrar aquí:

Bellamimalifestyles.com

# 7
# LAS PEQUEÑAS COSAS

El amor consiste en muchas cosas: las cosas pequeñas, las cosas románticas, las difíciles y todo lo demás.
Vamos a empezar con las cosas pequeñas porque fue un proceso lento para Andrew y para mí.

## La canasta

"¿Por qué sigues tirando tu ropa sucia en el suelo?", le pregunto. "La canasta ahora está cerca de la puerta".

"Sí, no sé por qué lo hice", responde Andrew mientras recoge su ropa.

Dos semanas después, Andrew sigue tirando su ropa en el suelo donde antes estaba la canasta de ropa sucia.

"Andrew, deja de tirar tu ropa en el suelo. La nueva canasta está justo allí" (señalo la canasta). Comienzo a frustrarme.

Andrew se ríe. "Lo siento, no sé por qué sigo haciendo eso".

Cada vez que he estado en una relación seria, soy quien lava la ropa. Me da una sensación de comodidad y satisfacción. Limpiar el piso, por otro lado, es algo que detesto. Todos mis novios han recibido el mismo discurso: "Me encargaré de la ropa si limpias el piso cuando esté sucio". La mayoría de los hombres aceptaron este acuerdo con una sonrisa. Andrew no es diferente. Cuando viene del trabajo, tira su ropa sucia de trabajo en mi canasta, sabiendo que estará limpia y doblada para él.

Todo está funcionando maravillosamente hasta que reorganizo mi habitación. Compro una ropa de cama, cortinas y una cesta de ropa de color turquesa para combinar. Después de sacar todos los muebles, Andrew me ayuda a pintar las paredes de un color más brillante. Una vez que terminamos de pintar, disfruto volviendo a colocar los muebles en un diseño mejorado. Todo en mi nueva habitación es agradable, pero hay un problema. Andrew sigue tirando su ropa sucia en el suelo donde solía estar la vieja cesta de ropa.

Durante semanas, este patrón se repite. Andrew no parece entender dónde está la nueva cesta de ropa. Después de muchas conversaciones con él, no cambia nada.

Cansada de recoger su ropa sucia del suelo, decido volver a colocar la cesta de ropa en su lugar original. Rendirse parece más fácil que intentar hacerlo entender dónde está la nueva cesta de ropa.

Más tarde aprendo que una vez que Andrew se acostumbra a algo en un lugar determinado, es mejor dejarlo allí.

\* \* \*

## LA PERSPECTIVA DE ANDREW

Mi recuerdo de lo que aconteció es muy vago. Sin embargo, tengo muy presente mi razonamiento en aquel momento: me preguntaba ¿Por qué la cesta de ropa no está aquí? (no sé). ¿Dónde está la cesta de ropa? (no sé). Bueno, este es el lugar donde iría la ropa si la cesta estuviera; así que aquí es donde la pondré. Problema resuelto.

\* \* \*

# Los Huevos

Noto que Andrew tiene una forma extraña de sacar los huevos del cartón de huevos. Personalmente, me gusta sacar los huevos de adelante hacia atrás yendo en orden. Andrew no. Él toma un huevo de la fila tres, un huevo de la fila seis y luego uno de atrás. No parece tener ni pies ni cabeza, y no siempre elige de las mismas filas.

Este patrón aleatorio se hace más evidente cuando compro una bandeja de 30 huevos, en lugar de un cartón de 15. La bandeja de huevos termina pareciendo una obra de arte abstracta. Si Andrew hace tres huevos, los tomará de tres lugares completamente diferentes. Simplemente no entiendo. Un día, ya no puedo soportarlo más, así que tengo que preguntarle. "¿Por qué tomas los huevos así? Nunca he visto a nadie tomar huevos de lugares aleatorios del cartón."

"Oh, solo estoy asegurándome de que esté equilibrado", responde. "Así que si tienes que sacarlo del refrigerador, no se volcará", De todas las cosas que podría haber adivinado que diría, nunca habría pensado en esa, y tiene perfecto sentido. Esto me enseñó a preguntar siempre por qué Andrew está haciendo algo que no entiendo, porque sus razones son impresionantes.

\* \* \*

## LA PERSPECTIVA DE ANDREW

Si tomas huevos de un lado, eventualmente el cartón se volverá desequilibrado. Entonces alguien que no puede ver dentro del cartón tomará el lado ligero y podrían tener un "uy". Es como tenderle una trampa a alguien. A veces esa persona soy yo. Para evitar esto, tomas huevos de lados opuestos y lo equilibras. Si tomas un huevo de la esquina superior izquierda, luego tomas tu siguiente huevo de la esquina inferior derecha, y así sucesivamente. ¡Feliz equilibrio!

\* \* \*

## Curso De Lectura Rápida

Es el Domingo del Super Bowl (campeonato de fútbol americano), y estoy visitando a un amigo durante el fin de semana. Le mando un mensaje de texto a Andrew en el medio tiempo: "¿Qué estás haciendo?"

Él responde con seis palabras: *"Estoy tomando un curso de lectura rápida."*

Inmediatamente, me acomodo en mi silla para asegurarme de haber leído bien, casi derramando mi cerveza.

*"¿Qué?"* Le escribo de vuelta.

*"Estoy tomando un curso de lectura rápida. Compré un programa que incluye dos cuentas para que también puedas tomar el curso si quieres. Es bastante interesante. Estoy emocionado de poder leer más rápido"*, responde.

Me río mientras escribo, *"Gracias, pero creo que estoy bien. Disfruta tu curso de lectura rápida."*

Me divierte que mientras la mayoría de las personas están relajadas disfrutando de comida chatarra, cervezas y comerciales impresionantes, Andrew está tomando un curso de lectura por diversión. Particularmente desde que ha estado en la escuela toda la semana. Sé que le gusta leer, pero no me había dado cuenta de que es su actividad favorita del fin de semana.

La siguiente semana estoy en su casa y noto que está leyendo múltiples libros al mismo tiempo. Lee unas páginas de un libro, lo deja, toma otro libro sobre un tema completamente diferente y comienza a leer ese. Me es difícil concentrarme en mi propio libro porque me distraigo mucho viendo a Andrew hacer esto. Es la primera vez que veo a alguien cambiar de libros con tanta facilidad.

Lo interrumpo preguntando, "¿Siempre lees así? ¿Múltiples libros al mismo tiempo?"

"No siempre. A veces me quedo con solo uno", responde Andrew.

"Debe ser difícil cambiar de temas así y recordar dónde quedaste con cada libro", continúo. "Prefiero concentrarme en un solo tema."

Con la voz más adorable, Andrew responde, "No es difícil. Solo uso un marcador".

Esto me mostró lo fuerte que es el apetito de Andrew por el conocimiento y también me inspiró a seguir aprendiendo. No estoy acostumbrada a salir con chicos así, y me gusta.

\*\*\*

## LA PERSPECTIVA DE ANDREW

Mis intereses me emocionan y eso es en lo que me gusta enfocarme. Ese curso de lectura rápida me dio algunas buenas ideas. A veces leo diferentes temas al mismo tiempo. Porque pienso: "Bueno, ya tuve suficiente de este tema por hoy, ahora a otra cosa". Siento que quizás no soy un lector tan ávido como Michelle me retrata, pero uso YouTube y otros medios para aprender cosas interesantes. Es tan divertido.

\*\*\*

## El Espacio De Estacionamiento

Andrew llega desesperado después del trabajo. Mientras se quita los botines, dice: "Creo que las cosas pueden estar raras con Chris". Chris es un amigo y compañero de trabajo de Andrew.

"¿Qué quieres decir con raras? ¿Se pelearon?", pregunto.

"No, no estoy seguro de lo que pasó. Solo siento que las cosas están extrañas", responde Andrew.

Insisto más. "Bueno, ¿qué pasó la última vez que hablaron?"

Andrew se detiene un momento para pensar antes de hablar, "Tuvimos una conferencia hace un par de días y Chris me envió un mensaje de texto que decía: '*Te guardé un espacio*'. Lo leí y pensé: '¿Por qué me guardarías un espacio de estacionamiento?' y eso fue todo".

"¿Te sentaste con Chris cuando llegaste a la conferencia?", pregunto.

"No", responde Andrew.

Me río mientras explico: "Probablemente quiso decir que te guardó una silla y se pregunta por qué no te sentaste con él".

"Oh, eso tiene sentido. Realmente no sabía lo que quiso decir", Andrew se ríe.

Conversaciones similares a esta se han vuelto frecuentes entre Andrew y yo con respecto a sus interacciones en el trabajo. Los malentendidos menores suceden con frecuencia en su mundo. Y con cada uno, aprendemos un poco más. Me encanta actuar como su intérprete.

\* \* \*

## LA PERSPECTIVA DE ANDREW

Sí, eso fue divertido.

Cuando alguien hace algo inhabitual o fuera de su rutina normal, tiendo a sentirme un poco incómodo. No necesariamente una incomodidad negativa, más bien una fuerte sensación de, *Algo está fuera de lugar aquí. Se necesita una investigación adicional.* Especialmente si he conocido a la persona durante varios años y dicen o hacen algo inusual para ellos. Este sentimiento fue pronunciado ese día y no pude entenderlo.

Cuando Chris me envió el mensaje, pensé que debía significar un espacio de estacionamiento porque el estacionamiento puede volverse concurrido. En cambio nunca he necesitado que alguien me guarde un espacio en la sala como tal. Sé dónde suelo sentarme, el lugar varía, pero tengo una buena sensación sobre cómo encontrar un asiento en la sala.

\* \* \*

## El Mensaje De Texto

Le envío un texto a Andrew, "¿Cómo va tu día? ¿Qué estás haciendo?"

Normalmente no hablamos de pequeñas cosas a través de mensajes de texto, pero hoy tengo curiosidad por saber lo que está haciendo. Cuarenta y cinco minutos después, Andrew responde, *jpeg*.

Me envía una foto sin palabras de contexto. Parece ser la foto de una etiqueta en el lado de una caja, pero no puedo asegurarlo. Mi primer pensamiento es que la envió a la persona equivocada porque no tiene sentido para mí.

Andrew llega más tarde esa noche. "Oye, ¿por qué me enviaste esta foto?", le pregunto. "No lo entiendo. ¿Era para alguien más?"

"¿Te envié una foto? No me acuerdo", responde Andrew.

Saco mi teléfono y se lo muestro. "Oh, esa foto. Estaba tratando de decirte que estaba cocinando algo", explica.

"¿Qué?", pregunto, todavía confundida.

"Estaba cocinando verduras. Me preguntaste qué estaba haciendo, así que trataba de decirte que estaba cocinando algo", Andrew explica más a fondo.

Empecé a reírme, y es evidente por la expresión de Andrew que él no tiene idea de por qué me estoy riendo tanto.

"Andrew, ¿cómo diablos sabría que estás cocinando verduras viendo esta foto?", le explico mientras todavía me río, "Solo tiene algunos números en ella".

Andrew hace un gesto levantando los hombros y dice: "Sí, a veces lo hago. Se me olvida dar contexto".

Este incidente me enseñó a hacer preguntas de seguimiento cada vez que Andrew me envía un mensaje que no entiendo o parece un poco grosero. En lugar de enojarme o sacar conclusiones precipitadas, siempre pregunto. Esta es una buena práctica para todos, dado que los mensajes de texto pueden ser muy fácilmente malinterpretados.

\* \* \*

## LA PERSPECTIVA DE ANDREW

Me han dicho esto en el pasado, que respondo con algo que no tiene sentido porque no doy contexto. Me olvido de que la otra persona no está conmigo y que no tienen idea de lo que estoy hablando.

\* \* \*

## Jugando Scrabble

"¿Podemos jugar un juego de *Scrabble*?", le pregunto a Andrew mientras nos relajamos en mi condominio.

"Realmente no me gusta el *Scrabble*", responde Andrew.

"Juego *Diablo* contigo, y no es mi juego favorito, así que me debes una. Amo el *Scrabble*", le ruego.

"De acuerdo, un juego", accede Andrew a regañadientes.

Alistamos el tablero y agarramos siete fichas cada uno. Colocando mis fichas horizontalmente a través de la estrella del centro, voy primero. Mientras Andrew juega su turno, comienza a colocar las fichas diagonalmente.

"Andrew, sólo puedes jugar tus fichas horizontal o verticalmente. No puedes ponerlas en forma diagonal", interrumpo.

Andrew se frustra un poco y necesita más tiempo para planificar su turno.

Juega una palabra, y tomo nota de sus puntos. A continuación, coloco una palabra vertical que me da una puntuación doble.

Para molestarlo le digo: "Sí, puntuación doble. Toma eso."

Andrew toma su próximo turno, colocando sus fichas horizontalmente; esta vez, está escribiendo su palabra al revés.

"Andrew, sólo puedes colocar tus palabras de izquierda a derecha o de arriba a abajo", lo interrumpo de nuevo. "No puedes escribir palabras al revés."

"Arrrgh, eso ni siquiera tiene sentido." La frustración de Andrew aumenta.

Cada uno jugamos un par de turnos más. Andrew sigue teniendo dificultades para entender cómo colocar las fichas. Es evidente que no se está divirtiendo.

Verlo sufrir se vuelve demasiado doloroso, así que finalizo el juego diciendo: "De acuerdo, Andrew, no tenemos que volver a jugar *Scrabble*."

Andrew grita: "¡Sí!" y comienza a empacar el juego tan rápido que las fichas casi vuelan de la mesa.

Este momento me sorprendió tanto que me quedó grabado. Andrew puede desarmar y volver a armar prácticamente cualquier cosa con un manual, y sin embargo, el *Scrabble* es confuso para él. Esto me enseñó que debe haber un desfase en algún lugar.

\* \* \*

## LA PERSPECTIVA DE ANDREW

No poder escribir una palabra diagonalmente, está bien, lo entiendo. ¿Pero no poder escribir una palabra al revés? Vamos. Parecía ser uno de esos momentos en los que te das cuenta de cómo funciona algo, y por extensión, debe funcionar de esta manera también. ¿Verdad? No. Resulta que, en el 2010, Mattel lanzó una versión de *Scrabble* en el Reino Unido que permitía palabras al revés. Así que mi suposición no estaba tan lejos de la posibilidad. Y claramente, hay otros que piensan que debería ser así. Estoy seguro de que el *Scrabble* es un juego divertido, solo que sin mucha lógica para mí.

\* \* \*

## Las Miradas Vacías

Hay muchas ocasiones en las que le digo algo a Andrew, y él simplemente me mira con una expresión vacía sin responder. Parece que está analizando negativamente lo que acabo de decir, y no me gusta.

Este escenario se desarrolla una tarde, y me termina sacando de quicio. "¿Por qué me miras así después de que digo algo? Me hace sentir como si me estuvieras juzgando". Andrew está obviamente sorprendido por lo que le dije. No sabe cómo responder, así que no dice nada. No hablamos de ello hasta una semana después, cuando Andrew viene y por primera vez me entrega un mensaje. Escrito en una tarjeta de notas con un bolígrafo azul brillante. Tomé la nota de él y leí, "No te estoy juzgando. Sé exactamente lo que quiero decir, pero tengo miedo de decirlo en este momento". Sonrío, le doy un abrazo y le agradezco por explicarlo. Es la nota más dulce que he recibido, y estoy feliz de que haya encontrado una manera de responderme. Esta nota vive en mi cartera hasta el día de hoy como recordatorio de dejarlo pausar antes de hablar, sin asumir que está juzgando algo. Solo porque esté callado no significa que esté pensando negativamente. Dejé de tomarlo personalmente.

## LA PERSPECTIVA DE ANDREW

Esto sucede con mucha frecuencia en mi vida. La cosa que quiero decir o que tiene sentido decir pasa por un filtro que he creado porque he lastimado los sentimientos de muchas personas a lo largo de los años. Y estoy atrapado tratando de reevaluar lo que estoy pensando para que sea "amistoso en el momento presente".

A menudo, esto hace que mi mente entre a un estado de BSOD. (Pantalla azul de computadora). No sé qué decir, así que no digo nada. Si hablara, sonaría extraño e inusual.

\* \* \*

## HABLANDO DORMIDO

Me despierto sobresaltada con Andrew gritando "Dije que eran 24, no 27!" una y otra vez. Él sigue repitiéndose "No, no, no. Son 27, 27. Dije 27, no 24".

Con quien sea que esté enojado, le está dando una reprimenda. Es bastante entretenido. Andrew habla dormido más que cualquier otra persona con la que haya dormido. Es común que me despierte en medio de la noche con él teniendo una conversación completa. La mayoría de las veces, está mencionando números mientras ríe o grita.

Mi favorito personal es la vez que me desperté con él acariciando mi estómago con una sonrisa en su rostro. Estaba diciendo "Oh, es Michelle. Hola, Michelle." Luego comenzó a pincharme (suavemente) por todos mis brazos con las articulaciones de un cangrejo mientras decía "Pinchy pinchy pinchy pinchy." muy rápido.

Pagaría mucho dinero para tener esto en video. Fue una de las cosas más divertidas que he experimentado. Durante semanas le pinchaba con los nudillos de cangrejo y le decía "Pinchy pinchy pinchy". Nunca se me cansa. Me sorprendió lo mucho que Andrew repite números en su sueño y solidificó mis sospechas de que su mente funciona de manera diferente a la mía. Ya no me despierta tanto. No estoy seguro si ha disminuido en el departamento de hablar en sueño o si simplemente he aprendido a dormir a través de ello.

\* \* \*

## LA PERSPECTIVA DE ANDREW

Incluso con mi CPAP encendido, hablo en mi sueño. Solo he notado esto unas pocas veces cuando me despierto en medio de una diatriba. Ojalá pudiera contarles más sobre esto. Hay muchas historias divertidas, estoy seguro, pero estoy dormido, así que no me acuerdo. Pero una historia que sí recuerdo sobre dormir es sobre un sueño lúcido que tuve. ¡Soñar lúcidamente es increíble! ¿Has estado consciente e in control mientras sueñas? Solo he tenido esta experiencia varias veces en mi vida, pero una vez, en particular, fue fuera de este mundo. Me desperté en mi sueño y me volví consciente mientras soñaba, ¿qué hice? Al principio, estaba simplemente sorprendido de que estuviera completamente consciente mientras soñaba. Luego hice el siguiente paso obvio: EMPECÉ A VOLAR, ¡por supuesto! Al igual que Superman, volé hacia las nubes, entre edificios, luego aterricé en azoteas abandonadas y empecé a explorar un poco. ¡Súper divertido! Altamente recomendado (10/10 volaría con esta aerolínea de nuevo).

\* \* \*

## Andrew Ama Su Aspiradora Dyson

"Hombre, amo esta aspiradora. Es tan genial". Andrew recoge la aspiradora con increíble entusiasmo.

"La batería de esta cosa es fantástica", Andrew está simplemente radiante mientras usa la aspiradora.

"Dyson hace excelentes aspiradoras", Andrew repite dos minutos después. Su energía es tan contagiosa que pensarías que usar una aspiradora Dyson es mejor que ir a Disneyland.

Tres minutos después, "ya casi termino con toda la sala de estar y todavía no se ha muerto".

Andrew, mientras guarda la aspiradora, dice: "¿Te he dicho cuánto amo esta aspiradora?".

Cuando Andrew disfruta algo, te lo hace saber. Mostrando más emoción que nadie que haya conocido. Su Dyson es el ejemplo perfecto. Cada vez que usa esa aspiradora, tengo un espectáculo de un solo hombre. Su entusiasmo es inigualable.

Esto también es cierto para muchas de sus cosas favoritas. Cuando Andrew le gusta algo, lo sabrás...MUCHO.

Lo más fascinante de Andrew, sin embargo, y lo que más me llamó la atención, es que su entusiasmo no disminuye con el tiempo. La quinta vez que dice "amo esta aspiradora", será tan entusiasta como la primera vez que lo dijo. Si no supieras mejor, su emoción te haría pensar que acaba de comprar una aspiradora nueva ayer, cuando en realidad, la ha tenido por muchos años. Ojalá pudiera mantener esa cantidad de entusiasmo por mis cosas.

\* \* \*

## LA PERSPECTIVA DE ANDREW

De las varias aspiradoras que he tenido en mi vida, la gran mayoría son terribles. Absoluto desperdicio de dinero. Una vez compré la aspiradora inalámbrica Dyson hace ocho años, me di cuenta de lo que era una buena aspiradora. Lo único que ha salido mal con ella es que la batería comenzó a morir poco después de estar completamente cargada.

¿Comprarías una nueva aspiradora si esto te pasara y gastarías otros $300-400? ¡NO! Compré una nueva batería en Amazon y la recibí en dos días. Eso fue hace tres años y todavía sigue funcionando fuerte, incluso mejor que la batería original.

¿Limpias tu aspiradora? Dios mío, limpia tu aspiradora. Una vez entré a una tienda de reparación de aspiradoras y le pregunté al chico si vendía aspiradoras Dyson. Me dijo que no. Luego dijo: "No vendo Dyson porque la mayoría de las personas que las tienen las cuidan, y esto es malo para mi negocio".

Esto tiene sentido perfecto. "Lo sé. Es tan fácil de limpiar. Se desmonta completamente. Es genial", respondí.

Me miró y sonrió, luego se rio y me dijo: "Tú, eres terrible para mi negocio porque realmente limpias tu aspiradora. Nadie limpia su aspiradora". Nos reímos y charlamos por unos momentos más.

No puedo evitar elogiar y sonreír ante cualquier producto que me sigue demostrando lo bueno que es. Cada vez que lo uso, eso es lo que siento: Oye, sigue funcionando, me hace feliz y no tengo que molestarme en tratar de encontrar una mejor aspiradora.

\* \* \*

## La Sonda De Temperatura

"¿Cómo estuvo tu noche?", le pregunté a Andrew después de volver de cenar con un amigo.

"Muy bien", respondió Andrew con entusiasmo. "Finalmente descubrí la temperatura perfecta para tomar té. Es 57.2 grados C".

Me reí. "¿Qué?"

"Odio beber cosas calientes", continuó Andrew. "Me quema la lengua, así que usé mi sonda de temperatura para encontrar el punto en que aún está caliente pero no me quemará la boca. 57.2º C es perfecto. No tomaré mi té si está más caliente que eso".

"¿Eso es lo que pasaste tu noche haciendo? Probando varias temperaturas de té?", pregunté.

"Sí, no fue difícil. Solo lo revisé cada pocos minutos hasta que estuvo a la temperatura perfecta para beber", responde Andrew. Andrew es un técnico de HVAC (ventilación y climatización), así que supongo que esta historia es un poco más comprensible, pero todavía siento la necesidad de mencionar cuánto usa su sonda de temperatura. La usa tanto que a menudo me refiero a ella como su mejor amiga.

Cuando cocina, usa su sonda de temperatura para asegurarse de que está cocido exactamente como a todos les gusta.

Cuando está dando un baño, usa su pistola de temperatura infrarroja para asegurarse de que el agua del baño esté en el punto justo.

Cuando se aburre, saca su pistola de temperatura infrarroja para decirme lo caliente que está mi brazo.

Y ahora nunca volveré a quemarme la boca con té.

La sonda de temperatura es solo un ejemplo de cómo Andrew ama saber específicos y se une a sus herramientas.

\* \* \*

## LA PERSPECTIVA DE ANDREW

La cosa de usar una sonda de temperatura de baja calidad para cocinar es que es analógica. Sabes, las que tienen una aguja que gira en sentido horario. Tienes que sentarte frente a la cosa y mirarla, preguntándote cosas como, ¿Es eso 49 grados C? Si muevo mi cabeza a la izquierda o a la derecha, la lectura cambia. ¡Arg! Por eso las sondas de temperatura analógicas son antiguas. Bueno, ¿qué pasa si tienes una sonda de temperatura digital? Eso es mejor, pero es probable que sea una sonda de grado consumidor, lo que significa que no se actualiza rápidamente y no está garantizado que esté calibrado. Para mí, una actualización por segundo mínimo; cuanto más, mejor.

La sonda de temperatura que usé es un termómetro digital plegable UEI Test Equipment PDT650. Y la pistola de temperatura infrarroja que uso es un Fluke 62 MAX Mini Infrared Thermometer.

Saber el momento en que el centro del pollo llega a 74 °C es increíble.

Cocinar el bistec hasta que esté exactamente a 50 ° C para rojo, 54.5 ° C para medio rojo, 60 ° C para término medio, 65.5 ° C para medio cocido y 71 ° C para bien cocido es información útil. Es difícil equivocarse con esto, y ahora no tienes que preocuparte por cocinar la carne demasiado o poco. ¡Puedes relajarte y disfrutar más de cocinar!

Saber en qué punto exacto dar vuelta este bistec en la parrilla o el pollo en el horno vale la pena.

\* \* \*

## Recibir Masajes

Una de mis cosas favoritas para hacer con mis novios siempre ha sido darles masajes cuando están adoloridos o tienen un día difícil. Soy bastante buena en ellos, o al menos eso pensaba hasta que llegó Andrew.

Él se queja de un dolor en la espalda, así que le digo que se siente frente a mí en el piso. Comienzo a darle un masaje. Encuentro un gran nudo debajo de su omoplato y comienzo a aflojarlo.

Después de unos minutos, le pregunto: "¿Cómo te sientes? ¿Un poco mejor ahora?"

Andrew responde: "Sí, supongo que está bien".

Confundida por su respuesta, digo: "Bueno, ¿no está empezando a sentirse mejor?"

Él responde: "No lo sé".

En mis muchos años de dar masajes en el cuero cabelludo, manos, pies y antebrazos en cosmetología, nunca he tenido a nadie responder con "No lo sé". Esto me frustra y lo tomo personalmente. Aumento mi juego un poco y continúo masajeándolo con todos mis mejores movimientos.

No hay entusiasmo por parte de Andrew. Parece como si no estuviera disfrutando, y mis manos comienzan a doler.

Finalmente, simplemente me rindo. "Bueno, espero que te sientas mejor", digo.

Andrew responde: "Gracias" y vuelve a sentarse en el sofá.

Pasa un tiempo antes de que vuelva a darle un masaje a Andrew, pero cuando finalmente lo hago, es más de lo mismo.

Siguió quejándose de dolor en la espalda semanas después, así que le reservé una cita con mi fabulosa masajista.

Cuando le pregunto cómo le fue el masaje, responde: "Sentí que las cosas que estaba haciendo deberían ayudar mi espalda y cuello".

Nunca expresa ningún tipo de disfrute o alivio, y lo encuentro tan extraño. Cuando alguien golpea un nudo en mi espalda, mi reacción es un alivio instantáneo y relajación mientras lo afloja.

Me encanta recibir masajes y disfruto sintiendo la tensión salir de mi cuerpo. Andrew parece no disfrutarlos en absoluto. No se queja de ellos, pero tampoco los espera con ganas. La buena noticia es que no le importa dar masajes en la espalda, y a menudo me da uno para relajarme antes de dormir. No estoy segura de si alguna vez entenderé cómo Andrew no puede decir si un nudo en su espalda se está aflojando.

\* \* \*

## LA PERSPECTIVA DE ANDREW

Nunca he sido sensible a los masajes. No estoy seguro de para qué sirven. Nunca he tenido problemas con músculos tensos. Solo recientemente he comenzado a usar diferentes formas de masaje con fines de rehabilitación. Parece ayudar a mi cuello cuando tengo músculos tensos en el cuello.

Alguien que me masajee se siente... ¿bien? Pero no busco este tipo de cosa a menos que tenga un problema que necesite ser abordado.

Leí un artículo hace unos días. El título decía "¿Por qué frotarse los ojos cansados se siente tan bien?". Entonces me pregunté ¿De qué diablos está hablando este artículo? Seguido de ¿Es esto una cosa? Porque nunca he experimentado este fenómeno. Michelle me dice que la sensación que obtienes al frotarte los ojos cansados es similar a la sensación de alivio que algunas personas experimentan durante los masajes. Yo no.

\* \* \*

## Habla Alto

Andrew se gira hacia mí y dice: "¡Sí!, ¡acabo de conseguir uno legendario! ¡Mira mi espada!"

"Andrew, deja de gritar". Me inclino fuertemente hacia la izquierda, alejando mi oído. "Estoy justo al lado tuyo".

"Lo siento, estoy emocionado", se disculpa.

Minutos después, se reproduce la misma escena.

"¡Dios, mira esta espada! ¡Es increíble!" grita. "¡Hago tanto daño con ella!"

"Andrew, por favor deja de gritar en mi oído", le pido mientras muevo mi cabeza.

"Lo siento, simplemente no puedo creer lo impresionante que es esta espada", se disculpa de nuevo.

Estamos jugando Diablo, uno de los juegos favoritos de Andrew. Estoy siendo sobre estimulada porque su emoción lo hace hablar alto. Esta situación es común para nosotros, ya que a menudo tengo que decirle a Andrew que tenemos que dejar de jugar porque está siendo demasiado ruidoso. Me duele tener que hacer esto porque disfruto jugando juegos con Andrew. Pero la cantidad de veces que me he ido a dormir con dolor de cabeza debido a sus niveles de volumen se ha vuelto una de más para mí. Como alguien con una lesión cerebral, estoy comprometida con mi salud en este aspecto.

La mayoría de los días, Andrew parece tener poco control sobre su tono de voz o niveles de volumen. Si me inclino para susurrarle, generalmente responderá con su voz completa. Esto suele suceder en los peores momentos. En el cine, junto a un bebé durmiendo, en cualquier lugar al que vayamos.

Andrew parece incapaz de leer el ambiente. Cuando las personas comienzan a relajarse y están claramente cansadas, Andrew entrará con una historia ruidosa de la nada. A menudo me asusta porque el ambiente pasará de ser silencioso a ruidoso sin previo aviso.

El entusiasmo de Andrew es una de mis cosas favoritas de él. Cuando se divierte, es contagioso para todos los que lo rodean y absolutamente ilumina una habitación con su positividad.

Hay momentos en que solo deseo que no dañara mis tímpanos.

\* \* \*

## LA PERSPECTIVA DE ANDREW

Esto es un trabajo en progreso para mí. Cuando mi mente se sacude y la emoción comienza, es difícil ser consciente de lo alto que estoy siendo. Cuando describo cosas con emoción o intensidad, trato de usar mi volumen como indicador de la intensidad de lo que estoy describiendo. Sabiendo que mi nivel de volumen puede ser tan molesto, me doy cuenta de que no debería ajustar mi nivel de volumen para corresponder con la intensidad de mis sentimientos cuando hablo y usar alguna otra señal verbal o no verbal.

Mejorar en esto es difícil porque recibo señales mixtas de los demás. A veces mi ruido y entusiasmo son muy bienvenidos por aquellos a mí alrededor. Otras veces puedo estar haciendo un tonto de mí mismo o ser molesto. Navegar en los momentos adecuados y equivocados para ser ruidoso puede ser difícil en ciertos entornos. Sé que no debo ser ruidoso en ciertos momentos, como en un teatro, una biblioteca o durante un discurso. Pero para los momentos en los que hay diversión y emoción, o al menos creo que hay diversión y emoción, tengo muchos problemas con mi volumen.

\* \* \*

## Repetir Tres Veces

Andrew me compró un regalo. No puedo recordar lo que era, pero para los fines de esta historia, no importa. Lo que sea, Andrew no podía dejar de jugar con él. Ama sus dispositivos electrónicos.

Está jugando tanto con él que me hace decir: "Claro, este es un regalo para ti y no para mí."

Cuando digo esas palabras, golpeo un gatillo. Andrew inclina la cabeza hacia un lado, se aleja de mí y dice: "Te lo compré, te lo compré, te lo compré". Luego se va.

"Andrew, solo estoy bromeando. Creo que es lindo que estés jugando con él", digo en un intento de hacerlo volver.

"De acuerdo, porque la gente siempre me dice eso, pero realmente te compré esto", responde.

"Sé que lo hiciste", lo tranquilizo. "Gracias. Me encanta."

Este momento se quedó conmigo debido a la forma en que se repitió a sí mismo. Fue como si se hubiera desconectado por un momento y no se hubiera dado cuenta de que lo estaba repitiendo una y otra vez. Su voz se mantuvo monótona y algo robótica. Nunca había oído a nadie hacer eso antes.

\*\*\*

## LA PERSPECTIVA DE ANDREW

Fallo: Atascado en el pensamiento mientras hablo. Esto me causará tener menos atención en lo que estoy diciendo y puede limitar mi capacidad para hablar con claridad.

Cuando estoy fallando, hay una posibilidad de que repita una palabra una y otra vez. Mientras pensaba en lo que Michelle acababa de decirme, no me di cuenta de que me estaba repitiendo.

Cuando era más joven, le compraba regalos a la gente basándome en lo que yo quería. Lo que ellos querían no cruzaba por mi mente del todo. Es como si mi mente se cegara a las necesidades de los demás. En los últimos años de mi adolescencia y los primeros de mi adultez, aprendí a comprar regalos basándome en qué los haría felices.

Mientras estaba fallando me sentí abrumado con la idea de '¿Le compré a Michelle algo para ella?' La urgencia extrema que demandaba esta pregunta me hizo atascarme en mi propia mente hasta que supe la respuesta.

\*\*\*

Fotos del Capítulo 7
Bellamimalifestyles.com/bookphotos

# UNA HISTORIA EXTRA POR ANDREW

### ¿LAVAR LOS PLATOS? ¡JAMÁS!

Algo que encontré extraño sobre Michelle es que ella pre lava todos los platos antes de ponerlos en el lavaplatos. Estaban casi tan limpios como para volver al estante. La mitad de las razones por las cuáles disfruto del lavaplatos es que no los tengo que lavar yo.

"Lo peor que puede suceder es que uno de los platos no quede limpio luego de terminar el ciclo y ya sabemos los límites del lavaplatos. Entonces esos platos nada más necesitan otro ciclo," le digo a Michelle.

"¿Pero qué hay de los pedacitos de comida que quedan en el plato? ¿No podrían terminar atascando el motor?" me refuta Michelle.

Apenas acaba de decir su frase, voy a revisar el filtro bajo los brazos rociadores y lo remuevo para enseñarle. Lo señalo y digo, "Este es el filtro. Atrapa cosas tan grandes como macarrones y tan finas como la pimienta. Pero si algo se le pasa, esta cosa (señalo algo que parece una cuchilla giratoria en el compartimiento del filtro) corta cualquier pedazo grande de comida."

Michelle dejó de pre lavar los platos y sabe cuánta suciedad puede manejar su lavaplatos. Yo limpio el filtro cada mes. La vida es buena.

\* \* \*

## La Perspectiva De Michelle

Hora de la confesión. El hombre que instaló mi lavaplatos hace un par de años me dijo que no se suponía que tuviera que pre lavar los platos. Aparentemente este modelo está hecho para funcionar con platos que no se han pre enjuagado. Aun así, siento la necesidad de pre enjuagar mis platos. Poner un plato lleno de salsa en el lavaplatos se siente mal. Andrew se ha vuelto tan firme al respecto que me rendí y dejé de hacerlo.

Debo decir que tiene razón sobre esto. Es menos trabajo y los platos salen limpios de igual manera. No estoy segura de que se me habría ocurrido limpiar el filtro cada mes si estuviera sola. Agradezco que Andrew esté obsesionado con revisar filtros.

# 8
# ALGUNAS CURVAS DE APRENDIZAJE

## Tomándose El Juego Muy En Serio

La primera vez que Andrew y yo nos quedamos un fin de semana entero juntos, fue en casa de mi prima Diane en Edmonton. Andrew ha estado ocupado con la universidad y encontrarnos en Edmonton significa que nos podíamos ver sin tener que conducir más que un par de horas. Diane vive con su esposo y ellos están emocionados por tenernos de invitados el fin de semana. Nosotros cuatro compramos boletos para "Adventure Hunt" una búsqueda de tesoros que tendrá lugar en toda la ciudad. Nos levantamos temprano la mañana del sábado y comimos un gran desayuno. Luego de eso, nos fuimos a la búsqueda del tesoro. Nosotros cuatro pasaremos el día persiguiendo pistas y filmándonos, completando tareas ridículas para obtener puntos. Primero tenemos que hacer una resbaladilla y filmarnos deslizándonos en el mismo, después cada uno tiene que darse algún tipo de baño con hielo. Decidimos completar esto rápido vertiendo cubetas de hielo sobre nuestras cabezas. También tenemos que llevar a dos personas en una bicicleta por una cuadra completa. Diane y yo lo logramos aunque su bicicleta tiene las llantas desinfladas. Todo esto, antes de las 11:00 de la mañana.

Al pasar de las horas, el día se ponía cada vez más loco. Jugamos a chupar y soplar con un montón de extraños en un parque para obtener nuestra próxima pista y luego corrimos hacia el camión. Estoy impresionada con la habilidad de Andrew para hacer el ridículo y participar en todas estas actividades. Él se ofrece a saltar al río mientras grita "¡Soy un salmón tonto!" para que nosotros podamos saltarnos una actividad más larga. Todos nos reímos al ver qué tan comprometido está interpretando ese salmón mientras lo hace.

Cuando el día se va acabando, todos estamos exhaustos. Hemos estado corriendo por allí buscando pistas y completando tareas todo el día. Terminamos siendo el doceavo equipo en terminar, y estamos contentos con ello, considerando que hay más de cien equipos que se registraron para la actividad.

Cuando llegamos de vuelta a casa de Diane, disfrutamos de una cena bonita mientras jugamos juegos de mesa. Diane y yo compartimos una botella de vino y su esposo se toma una cerveza.

Estamos jugando Catan, uno de nuestros juegos favoritos. El objetivo del juego es llegar a diez puntos de victoria. Los jugadores ganan un punto por cada asentamiento que obtengan, y dos por cada ciudad.

"¿Quieres un trago, Andrew?" Pregunta Diane luego de su turno.

"Claro," responde Andrew. "¿podría ser ron con cola?"

"Ya te lo traigo." Dice Diane mientras se dirige a la cocina.

Diane regresa con el trago de Andrew justo a tiempo para su próximo turno.

"Vaya, este trago está fuerte." Dice Andrew luego de darle un sorbo.

"Oh, debí haberte advertido," Explico yo. "Andrew no es muy tomador. Un chorrito de ron habría sido suficiente."

"¿Quieres que le ponga más gaseosa?" Le pregunta Diane a Andrew.

"No, está bien," Le responde. "Solo, me lo tomaré lentamente."

A medida que el juego se acerca el final, la presión sube. Varios de nosotros tenemos ocho puntos, entonces la próxima persona que compre una ciudad, ganará.

"¿Me darían una pluma y un papel?" Pregunta Andrew. "Quiero llevar cuentas de quién necesita qué."

"Claro," dice Diane mientras le da una libreta, sin darse cuenta de que pronto se arrepentiría de ofrecerle una.

Andrew empieza a anotar cosas mientras cada uno de nosotros juega su turno. En la próxima ronda, Andrew se deja llevar y empieza a intentar llevar cuenta de cada cosa. Está escribiendo qué cartas necesita cada quién, y qué recursos necesita cada quién para ganar. Esto empieza a ralentizar el juego al punto de que Diane ya no aguanta más.

"¡Deja de escribir todo y solo juega!" le grita ella a Andrew mientras él está perdido en su libreta. "¿Qué es lo que estás haciendo de cualquier manera? ¡Deja de retrasar el juego!"

Andrew se levanta y lanza la pluma con ambos brazos en el aire. "Ya no quiero jugar más," él dice. "No entiendo qué es lo que está pasando."

"Andrew, sólo juega," reitera Diane. "Deja de retrasar el juego. Estás arruinando la diversión."

Debería explicar que mi prima es bastante explosiva.

Nunca vas a tener que quedarte pensando en lo que ella está pensando, porque ella te lo va a decir en la cara. Yo estoy acostumbrada a esto con mi gran familia francesa, pero al pobre Andrew esto lo tomó por sorpresa. La cara que hizo mientras ella le gritaba es algo sobre lo que todavía bromeamos años después cada vez que nos reunimos.

"Andrew, estamos tratando de divertirnos, y tú te sigues perdiendo en tu libreta," le digo yo. "Solo juega tu turno y espera lo mejor. Deja de preocuparte tanto por estrategia, porque de verdad está retrasando el juego."

Andrew está dudando sentarse junto a Diane, pero lo hace lentamente. Las cosas siguen incómodas, hasta que yo logro ganar el juego en la próxima ronda y todos nos vamos a dormir.

Este incidente me enseñó qué tan en serio se toma Andrew sus estrategias cuando está jugando. Fue como si se hubiera desconectado completamente de todos en la mesa y entrado a su propio mundo en su libreta.

\* \* \*

## LA PERSPECTIVA DE ANDREW

Aunque soy competitivo, no me tomo los juegos tan en serio como para ponerme visiblemente molesto. Mientras estábamos jugando, yo me estaba jactando aquí y allá de que la lista que había hecho, me hacía más eficiente. No esperaba que la gente me tomara en serio, porque eran solo tonterías sarcásticas que estaba diciendo.

Primero que todo, no estaba retrasando tanto el juego. Se sintió como si Diane se diera cuenta de que me estaba dando una ventaja con mis apuntes y eso la motivó a gritarme. Esto me tomó por sorpresa, porque no estaba haciendo nada malo. En mi mente medio ebria, pensé, '¿Por qué no te consigues tú también una libreta y una pluma? ¿No? Entonces prepárate para perder.' Porque yo sentí que no estaba haciendo trampa o retrasando el juego. Entonces me molesté cuando Diane se desbocó conmigo.

La mayor razón por la que estaba apuntando cosas, fue porque yo me estaba embriagando y sentía que mis puntos de C.I. se estaban bajando. Entonces hice lo que cualquier persona competitiva habría hecho: Improvisé. En vez de tener que ver al tablero cada vez que alguien lanzaba el dado para ver cuántos recursos recolectaba yo, lo escribía. Tenía una lista del 1 al 12 con qué recolectar junto a eso. ¡Era genial! No tenía que pensar ni mirar alrededor todas las veces.

\* \* \*

## Magic The Gathering - La Magnitud De La Madriguera Del Conejo

Magic the Gathering es un juego de cartas en el que los hechiceros lanzan hechizos, invocan criaturas y explotan objetos mágicos para derrotar a sus oponentes. Tiene muchas más cartas y más reglas complejas que otros juegos de cartas. Por esto, no es un juego que me interese aprender. Andrew por su parte, lo ama. Él decide que quiere registrarse para competir en un Grand Prix que habrá en Calgary. Me pregunta si me molestaría si él compite. Me sorprende que me pida permiso.

"Por supuesto, ¿por qué me molestaría?" Le digo, sin tener idea que Andrew pronto se convertiría en una obsesión andante de Magic the Gathering y nuestras vidas darían un enorme giro.

Por seis semanas, Andrew solo habló acerca de Magic the Gathering. Él está solo practicando, construyendo su mazo, investigando o hablando a otros en línea acerca del juego. Él es incapaz de enfocarse en cualquier otra cosa. Lo que está dispuesto a hacer para armar su mazo perfecto, es tan impresionante, como es irritante.

Mi apartamento está totalmente ocupado por su gran mesa plegable, su impresora y su guillotina para papel. Ha estado imprimiendo por días imágenes de cartas y pegándolas en cartas falsas para poder practicar con múltiples variantes de su mazo. Él quiere asegurarse de terminar con las cartas perfectas. Toda mi sala está cubierta de cartas de Magic the Gathering, y no es una sala pequeña.

La agenda de Andrew no le da espacio. Trabaja toda la semana haciendo su mazo y luego; el fin de semana, está buscando gente para practicar con ellos. Se siente como de nunca acabar.

Este incidente me enseña que debo preguntar más cuando Andrew me pide permiso para algo. Me es difícil que él ponga atención a algo más. Este es mi primer vistazo a cuán serias pueden ser las obsesiones de Andrew. El híper enfoque es real.

\* \* \*

## LA PERSPECTIVA DE ANDREW

Sí, preguntas detalladas. Michelle le pregunta a Andrew, "¿Esto se va a convertir en una obsesión por las próximas seis semanas?" Andrew responde, "Sí." Yo no voy a mentir.

Un Grand Prix es un torneo de Magic the Gathering que se organiza unas sesenta veces al año alrededor del mundo. Los ocho mejores jugadores son invitados a un torneo "Mítico" y también acumulan puntos profesionales. Alrededor de 700 personas estaban jugando Magic the Gathering el día que competí. Fue asombroso verlo.

Además, mi mazo no fue copiado de internet. Yo lo construí 100% desde cero. Gasté $400 para que me enviaran todas las cartas al apartamento. Habría sido bonito ganar una o dos de las ocho partidas que tenía que jugar. Gané cuatro de ocho partidas. Fue la mejor experiencia de Magic the Gathering de la historia. (Desde una perspectiva competitiva, claro está.)

\* \* \*

## Hablando Sobre Marte

Es un fin de semana largo por el Día de Canadá, e hicimos senderismo por una gran montaña para dormir en una cabaña junto a un glaciar por dos noches. En la cabaña duermen treinta personas, y solo conocemos a cuatro de ellas (todas ellas son muchachas). El clima está bastante frío junto a ese glaciar, así que pasamos la mayoría del sábado dentro, jugando juegos de mesa.

Esta es la primera vez que traigo a Andrew a un evento social grande y él está claramente incómodo. No habla mucho y pasa desapareciendo al piso de arriba donde se recuesta solo en nuestra litera.

A través de la tarde, siento la necesidad de ir a preguntarle cómo está varias veces y llevarle comida. Me dice que está leyendo, pero la mirada aturdida que tiene me dice todo lo contrario. Sus ojos se ven como si estuvieran a punto de saltar de sus cuencas y solo es capaz de darme respuestas de una palabra.

"Andrew, ¿tienes hambre?" Le pregunto.

"Sí."

"Andrew, ¿estás bien?"

"Sí."

"Andrew, vamos a ir a caminar al glaciar."

"Está bien."

Nunca antes lo he visto así, y no sé qué hacer al respecto. No parece que quiera moverse, así que decido que lo mejor que puedo hacer es darle espacio por unas horas. Sigo con mi tarde mientras me siento extraña por lo que sea que esté sucediendo.

Luego de la cena, estamos todos jugando Yahtzee. Andrew se afloja un poco, porque él disfruta mucho los juegos con dados. Hacemos té caliente y todos tomamos turnos contando historias sobre viajes y nuestros planes para el verano por venir. Andrew parece ponerse incómodo de nuevo cuando los juegos terminan, pero esta vez no está para nada callado. Empieza a hablar sobre Marte y lo hace alzando su voz de una manera inusual y es como si no pudiera detenerse. Las chicas lo complacen con el tema por los primeros cinco minutos, pero pronto se vuelve obvio que a nadie le interesa escuchar esta conversación (incluyéndome).

Mi plan es esperar una oportunidad y casualmente cambiar de tema, pero Andrew nunca me la da. Sigue y sigue hablando sobre la presión atmosférica y cómo sería la vida en Marte por lo que se siente como una eternidad. Es difícil para mí poner atención a lo que está diciendo, porque la falta de interés de todo el mundo es tan obvia para mí. Además, no aguanto lo fuerte y rápido que está hablando. Sigue hablando por tanto rato, que no tengo opción otra que interrumpirlo. "Está bien Andrew, suficiente acerca de Marte." Las chicas en la mesa empiezan a reírse y siento la necesidad de disculparme. "Perdón Andrew, es que estoy tan cansada de escuchar sobre Marte. ¿Podemos hablar de alguna otra cosa?"

Andrew se ve atónito. "¿A ustedes no les parece interesante Marte?" pregunta.

Toda la mesa disiente rápidamente con la cabeza. Mucha gente en la cabaña empezó a reírse escuchando nuestra situación. Un hombre a dos mesas le gritó rápidamente, "¡Oye viejo, yo quiero saber más sobre Marte! Ven y te sientas acá, amigo. Me encanta hablar sobre el espacio."

Andrew se voltea a verme incómodamente como si necesitara de mi permiso para dejar la mesa. Yo le digo con una risita, "Ve a hablar sobre Marte con tu nuevo amigo, Andrew." Él se había ido de la mesa antes de que yo terminara la frase.

Este viaje me enseñó que es más divertido cuando Andrew y yo hacemos senderismo nosotros solos o nada más con un par de amigos. No hay necesidad de agendar viajes con tanta gente cuando le causan tanta ansiedad.

* * *

## LA PERSPECTIVA DE ANDREW

Cuando recuerdo esta historia en mi mente, no es tan parecida a como Michelle la retrata. Probablemente ella esté en lo correcto con su sinopsis, porque me he dado cuenta que me puedo emocionar mucho con algunos temas que encuentro fuera de este mundo. Ja.

Cuando estaba hablando de Marte, me pareció que todo lo que tenía que hacer era explicar algunas ideas geniales sobre Marte, y luego ellas entenderían y se iban a enganchar por lo interesante que es. He estado aprendiendo más y más que muchos de los temas que me interesan no son para todo el mundo. Especialmente para muchas mujeres que están hospedadas en una cabaña remota en las montañas rocallosas.

Mientras estaba en esa cabaña, rodeado de personas extrañas, sé que me sentía abrumado y no sabía cómo sobrellevarlo. Hablar sobre Marte fue una manera para mí de sentirme cómodo y social en un ambiente poco familiar. En esa época, yo no era tan autoconsciente como lo soy ahora.

* * *

## Velocidad Metódica

"Andrew, ¿crees que puedas atar tus botas en el carro?"

Estoy ansiosa porque estamos atrasados veinte minutos. Mi mente está haciendo horas extra tratando de que ambos salgamos por la puerta.

Andrew me vuelve a ver como si yo hubiera pateado un cachorrito. Luego, se ralentiza un poco. No porque quiera, sino porque lo dejé confundido con el hecho de preguntarle eso.

Andrew se queda en silencio mientras deja de ponerse las botas. Parece que le revolví los circuitos y ya no puede pensar bien.

"¿Atar mis botas en el carro? ¿Por qué haría eso? Eso no existe," contestó minutos después.

Ahora estoy frustrada conmigo misma, ya que estamos aún más atrasados porque lo intenté apurar.

Después de este incidente, nunca volví a intentar apurar a Andrew. Pedirle que salga de casa sin hacer su rutina lo saca totalmente de su área por el resto del día. Mejor me quedo pacientemente esperando en la puerta veinte minutos sin decir media palabra. Así, me llevo la mejor versión de Andrew cuando nos vamos, aunque vayamos tarde.

Esto tal vez les suena loco a algunos de ustedes. Tal vez están pensando que él debería tratar de dar más de sí mismo. Pero cuando te das cuenta de que no es tan fácil y haces las paces con ello, la vida se vuelve mejor. Esto puede ser verdad para muchos de los rasgos personales más arraigados en nuestras parejas.

Andrew solo tiene una velocidad. No importa qué hora sea o qué tan tarde estemos para algún compromiso; él va a "velocidad Andrew." Yo lo envidio, de verdad. Me pone celosa que no le afecte el hecho de que estemos atrasados. Sin importar cuánto tiempo nos quede, él hará su rutina. Necesita bañarse, estar con ropa limpia, comer y luego caminar alrededor para recoger todas sus cosas (le confunde si yo tomo sus cosas por él y las llevo a la puerta). Por último, se sienta a atarse las botas para tener una tensión precisamente igual en ambos pies.

Lo mismo aplica para la rutina nocturna de Andrew. Se baña, se pone su loción, se lava los dientes, se enjuaga con enjuague bucal y se rasura su vello facial si está muy largo. Limpia su máquina de CPAP y pone agua fresca dentro de ella todas las noches. Todos hábitos fantásticos. Hay noches en las cuáles estoy tan cansada que no puedo completar mi rutina nocturna, pero Andrew nunca falta con ningún paso. Su piel necesita sentirse fresca para la noche. No sé si, siquiera sea posible que él se duerma si no hace su rutina.

*  *  *

## LA PERSPECTIVA DE ANDREW

Por el bien del contexto, atarte los zapatos o las botas en el asiento de pasajero de un carro es una experiencia terrible. Mientras que alguien más está conduciendo, los ajustes a las agujetas se están arruinando por el zarandeo del vehículo hacía la izquierda, derecha, adelante y atrás. Además, estás conduciendo con tu cabeza casi tocando la bolsa de aire. ¡Eso es una mala idea! Al final, tus zapatos están o más ajustados de la cuenta o menos ajustados de la cuenta, y ya no te puedes relajar en el vehículo como siempre lo haces. Todo esto fue lo que pasó por miente cuando Michelle me preguntó, "¿Te puedes atar los zapatos en el carro?" por eso dije que eso no "existe". Bueno, dejaré de quejarme.

He encontrado que a menudo en la vida, hay momentos cuando todos tenemos esta respuesta inconsciente y automática a un cambio en nuestros alrededores.

Por ejemplo, cuando la luz del semáforo se pone en amarillo, muchos aceleran. Si tu supervisor te dice que vayas más rápido, te apuras. A veces, estoy de acuerdo con cambiar la velocidad (por ejemplo si tu vida está en peligro). Pero he encontrado que la mayoría de veces, luego de que evalúas la situación, te das cuenta de que no hay razón para cambiar la velocidad o la disposición, excepto por este sentimiento vago y ambiguo de que *deberías.* Así que no temas por algo, por lo que no deberías temer.

Cuando hay un límite de tiempo rígido, y sé que la gente estará esperándome, hago lo mejor que puedo para estar ya sea a tiempo, o un poquito antes. Los torneos de Magic the Gathering empiezan a las 11:00 a.m. los domingos. Puedo ver a mis compañeros de equipo en mi mente esperándome hasta ese momento. La otra cara de la moneda en este sentido es que muchos periodos de tiempo son flojos y tu presencia no es un requisito para que el evento empiece. Si no llegar a tiempo no te va a afectar de ninguna manera, entonces tómate cinco, diez, hasta veinte minutos. No te apures cuando no tengas qué.

✷ ✷ ✷

## Nuestro Primer Intercambio De Regalos - El Termo

Mientras nuestro aniversario de seis meses se acercaba, le expreso a Andrew que quiero celebrar. Ha sido casi una década desde que había durado seis meses en una relación, así que me importa mucho. Planeamos un sábado lleno de nuestras actividades favoritas y decidimos intercambiar regalos por primera vez.

Andrew me recoge para nuestra cita de aniversario, y mientras me subo al carro dice, "Tengo que ir corriendo a casa porque olvidé algo." No importa tanto, porque él vive a cinco minutos. Es común para Andrew olvidar cosas, así que no me preocupo preguntando qué es. Llegamos a su casa y él corre dentro y fuera de la misma rápidamente antes de subirse de nuevo al carro.

"Feliz aniversario," me dice Andrew sin voltearme a ver, mientras pone un termo en mi regazo. Se siente como si fuera una papa caliente de la que no podía esperar para deshacerse.

Me quedo anonadada mientras él sigue viendo hacia el frente y empieza a conducir.

Estoy esperando que él empiece a reírse, que diga que está bromeando, o que frene y me dé un beso. No, él no está bromeando. Así exactamente es cómo él me va a dar mi regalo de aniversario.

Sin beso, sin sentimiento, sin tarjeta, solo un termo a modo de papa caliente que me lanzó al regazo sin siquiera voltearme a ver. Ahora estoy sentada con un termo para café en mi regazo, confundida y conmocionada.

Vamos a jugar realidad virtual y ver una película. El termo pesa en mi mente todo el día, y eso deja una nube oscura sobre lo que de otra manera fue una tarde fantástica. Me pregunto si me llegará a gustar o si lo podré usar. Luego de una tarde de actividades, nos fuimos a mi apartamento. Le doy mi regalo a Andrew: un par de camisetas, una gorra, y una tarjeta diciéndole que estoy pensando en nuestras muchas aventuras futuras juntos. Pongo la bolsa en su mano, le doy un beso grande y le digo, "Feliz aniversario."

Andrew me agradece por el regalo y luego lo abrió. Compartimos un momento bonito mientras se prueba sus regalos y lee su tarjeta. La manera en que me entregó el termo me sigue molestando, y estoy esperando que eso cambie. Así que voy a la cocina, tomo el termo, y le pregunto, "Andrew, ¿me puedes hablar sobre este termo?"

Me alegra tanto haberle preguntado, porque su explicación es una de las cosas más dulces que me ha dicho. No me voltea a ver mientras lo dice, pero esto no le quita nada al sentimiento.

"Bueno, estaba tratando de encontrar un termo para ti," explica él. "Pero no podía decidir cuál. Entonces recordé que te gusta David's Tea. Así que decidí ir al David's Tea del centro comercial. Le hablé al tipo que estaba trabajando y le pedí que me enseñara sus mejores termos. Pregunté si tenía uno en turquesa, porque sé que te gusta el turquesa. Me enseñó varios termos. Quería conseguirte uno que no tuviera fugas, así que le pedí que lo llenara con agua y lo voltee boca abajo y me aseguré de que no tuviera fugas. Este era el mejor; no tenía ningún tipo de fuga. La mayoría de los otros tenían. Podrías echar este en tu cartera y no preocuparte por derrames de líquido. También pensé que te gustaría que fuera más empinado arriba, porque deberías sentir más el sabor al tomar. Así que, pues, de verdad busqué bastante y creo que ese es el mejor termo para ti."

Mientras él decía todo eso, me dieron escalofríos por todo mi cuerpo. Su entrega a modo papa caliente ya no importa. Le puso tanta mente y empeño a conseguirme un regalo bonito. Es adorable. Con una gran sonrisa en mi cara, yo abrazo mi termo y lo pongo en la alacena. Cada vez que bebo de él, me siento feliz recordando que tengo un novio tan considerado.

Este incidente me enseñó, que nunca debería asumir que algo se hizo bruscamente o desinteresadamente. En vez de asumir cosas, he aprendido que debo preguntarle a Andrew cuáles fueron sus intenciones, porque a menudo me encuentro sorprendida positivamente. Es impresionante que tan lejos una pequeña pregunta puede llevarte.

* * *

## LA PERSPECTIVA DE ANDREW

Me alegra mucho que Michelle me preguntara acerca del termo. Creo que no le habría dicho de otra manera. Se sintió como si ella estuviera conmigo cuando lo compré. Asumí que ella sabría que era el mejor termo que podía haber encontrado. No fue solo "comprar un termo." Esto tenía que ser *el* termo para té. El que ella quería, no el que nada más "funcionaba."

Los momentos sentimentales pueden ser abrumadores para mí. Como Michelle se sintió cuando le lancé el termo en su regazo no estaba pasando por mi mente. No estaba al tanto de qué tan incómodamente o desagradablemente estaba actuando. En mi mente, para evadir sentirme abrumado, traté de hacerlo lo más rápido posible. Desde este incidente con el termo y muchas otras historias en el pasado, he aprendido que actúo de esta manera de manera inconsciente como un mecanismo de defensa en contra de sentirme abrumado. A través de trabajar en mí mismo y autocuidado, me he dado cuenta que habían muchas cosas que hacía sin darme cuenta para evadir sentimientos abrumadores. Saber cómo evadir ciertos sentimientos actuando de cierta manera en situaciones incómodas me ha ayudado a tomar conciencia de estos detonantes. Ahora puedo sanarlos.

* * *

## De Compras

Andrew solo tiene unos pantalones cortos que siempre usa, y son terribles. Son unos pantalones cortos de carga, que son tres tallas más grandes de lo que deberían ser, y tienen un patrón de flor oscuro que los hace verse como un sillón viejo. Tiene que tallarse mucho el cinturón para que no se le caigan. Esto deja tanta tela colgando que el cinturón está básicamente sentado en su estómago mientras que la cintura le cuelga unas pulgadas abajo.

Me he burlado de esos pantalones por meses, pero Andrew dice que son sus favoritos. El argumenta que son cómodos porque le quedan así de grandes. Ese mismo argumento lo usa cuando hablamos de sus camisetas que claramente son bastante viejas. Siempre que hablo sobre el hecho de que necesita ropa nueva su respuesta es, "Pero esto es tan cómodo."

Luego de meses de estar presentándole mi caso, Andrew finalmente da el brazo a torcer y acepta ir de compras conmigo. Yo quedo extasiada. Entramos a una tienda en el centro comercial que tiene unas ofertas de verano, con una gran selección de marcas. Agarramos un par de pantalones cortos y de camisetas de la sección de ofertas y nos dirigimos a los cambiadores. Andrew sale con su primer par de pantalones y se le ven genial.

"Se ven geniales," dice Andrew mientras estira sus piernas en los pantalones. "Pero me gustaría caminar por la tienda por un ratito para ver cómo se sienten. No puedo decir si me gustan o no."

Luego de probarse unos pares más y caminar con ellos, Andrew concluye que no está seguro. Nos regresamos y agarramos unos pares más caros para que él se los pruebe.

"Sí, creo que me gustan estos un poquito más," dice. "Pero necesito ponerme el otro par de nuevo para estar seguro."

Me está dando ansiedad mientras pasa todo esto. No estoy preparada para este proceso tan largo. Estoy pensando, '*Son pantalones cortos de treinta dólares, Andrew. Nada más agarra unos pares para que nos podamos ir de aquí.*'

Este mismo patrón continúa con las camisetas. Se prueba tallas múltiples y estilos para estar seguro de que escoge las correctas. Hay muchas que se le ven bien, pero dice, "No me gusta cómo se sienten en los hombros." Luego de probarse más de una docena de camisetas, escoge solo dos.

Antes de esta salida de compras, había notado que Andrew es exigente con su ropa, pero no sabía a qué nivel. Para cuando íbamos terminando (o eso pensé), Andrew empieza a hacer preguntas sobre las telas y cómo lavarlas.

Mi ansiedad sigue escalando, porque los dependientes claramente no entienden cómo responder las preguntas que Andrew les hace, pero él sigue haciéndolas. Puedo sentir su frustración. Estoy tan avergonzada, que me voy a fingir que veo ropa.

Cuando pensé que ya habíamos decidido qué comprar, Andrew vuelve a ver la pila de ropa y dice, "Bien, solo quiero irme a probar todas estas de nuevo."

Mi ansiedad llega al límite y nada más pierdo el control.

"Andrew, de verdad estamos molestando a estos vendedores, y me estás dando ansiedad."

Andrew contesta, con una mirada de confusión, "Pero, ¿qué no es ese su trabajo?"

"¿No podemos llevarnos estas y ya?" Le suplico. "Hemos pasado más de una hora en esta tienda."

Andrew me dice con mucha calma, "Si te estoy dando ansiedad, ve y me esperas en la banca afuera. Me las voy a probar de nuevo."

Yo tomo su sugerencia e inmediatamente salgo de la tienda. Andrew toma otros veinte minutos; esto me da algo de tiempo para calmarme.

A menudo bromeamos acerca de cómo casi tuve mi primer ataque de pánico cuando fuimos de compras juntos. Yo molesto a Andrew diciéndole que fue su culpa por que no me advirtió a qué iba.

Mientras escribo esto, me doy cuenta que he recorrido un largo camino con mis problemas para complacer a la gente desde que conocí a Andrew, porque he trabajado mucho en mi trauma de infancia. Él estaba en lo correcto, ese es su trabajo y no era como si él estuviera siendo grosero con ellos. Él solo estaba siendo exigente. Tan exigente, que se probó los mismos pantalones tres veces para asegurarse de que le gustaban. Me volvía loca.

Desde eso he aprendido que como algo se siente en el cuerpo de Andrew es extremadamente importante. Necesita ser cómodo y eficiente. A él le importa poco como se ve, o con qué combina, lo cuál es mi primer pensamiento cuando compro ropa. Si el siente cualquier tirón en su piel por la tela, o si no es suficientemente suave, le arruinará su día y terminará en la basura. Los problemas sensoriales afectan a mucha gente. Estar alerta de eso puede transformar nuestro entendimiento de los que nos rodean.

* * *

## LA PERSPECTIVA DE ANDREW

Así como con el termo anti derrame que le compré a Michelle por nuestro aniversario de seis meses, cuando compras algo, asegúrate de que eso sea lo mejor.

Cuando sé lo que me gusta, entonces tengo un punto de referencia. Pero cuando no tengo un punto de referencia, no sé qué me gusta. Te puedes probar ropa y pensar *'Esto se siente bien, pero hay algo que no se siente del todo bien.'* La única manera de descubrir qué es lo que no se siente del todo bien, es probándote otra ropa y evaluando más.

Preocuparse por molestar al personal no te ayudará a aprender que te va a quedar mejor. Se sentiría como conformarse con cualquier cosa si solo quisiera salir corriendo de la tienda.

* * *

## Aprendiendo Qué Es El Amor

Hay un periodo de diez días en medio del verano cuando los síntomas de mi contusión estallan y se vuelven bastante serios. Ha pasado más de un año desde que empecé mi viaje de sanación, pero parece que de la nada regresé a los primeros días de la lesión cuando tenía todos los síntomas.

Las lesiones cerebrales son impredecibles. Tengo una semana donde me siento como mí misma, seguida por una semana donde apenas y puedo levantarme de la cama. Mi cabeza se siente como si estuvieran aplastándola y no logro pensar bien. Es horrible, y nunca sé cuándo me voy a sentir así. Nada excepto el tiempo ayuda a calmarlo.

Cuando me siento así, le pido a Andrew que me frote la frente para ayudar a relajarme y siempre lo hace con una sonrisa en su cara. Esto usualmente pasa cada par de días, pero esta semana ha sido constante. Todo lo que puedo hacer es estar acostada y pedirle a Andrew que me frote la frente.

Estando acostada en la cama, no me logro quedar dormida. Andrew está a mi lado leyendo su libro. Estoy luchando para no pedirle que me frote la frente, porque ya lo hizo la mayor parte de la tarde. Mi cabeza está palpitando. Pero trato de hacer todo lo posible para quedarme dormida por mi propia cuenta y darle un descanso. Estoy pensando, *'Si le pregunto, estoy segura de que va a suspirar o quejarse por tener que hacer una pausa en lo que está haciendo una vez más para ayudarme.'*

Obviamente él está disfrutando de su libro, pero mi cabeza está palpitando tan fuerte que le doy un empujoncito y le pregunto, "¿Me puedes frotar la frente a ver si me quedo dormida?"

Andrew sonríe y me dice, "Claro," entonces deja su libro de lado y se recuesta en su almohada frente a mí. Cuando empieza a frotarme la frente, me dice en el tono de voz más gentil, "Solo dime cuando me puedo detener."

Hay algo mágico en este momento. Él no está frustrado o cansado de ayudarme. El me demuestra solo gentileza, y yo apenas lo creo. Él actúa como si fuera la primera vez que se lo pido. Este tipo de paciencia es algo que no he experimentado nunca. Entonces me pienso, *'Oh, entonces* así *es como se siente el amor.'*

Pedirle ayuda a la gente siempre se me ha hecho difícil. En parte por mis traumas de infancia, pero también porque odio sentir sus frustraciones mientras me ayudan. Prefiero hacerlo yo misma a sentir que soy la carga de nadie. Aunque esté en mi peor momento, Andrew nunca me hace sentir como una carga.

Pasa casi una hora antes de que empiece a sentir que me estoy quedando dormida. Esta semana entera, no he sentido nada más que una ansiedad intensa y pánico. Pero mientras Andrew me frota la frente, siento que todos mis miedos se alejan. Por primera vez en mi vida, puedo señalar el momento exacto en el cuál empecé a enamorarme. Le susurro, "Está bien, ya puedes parar. Gracias." Andrew sonríe y me dice, "Con mucho gusto," y luego me besa la frente, se endereza y continúa leyendo su libro.

* * *

## LA PERSPECTIVA DE ANDREW

Quiero darle a Michelle lo que ella me da: bondad amorosa.

Michelle me hace sentir genial, y esto lo sé profundamente dentro de mí. Quejándome cuando me necesita, o suspirar, por una razón como *'La verdad no quiero hacerlo'* se sentiría como un conflicto interno de proporciones épicas. Nada más no computa.

* * *

Fotos del Capítulo 8
Bellamimalifestyles.com/bookphotos

# UNA HISTORIA EXTRA POR ANDREW

## VELOCIDAD CONSISTENTE AL CORRER

"Michelle, ¿por qué acabas de acelerar?" Le pregunto mientras pasamos a una pareja que estaba caminando frente a nosotros.

"Quería rodear a esas personas," me responde.

Cuando corro, trato de mantener una velocidad consistente. Cada tercer paso que doy, exhalo, y cada otro tercer paso inhalo. Esto me ayuda a mantener mi paso y mi respiración consistentes. Así que no hay ninguna sorpresa cuando voy a correr con Michelle y noto que acelera y desacelera sin ninguna razón obvia.

'¿Eh?' Me pregunto a mí mismo. '¿Rodear rápido a la pareja? ¿Por qué?' Esto no tiene sentido para mí. Mientras corremos, empezamos una pequeña conversación, y me doy cuenta de que Michelle empieza a bajar la velocidad. "¡Sí, el Arcade de RV suena súper divertido para el fin de semana!" Digo mientras me doy cuenta que me estoy alejando de Michelle. Ella se da cuenta de que estoy a un poco más de dos metros delante de ella, entonces empieza a correr más rápido.

Paso, paso, paso, inhalo.

Paso, paso, paso, exhalo.

Continúo contando mis pasos y mi respiración mentalmente. A un paso bastante consistente.

"Jeje. Michelle, estás desacelerando," le digo riéndome. Podría haber acelerado mi paso para que coincidiera con el de ella. Pero eso requeriría que me volviera errático e inconsistente.

Paso, paso, paso, inhalo.

Paso, paso, paso, exhalo.

De verdad estoy disfrutando de mi paso y velocidad; es casi relajante.

Acelerar y desacelerar definitivamente no es relajante.

"Estoy tratando de mantener el paso, pero es muy difícil," suspira Michelle mientras jadea.

"No te preocupes. Lo estás haciendo genial, Michelle," Le respondo tratando de mostrar compasión.

Me pregunto si Michelle se da cuenta cuánto acelera y desacelera. O tal vez yo no me doy cuenta de que estoy siendo muy consistente.

*  *  *

## La Perspectiva De Michelle

Recuerdo esta vez que salimos a trotar. Estaba dando lo mejor de mí para volver a estar en forma, y correr parecía ser la manera más rápida de lograrlo. Trotar nunca ha sido mi fuerte, pero me hice la meta de lograr 5 kilómetros sin detenerme. "Eso es fácil. Solo mantén un paso de 7 kilómetros por hora todo el rato. No te presiones más de la cuenta para que no te canses," dijo Andrew. "Con un paso consistente pero lento y podrás correr 5 kilómetros sin problema."

"¿Podemos intentar juntos este fin de semana?" le pregunté, sorprendida de que él supiera a la perfección el paso que necesitaba.

"Claro," respondió Andrew. "Yo te enseño cómo, es fácil." Bueno, no fue fácil. No me gusta ir detrás de la gente en un sendero si estamos tratando de ir a la misma velocidad. Siempre siento la necesidad de acelerar y rodearlos. También es difícil correr lento cuando me emociono, un hecho sobre mí que no entendí hasta hoy.

Nunca me di cuenta de qué tan difícil me es tener una velocidad consistente hasta que Andrew me acompañó. Asumo que esto es porque la gente tiende a imitarme sin pensarlo mucho. Andrew hace las cosas a su manera, aunque todo el mundo esté haciéndolo diferente. Cuando estamos caminando o trotando juntos, el consistentemente va a su propia velocidad. Si la luz del paso peatonal empieza a parpadear en amarillo, yo naturalmente tiendo a acelerar. Andrew solo se queda detrás mío a menos de que me detenga y lo espere. Es frustrante para Andrew cambiar de velocidad; a él le gusta ser consistente. No estoy segura de que yo llegue a lograr ser consistente.

# 9
# COINCIDENCIA

## Música Abstracta

"¿Qué es ese ruido?" pregunto cuando me subo a la camioneta de Andrew. Suena como una colección de sonidos agresivos que no tienen ningún tipo de melodía. La aleatoriedad de ello confunde mi cerebro, y se siente más ruidoso de la cuenta.

"Esa es mi música de ambiente," responde Andrew. "Me ayuda a concentrarme."

"Entonces, ¿escuchas esto para relajarte?" Pregunto en un tono confundido. "Porque me está agitando bastante."

"Sí, encuentro que me calma," explica él. "Esto es lo que escucho usualmente cuando estoy leyendo."

"Bueno, ¿podríamos apagarla?" Pregunto. "Porque no la soporto."

"Claro, no hay problema," dice mientras la quita. Siento un alivio instantáneo.

Esto me llamó la atención, porque sabía que si ese tipo de música lo ayudaba a concentrarse, definitivamente no estamos conectados de la misma manera. No puedo empezar a entender como música como esa podría sentirse relajante. Me hizo doler el cerebro. Tener que leer mientras estaba de fondo se sentiría como tortura.

\* \* \*

## LA PERSPECTIVA DE ANDREW

Si escucho música que me es familiar, me ayuda a ahogar sonidos intrusivos que podrían ser abrumadores. Uso esta estrategia cuando estoy estudiando o escribiendo.

La canción de la que ella habla es "Too Young for Tragedy" de GRiZ. Mi estrategia desde 2016 es tener una lista de canciones que me gustan y usar la modalidad de reproducir radio en una canción que me esté gustando ese día. Al hacer esto, encuentras más música que tal vez te guste y luego añades esas a tu lista de reproducción. Si repites este ciclo una y otra vez, encontrarás que tienes un suministro ilimitado de música que te gusta.

\* \* \*

## Desapareciendo En El Cine

"¿Podemos ir a ver Deadpool 2?" pregunta Andrew por enésima vez.

Me pone nerviosa ir a ver películas al cine. Desde mi contusión, cualquier tipo de pantalla tiene el potencial de sobre estimularme, entonces una pantalla grande tiene todo el potencial para convertirse en un desastre. Le he dicho esto a Andrew muchas veces, así que me estoy empezando a cansar de que me pregunte. Pero al mismo tiempo, sé lo mucho que quiere ver *Deadpool 2*.

"Vamos, ¿porfa?" me ruega Andrew. "De verdad quiero verla. Si te duele la cabeza, nos vamos. La proyectarán hoy a las 9:30 p.m."

"Está bien, podemos ir, pero no he visto la primera." le respondo.

"No creo que importe," dice Andrew. "Igual va a estar graciosa."

Andrew y yo entramos agarrados de la mano al cine. Han pasado años desde que fui con algún novio a ver una película, y se siente bien no estar soltera.

"Solo tengo que ir al baño," dice Andrew mientras suelta mi mano. Pasan cinco minutos.

Me preocupa que se haya caído en el baño.
Pasan diez minutos.
No me gusta estar de pie en el pasillo saturado de personas del cine. Todos los sonidos de los árcades me están agitando y, estoy estorbando en el camino a la gente.
Pasan quince minutos.
Estoy totalmente frustrada y quiero volver a casa.
Pasan veinte minutos.
Ahora estoy enojada porque me estoy perdiendo los tráilers de las otras películas. *'Si él sabía que iba a hacer del dos, ¿por qué no me lo dijo?* Pienso. *Habría agarrado mi boleto o ido por mis palomitas de maíz y me habría ido a sentar en la sala del cine.*

Unos minutos después, Andrew viene caminando fuera del baño todo despreocupado.

"¿Qué diablos te tomó tanto tiempo?" Le digo gruñendo. "Me tienes que advertir si vas a ir a hacer del dos."

"Sí, perdón," responde Andrew. "No sabía que tenía que hacer del dos, hasta que entré al baño."

"Nos estamos perdiendo los tráilers," le digo.

"¿A quién le importa? No necesitamos ver los tráilers," responde Andrew.

"A mí me gustan los tráilers. Habría agarrado mi boleto y me habría ido a esperar a la sala si hubiera sabido que te iba a tomar toda la vida," le explico. "Me sentía muy incómoda acá, porque está lleno de gente. Avísame la próxima vez."

"Lo intentaré," dice Andrew. "Vamos por palomitas."

No es tan poco común para Andrew desaparecer por largos periodos de tiempo sin avisarme. He aprendido desde eso, que si se toma algunos minutos, mejor me voy a hacer algo y dejo que me encuentre luego. En caso de que tengas curiosidad, mi cerebro estuvo bien durante la película, y disfruté las risas. Pero al siguiente día pagué un alto precio. Fue como si mi cerebro se hubiese apagado y todo se llenara de niebla. Apenas y podía funcionar. Me tomé un baño y ni siquiera pude lavarme todo el acondicionador. Me rendí a mitad del camino y nada más me fui a recostar.

"Todavía tienes algo en tu cabello," dice Andrew cuando salgo de la ducha.

"No me importa, solo tengo que acostarme," Le respondo. "Me duele tanto la cabeza que no quiero ni hablar."

"Lo lamento mucho, me siento horrible," dice Andrew. "No vuelvo a pedirte que vayamos a ver películas."

"Bueno, al menos ahora sabemos que no estoy lista para ellas. Si quieres puedes irte a casa y jugar," le sugiero. "Necesito acostarme en silencio por un par de días."

\* \* \*

## LA PERSPECTIVA DE ANDREW

Hay veces donde los planes cambian, y no te das cuenta que es importante hacérselo saber a la persona que te está esperando. Aunque pienses que no te tardarás mucho, envíales un mensaje y hazles saber que *tal vez* te tardes veinte minutos.

Esto es otra cosa en la que he trabajado y mejorado mucho. Cuando me doy cuenta de que me voy a tardar más de lo previsto, le hago saber a la persona que me está esperando.

\* \* \*

## La Gorra De Senderismo

Andrew y yo hicimos mucho senderismo el primer verano que empezamos a salir. Era lo que más hacíamos los fines de semana. La madre naturaleza y las montañas rocallosas se sentían sanadoras para mi cerebro, y esas caminatas eran básicamente el único ejercicio "sólido" que podía hacer.

Andrew siempre se ponía el mismo sombrero cada vez que pasábamos el día afuera. Era un sombrero de ala ancha de cuero, con una malla arriba, y yo lo odiaba. Lo hacía ver como un Indiana Jones descuidado, porque estaba muy gastado.

Me di a la tarea de comprarle uno nuevo mientras andaba de compras. Le compré una gorra de baseball azul en una tienda de senderismo que decía al frente "Explora más," y no aguantaba las ganas de dársela a Andrew la próxima vez que lo viera.

"Vi esta gorra hoy cuando fui a comprar nuevos bastones, y pensé que se te vería genial," expliqué mientras le lanzaba la gorra a Andrew.

"Oh, gracias." Andrew se ve menos que entusiasmado. "Usualmente no me pongo gorras como esta."

"Lo sé. Por eso quiero que lo intentes," le respondo. "Se te va a ver tan genial."

"Bien, la usaré en nuestra caminata este fin de semana," respondió Andrew.

Andrew se puso la gorra en nuestra caminata, y se le ve genial. Mencionó un par de veces que no le gusta, pero no entiendo por qué. Cuando llegamos a casa, todo cobra sentido cuando Andrew explica, "De verdad odio sentir el sol en mi nuca. Siento que se me quemó aunque me puse bloqueador."

"Oh, ¿por eso siempre usas el sombrero de cuero?" le pregunto.

"Sí, odio las gorras de baseball," responde Andrew. "Me gusta que el sombrero bloquee el sol alrededor de mi cabeza. Y mi sombrero de cuero tiene malla arriba, entonces no sudo."

"Oh, ya entiendo," le digo mientras me siento terrible por ponerlo incómodo. "Bueno, déjala por ahí entonces. Yo me la pondré alguna vez. Gracias por intentarlo."

Este incidente me enseñó que Andrew de verdad tiene una razón para todo. Nunca entendí por qué solo tenía ese sombrero hasta que me lo explicó. Luego de esta conversación, empecé a ver su sombrero con otros ojos. Solo estaba feliz de que estuviera cómodo.

* * *

## LA PERSPECTIVA DE ANDREW

La mayor razón por la que no me gustan las gorras de baseball es la obstrucción a la vista, de un cuarto hasta un tercio de tu visión está oscurecida. No solo eso, en realidad siento que hacen un trabajo pobre de protegerte comparado con un sombrero. Si voy a oscurecer un tercio de mi visión, entonces lo que lleve puesto de verdad debe de ser funcional. Tu cuello, tu nuca y los lados de tu cara no están protegidos si usas una gorra de baseball. Intenta usar un sombrero de ala ancha un día entero bajo el sol, y no vas a tener ese sentimiento de que el sol te drenó toda la vida. Un montón de gente me ha dicho "Me gusta tu sombrero de safari." Algo de lo que me di cuenta que debería de ser obvio, pero por alguna razón no lo es, es que las gorras para baseball están hechas para jugadores de baseball. Les permite tener visión periférica y aun así tener una gorra puesta. ¿Por qué te pondrías una gorra inadecuada, si no estás jugando baseball? Estás son preguntas que me quitan el sueño a veces. Darme cuenta de que probablemente la respuesta sea por moda, es traumatizante.

\* \* \*

## Toallas De Papel

Entro a mi cocina y veo que hay cuatro toallas de papel amontonadas en bolas en mi mesa, "Andrew, ¿por qué siempre hay toallas de papel tiradas por todo lado?" le pregunto mientras las recojo y las tiro a la basura. "Sí, hago mucho eso", explica Andrew. "Agradezco que no me estés gritando por eso, porque a mi ex la volvía loca cuando lo hacía."

"¿Por qué las dejas tiradas por todo lado?" Pregunto. "Se ve como mucho desperdicio."

"En realidad no sé. Siempre lo he hecho." responde Andrew. "Siempre pienso que las voy a reutilizar después, pero nunca lo hago."

"Nunca he visto a alguien usar tantas toallas de papel," le explico. "Me gusta ser un poco tacaña cuando se trata de usar toallas de papel."

"Sí, creo que es una cosa de comodidad," responde Andrew. "Espero no volverte loca con esto, porque no estoy seguro de que pueda dejar de hacerlo."

"Creo que lo puedo manejar," le digo. "Supongo que lo que tengo que hacer es empezar a comprar toallas extra."

Esto me llamó la atención porque era obvio que Andrew está avergonzado por su comportamiento pero tenía pocas esperanzas de poder controlarlo. En ese momento decidí que no lo iba a avergonzar al respecto o mencionarlo de nuevo. Parecía que él se estaba castigando lo suficiente. Esto es solo uno de los muchos ejemplos sobre cosas que las parejas pueden decidir si seguir machacando para siempre o decidir entender y crear paz en la relación.

\* \* \*

## LA PERSPECTIVA DE ANDREW

Esto es algo en lo que he estado trabajando. Me gusta usar una toalla nueva para limpiarme las manos frecuentemente. Sabiendo esto, intento reutilizar una que esté un poquito mojada, pero que esté bastante limpia para no gastar tantas toallas de papel. Pero luego me olvido de todas ellas cuando ya no estoy en la cocina. Mi nueva estrategia es tener una toalla de tela limpia encima de la manilla del horno, la cual uso para secar mis manos luego de lavarme. Esta toalla se lava cada dos o cuatro días. O cuando ya está muy saturada con agua. Lo que llegue primero.

Michelle es tan complaciente. Tal vez muy complaciente. Ella me deja hacer muchas cosas porque quiere que yo sea feliz. Es importante que no me aproveche de lo buena que puede ser.

\* \* \*

## Netflix y Descanso

Andrew está en la universidad cuando me hace una llamada.

"Hola," le contesto, Noto por la respiración de Andrew que está angustiado.

"¿Qué pasó?" le pregunto.

"En realidad no sé, pero no me siento bien," me responde.

"¿Te pasó algo en la universidad hoy?" Trato de picar para que me dé una razón.

"Nada fuera de lo ordinario." Andrew suena como si estuviera a punto de soltar el llanto. "Solo no me siento bien."

"¿Qué tanto has estado estudiando?" le pregunto.

"Todas las noches estudio," me responde.

"Bueno, es difícil estudiar todas las noches," le sugiero. "Tal vez lo que necesitas es darte una noche de descanso."

Andrew toma una pausa larga, y parece que está entrando en pánico.

"¿Cuál es tu programa favorito?" Le pregunto. "¿Qué te pone siempre de buenas?"

"Me gusta *Rick y Morty*," responde Andrew.

"Bien, entonces apaga tu teléfono y ponte ropa cómoda," le digo con convicción. "Ponte a ver *Rick y Morty*, y nada más desconéctate por el resto de la noche."

"Está bien. Usualmente no veo mucha televisión," responde Andrew.

"Lo sé, pero obviamente lo necesitas," le digo. "No veas nada educativo. Mira algo que te relaje y que puedas ver sin ponerte a pensar."

Andrew se queda callado un ratito antes de acceder a regañadientes. "Bien, haré eso, supongo," me dice.

"Genial, hablamos mañana," le respondo. "Que duermas bien."

La siguiente noche recibo un mensaje de texto de Andrew. *"Ver televisión fue una gran idea, gracias. Me siento mucho mejor hoy."*

*"Me alegra escuchar eso*, le respondo. *Tienes que darte una pausa de vez en cuando.*

*Sí, solo no me había dado cuenta qué tanto lo necesitaba"*, me dice Andrew.

Esta fue la primera vez que le ayudé a Andrew a regularse insistiendo en que se tomara una pausa de la vida. No me importó hacerlo, especialmente porque sonaba tan adorable al otro lado de la línea. Me pregunté, claro, porqué yo tenía que hacerlo. ¿Por qué él no se daba cuenta que estaba sobrecargado y necesitaba una noche para él?

Me pensé luego. *Me pregunto si esto suele pasarle*. Con el tiempo he aprendido que esto le pasa a Andrew una vez cada dos o tres meses. Él se sobrecarga y necesita apagar todo lo que está alrededor para reiniciarse, pero no se da cuenta hasta que ya está mal.

## LA PERSPECTIVA DE ANDREW

Desconectarse y ver una película o una serie es genial para relajarte. El único problema con esto, es que siempre estoy emocionado por aprender algo, jugar algo, estudiar algo o trabajar en algo. Necesito fortalecer más el hábito de desconectarme y relajarme.

* * *

## Las Damas Empiezan A Verlo

Andrew siempre ha sido un tipo apuesto, pero su estilo definitivamente le quitaba un par de puntos. Como yo era la nueva estilista de Andrew, lo animé a dejarse el cabello más largo y le enseñé cómo podía traerlo un poquito más desordenado en la parte de arriba. Caleb y Jackson siempre estaban ayudando diciéndole a Andrew de qué ropa deshacerse, y le ofrecieron llevárselo de compras.

Descubrimos que Andrew se ve genial con camisetas de marca Tentree y además, a él le gusta cómo le quedan. Esto fue una gran victoria. Inmediatamente le compré seis más aunque pensé que no podría costearlas. Los colores son bonitos, son suaves y son lo suficientemente largas para él.

A medida que le hacíamos esos pequeños ajustes, Andrew cada vez está más atractivo.

Un día, Andrew vuelve del trabajo de buenas y dice, "Parece que me están hablando más las mujeres."

"¿A qué te refieres?" Le pregunto riéndome.

"No lo sé en realidad," responde Andrew. "Solo me doy cuenta que las mujeres me están hablando más. La gente usualmente no me habla, pero últimamente, lo están haciendo."

"Bueno, algo a tener en cuenta sería que tus elecciones en moda han mejorado mucho, así que las chicas te van a notar más," le explico.

"Pero también, has estado más feliz últimamente y eso hace que seas más accesible."

"¿Tú crees?" Andrew pregunta con un tono confundido. "¿Por qué pasa eso?"

"La gente puede sentir cuando la otra gente está feliz, y eso hará que te sientas más amigable," le respondo. "Acompañado de mejor ropa es una buena receta para que te coqueteen."

"Oh," dice Andrew mientras mira hacia el techo. "Esto es nuevo para mí. Creo que me gusta. Me gusta cuando la gente me sonríe."

"Pues créelo," le digo. "En este mundo, la gente te trata mejor cuando te ves mejor. Siempre me pusieron más atención cuando estaba en forma para pelear. De alguna manera es triste, pero la apariencia de verdad afecta como la gente te trata."

La próxima vez que nos vimos con Jackson y Caleb, inmediatamente saqué el tema a relucir. "Entonces, parece que las mujeres le están hablando más a Andrew ahora, y él no está acostumbrado."

"¿Ah sí?" dice Jackson mientras ve a Andrew de lado. "Entonces la nueva ropa le está funcionando."

"Parece que sí," dice Andrew riéndose.

Te cuento esta historia más que todo para enseñarte como Andrew está evolucionando a través de nuestra relación. Pero también me parece adorable la manera en la que me lo mencionó con un tono confundido diciendo, "Entonces, parece que las mujeres me están hablando más." Su honestidad es tan refrescante. Y no te preocupes amiguis*. Por supuesto que puse fotos de su mejoría para que las veas en la sección al final del capítulo.

*  *  *

## LA PERSPECTIVA DE ANDREW

Esto fue un gran cambio en un periodo muy corto de tiempo, así que fue muy notable el que me estaba hablando más la gente y sonriéndome más cuando interactuamos. Fue una experiencia muy interesante. Tener a Michelle, Jackson y Caleb ayudándome a mejorar mi estilo tuvo unos resultados muy inesperados.

No darme cuenta de que estaba más feliz y que eso tuviera que ver con la atención positiva que me estaban dando, me abrió los ojos, principalmente porque yo nunca había pensado al respecto en mi vida. El que mi felicidad base, la felicidad inconsciente que enseño sin saber, puede tener tal efecto en mis interacciones con la gente. En mi mente, siempre soy el mismo. Siempre soy Andrew. Esto tiene sentido por lo pobre que puede llegar a ser mi habilidad para conocer mis propios sentimientos. No saber cómo me siento por dentro, significa que antes de Michelle, no habría tenido manera de comparar cómo me siento con respecto a cómo otros me tratan.

\* \* \*

## Incapaz De Buscar Cosas

Andrew no es un holgazán de ninguna manera. A él lo hace feliz el ayudarme a cocinar, ayudarme a limpiar, o ayudarme con básicamente cualquier cosa que le pida. Pero cuando se trata de buscar algo que no puede encontrar, es como si fuera totalmente incapaz de poner esfuerzo de su parte.

Si un objeto no está en el primer lugar donde él cree que debería estar, él va a considerar que se perdió, caminará hacia mí y me preguntará, "¿Dónde está tal y cual cosa?" Y luego se quedará de pie ahí hasta que yo vaya a encontrarla.

En mis quince años en el sistema educativo, me he encontrado muchos estudiantes así, y siempre asumí que la pereza era la que les causaba no querer buscar cosas. "¿Dónde está el esmalte para uñas?" me preguntaban. Les respondía, "Es un contenedor grande de esmalte para uñas. Nada más caminen alrededor del salón de clases hasta que lo encuentren. Alguien lo debe haber dejado tirado por ahí." Muchos estudiantes se quedaban frente a mí, esperando a que yo lo encontrara en vez de ir a buscar, aunque me tomara diez minutos para terminar lo que estaba haciendo. Nunca entendí por qué les era tan difícil ir a buscar las cosas hasta que empecé a salir con Andrew.

Aunque le diga a él, "Está en una de esas gavetas," él solo me mirará y preguntará, "¿En cuál?" Esto a menudo es frustrante, y le responderé, "Solo hay seis gavetas, Andrew. Ábrelas todas y revisa." Él me responderá en un tono confundido, "Pero no sé dónde está."

He aprendido que si digo, "Checa en la habitación o en la mesa del baño," él irá a buscar. Tengo que darle una idea o si no, solo se queda viéndome.

\* \* \*

## LA PERSPECTIVA DE ANDREW

*'Podría estar en cualquier lugar'* es el sentimiento que me da cuando me doy cuenta de que algo no está su lugar usual donde debería de estar. Es un sentimiento abrumador, que rápidamente lleva a *'Voy a tardar toda la vida encontrando esto.* Quiero dejar algo en claro: estas no son palabras que pasan por mi mente. Son sentimientos que me dan; no son un monólogo interno.

El monólogo interno que uso para calmar estos sentimientos es, *'Solo toma tu tiempo y empieza a buscar en los lugares que son usualmente poco comunes'* o, *'Lo vas a encontrar; ahí está'*.

He recorrido un largo camino desde que era más joven. Mi antiguo jefe se frustraba conmigo cuando le preguntaba dónde estaban las cosas todo el tiempo. Si algo no está donde debería de estar, me siento ansioso porque no sé cuánto me tomará encontrarlo. ¿Podría ser que la cosa no esté ahí? ¿Estoy desperdiciando mi tiempo? ¿Debería llamar a alguien que tal vez lo usó por última vez? No tengo tiempo para esto.

Es un tren rápido y furioso de pensamientos abrumadores que pueden ir junto con buscar cosas que están perdidas. Mi camioneta y todas mis herramientas están muy ordenadas. Todo tiene su lugar y ese es su único lugar. Nunca lo vas encontrar en OTRO lugar. De lo contrario, sé que pasaré por esta intensa serie de sentimientos y emociones buscando.

\* \* \*

## La Galería De Arte

Andrew y yo estamos en una cita nocturna, vamos a ir a ver el musical *The Book of Mormon*.

Llegamos temprano para asegurarnos de tener parqueo. Cuando entramos al evento, vemos que está atestado de gente y nadie puede tomar asiento todavía. Para evitar la multitud, bajamos por unas escaleras para ver algunas piezas de arte.

Andrew se va por ahí y empieza a ver alrededor. Todo el arte es abstracto.

Mientras estoy frente a las muchas formas y colores en una pintura, disfruto de intentar darme cuenta de qué era la emoción que el artista estaba tratando de transmitir. Hago cosas pequeñas como esta para entrenar mi intuición cada vez que tengo la oportunidad.

Estando ahí, siento que es confusión lo que quiere transmitir y se siente como si una mujer mayor hiciera la pintura.

"Fantástico, estaba en lo correcto," digo mientras leo lo que dice el anuncio en una placa sobre la artista. Esto se supone que representa confusión.

"¿De qué estás hablando? Pregunta Andrew mientras se acerca.

"Me gusta tratar de adivinar quién hizo la pintura y cuáles eran sus sentimientos mientras la pintaban," le explico mientras camino hacia la siguiente pieza de arte.

"Como esta por ejemplo," le digo mientras intento sentir la pintura energéticamente. Creo que esto lo hizo una persona joven, un hombre si tuviera que adivinar y para mí, se siente como miedo."

Camino hacia el anuncio sobre el artista. "Oh, estuve cerca," digo. "Lo hizo un tipo en sus treintas, así que un poco más viejo de lo que pensé. Y se supone que representa frustraciones, no miedo."

"¿Cómo demonios podrías adivinar eso?" pregunta Andrew.

"A veces puedo," le respondo. "Es como si su emoción quedara en la pintura, y yo la pudiera sentir."

A medida que caminamos a la próxima pintura, le pregunto a Andrew, "¿Tienes alguna suposición?"

"¿Sobre qué?" me responde.

"¿De quién pintó esto y qué tratan de transmitir?" Le digo.

"No. No podría ni siquiera intentar adivinar algo así," me responde. "Pero mira esta por aquí." Me toma de la mano y me lleva al otro lado de la habitación.

"Mira las marcas de goteo en esta pintura," me dice. "La única manera en la que pudieron haber hecho esto es si colgaron la pintura boca abajo mientras secaba. ¿Cómo más podrían haber hecho eso? "

"Vaya, eso es un buen punto," le digo. "Nunca pienso en cómo hicieron las pinturas, pero estás totalmente en lo correcto."

"No puedo dejar de mirar esta," dice Andrew. "¿Cómo habrán hecho esto boca abajo? Me pregunto cómo la colgaron para que quedaran todas tan niveladas."

En este momento, Andrew se ve irresistible para mí. Le doy un gran beso antes de que nos vayamos a nuestros asientos.

Mientras nos reímos y disfrutamos de la obra, me siento un poco más cercana a él. De nuevo, estamos en la misma habitación, viendo más allá de la superficie, pero estamos poniendo atención a dos áreas de interés totalmente distintas. Amo como sus percepciones son tan diferentes de la mía. Sus comentarios abren mi mente a entender partes de este mundo a las cuáles nunca les había puesto atención.

*  *  *

## LA PERSPECTIVA DE ANDREW

Desde esta noche, me he vuelto mejor entendiendo a qué se refiere Michelle cuando dice que está intentando ver la emoción que siente el artista cuando está creando su arte. Tuve que descifrar un poco de mi parte. Mi habilidad en esto era 1/10. Me parecía un concepto tan extraño, que debía de ser imposible. Parte de la razón de esto es que nunca me pregunto ese tipo de cosas emocionales viviendo mi día a día. Ahora que Michelle me mostró esta perspectiva, he hecho muchos más intentos para hacer estas preguntas en mis actividades diarias. En este momento debo ser un 3/10 sólido, tal vez hasta 4/10. Ha mejorado con el tiempo con hacer la pregunta y luego preguntarle a Michelle a ver si ella está de acuerdo. Esto es un concepto divertido, el hecho de que tenía la habilidad en un grado fraccionario, y ya que empecé a practicarla, se volvió más fuerte.

\* \* \*

Fotos del Capítulo 9
Bellamimalifestyles.com/bookphotos

# UNA HISTORIA EXTRA POR ANDREW

### EL AUTO

La primera vez que conduje en el carro de Michelle, hubo un problema… en realidad varios problemas, para ser preciso.

"¿Hace cuántos años tienes este carro?" Le pregunto a Michelle, mientras veo al retrovisor que me bloquea un cuarto de mi visión del parabrisas frontal.

"Tres años. Es un modelo 2015. ¿Por qué?" pregunta ella.

"Ah, solo me lo preguntaba," digo tratando de esconder mi juicio. Este retrovisor está inclinado y articulado tan bajo como puede llegar, entonces toma casi un tercio de la mitad de su parabrisas frontal. Y el asiento se siente como si estuviera intentando resbalarte al suelo, bajo el volante.

'¡¿Ella ha estado conduciendo así por tres años?!' Me pienso. *'Tengo que ayudarla.'* Luego que regresamos de nuestra salida, decidí quedarme en el carro por unos minutos y hacer algunos cambios. "Oye amor, entraré en un par de minutos," le digo mientras le doy un beso y la veo ir adentro." Va a ser emocionante ver su reacción cuando haga estos ajustes.

Articulo el retrovisor para que esté totalmente en la parte sombreada del parabrisas. Ya no más obstrucción visual. Perfecto, ahora el asiento. El asiento toma unos minutos ya que los ajustes eléctricos de ocho direcciones son difíciles de ajustar correctamente. *No me extraña que esto estuviera mal para empezar*, me pienso.

Al siguiente día Michelle y yo estamos en el carro a punto de irnos del estacionamiento. "¿Amooooor?" le pregunto de manera bonita para señalar algo.

"¿Qué?" responde totalmente inconsciente de los cambios.

"¿No notas algo? ¿Algo diferente?" Se ve muy confundida cuando digo esto. "El retrovisor está más alto. Ya puedes ver fuera del parabrisas." Mientras digo esto, siento que mi esfuerzo fue en vano.

Paso los siguientes minutos tratando de explicarle cuanto del parabrisas estaba siendo bloqueado por el retrovisor estando así de bajo y como su asiento estaba hacia adelante como un tobogán.

"¡OH! ¡Así está *mejor*!" exclama ella.

Un sentimiento de alegría me inunda finalmente cuando siento su emoción. El parabrisas y el asiento nunca volvieron a estar fuera de posición.

\* \* \*

## La Perspectiva De Michelle

Recuerdo esto bien y un poquito diferente. Recuerdo que Andrew estaba aullando mientras salía del estacionamiento mientras decía, "¿De verdad no notas nada diferente?"

"No, ¿qué pasa?" le pregunto.

Entonces Andrew me dice en un tono de asombro, "Cambié unas cosas, un montón de cosas. ¿Cómo no te das cuenta?"

Frené para que me explicara. Ya que me señaló que mis espejos estaban diferentes y que había movido el asiento y el volante, me di cuenta de que estaba un poquito más cómoda.

En nuestro próximo libro, vas a saber más sobre mi historia y porqué estoy tan acostumbrada a estar incómoda. Me fui de casa a los quince y usualmente estaba luchando nada más por sobrevivir. Estar cómoda nunca ha sido muy importante para mí y probablemente he sido muy tranquila cuando se trata de esto. Podía sentarme y ver por todos los espejos y eso era lo suficientemente bueno para mí. Hacer ajustes para mejorar mi comodidad nunca me pasó por la mente.

Creo que una de las razones por la que nuestra relación funciona tan bien, es porque yo no soy quisquillosa con muchas de las cosas que Andrew lo es. Él puede ajustar mi carro como él quiera y él también puede estar a cargo de qué aparatos electrónicos usamos. Mi mente está mucho más enfocada en la gente con la que nos rodeamos y cómo nos llevamos para que me importen las cosas mecánicas.

# 10
## MÁS CURVAS DE APRENDIZAJE

### Nuestro Primer Viaje A Brooks

Andrew me pide que vaya a Brooks con él por el fin de semana a vernos con sus amigos Gavin y Chelsea. Es la primera vez que voy a conocer amigos cercanos de él y estoy un poco nerviosa. Todo lo que me ha dicho sobre ellos es que están casados, tienen dos perros y que juegan videojuegos en línea juntos. Andrew me recoge luego del trabajo el Viernes. Bromeamos acerca de lo divertido que es el que estuviéramos en camino al pueblo en que yo nací. En todos los años que he vivido en Calgary, nunca había conocido a nadie que viviera en Brooks antes. Estamos disfrutando de un viaje placentero mientras escuchamos podcasts. Más o menos a mitad del camino, el teléfono de Andrew recibe un mensaje de texto de Chelsea. Andrew me vuelve a ver y me dice, "¿Podrías contestar este mensaje? Chelsea probablemente quiere saber a qué hora llegamos."

"Claro." respondo mientras agarro el teléfono de Andrew. El mensaje de Chelsea dice, '¿Necesito alistar una cama para cada uno de ustedes? No estoy segura de qué tan avanzada está su relación.' El mensaje me hace reír. Le contesto con un selfie haciendo una cara divertida y escribo, *'Definitivamente solo necesitamos una cama, hemos estado saliendo por meses.'*

*'Ay qué vergüenza. Andrew nunca nos cuenta bien estas cosas'*, responde Chelsea.

Me tomo otra selfie haciendo cara divertida, pero esta vez estoy posando como si estuviera estrangulando a Andrew. Le envío la foto y escribo, *'No te preocupes, yo me encargo de él. LOL.'* Todos nos reímos acerca de esto y fue un gran comienzo para el fin de semana.

Minutos después de llegar a casa de Gavin y Chelsea, me siento tranquila. Son simpáticos, acogedores y es adorable hablar con ellos. Claramente una pareja adorable. A Gavin también lo criaron como Testigo de Jehová, lo que encuentro interesante. Mi madre estaba viviendo en Brooks cuando alguien golpeó a su puerta y la convirtió en Testigo de Jehová. Esto nos deja mucho de qué hablar.

Chelsea está claramente emocionada de que estemos ahí y tiene un montón de bocadillos deliciosos esperando. Ellos bromean que llenaron su "armario de bocadillos para Andrew" porque él come de noche. Jugamos juegos de mesa y nos reímos mucho antes de irnos a la cama cerca de la media noche.

La siguiente tarde todos estamos sentados alrededor de la sala hablando y Andrew se ve un poco nervioso. Luego de nuestro delicioso desayuno de panqueques, inmediatamente se pone sus audífonos de cancelación de ruido y se desconecta. Él viene a sentarse con nosotros al círculo, pero en vez de socializar, se entierra en su libro mientras escucha música de ambiente. Esto se prolonga por horas.

Andrew ha estado emocionado por ver a Gavin y Chelsea por semanas, entonces no entiendo por qué está pasando tantas horas enterrado en su libro. Es lo más largo que he visto a alguien sentarse en un grupo de gente sin participar en la conversación. Gavin y Chelsea no se ven afectados por ello, así que pienso que probablemente es un comportamiento típico de parte de Andrew, pero nunca me había dado cuenta. Cuando jugamos juegos de mesa, él participa y habla, pero cuando no se está jugando nada, es obvio para mí que se pone un poco incómodo. Ya para el domingo, Chelsea y yo sentimos como si nos conociéramos por años. Estamos relajándonos en el sillón mientras Andrew empaca sus cosas. Vuelvo a ver a Chelsea y le digo, "Todavía no puedo creer que Andrew nunca me mencionó cuando hablaba con ustedes. Hemos estado saliendo desde Abril y fuimos amigos por más de un año antes de eso. Me sorprende que nunca me mencionara."

"No, todo lo que dijo fue 'Voy a llevar a Michelle'. Andrew nunca dice mucho más," responde Chelsea.

"¿Qué tanto sabían ustedes sobre Crystal?" pregunto.

"¿Quién?" pregunta Chelsea.

"Crystal, la novia de Andrew el año pasado. Vivió con ella seis meses," le explico.

Chelsea se ríe mientras dice, "Ni siquiera sabía que estaba saliendo con alguien"

"¿De verdad?" digo en un tono de asombro.

Gavin rápidamente habla desde la cocina, "A mí tampoco me habló de ella nunca."

Todos nos reímos al despedirnos.

Sin saber qué pensar, asumo que tal vez Andrew no es tan cercano con ellos como yo creía. Andrew rara vez habla sobre otra gente cuando está conmigo, pero estos son sus amigos de toda la vida. A menudo se queda fines de semana enteros con ellos, ¿y no escuchan una sola cosa sobre su vida? No le encuentro ni pies ni cabeza.

\* \* \*

## LA PERSPECTIVA DE ANDREW

Para mí, el no socializar ese día me pareció normal. Era una tarde tranquila y estábamos perezosos luego de ese delicioso desayuno. No sentí la vibra de que debía socializar mucho después de eso.

Sí me siento cercano a Gavin y Chelsea, pero mi relación con Crystal era de una naturaleza dudosa. No sabía si quería que la conocieran porque la relación era incierta. No sentí una necesidad fuerte de presentarla y no se le veían muchas ganas de ir a Brooks. Entonces, yo iba solo. Es algo interesante cuando te miras en el espejo y piensas, "Me da un poco de vergüenza traer a Crystal conmigo porque la relación en la que estamos no se siente estable." Estaba muy emocionado de traer a Michelle conmigo, porque me siento tan bien con ella y sabía que ellos la amarían.

Compartir cosas sobre mí mismo es algo que me encanta hacer. Pero con cosas que no me dan toda la confianza, prefiero mantenerme callado hasta resolverlas y que me sienta mejor al respecto.

\* \* \*

## El Incidente De Baxter

Andrew se levanta y dice, "Necesitamos darle algo de entrenamiento a Baxter. Necesitas entrenarlo mejor." Él tiene razón, pero estoy harta de escuchar eso y es lo menos que quiero escuchar al empezar mi mañana. Este año, Baxter ha tenido una ansiedad muy alta. Es difícil hasta para mí manejarlo. Baxter me tuvo básicamente 24/7 mientras estaba con la lesión en mi cabeza y se acostumbró a ello. Cada vez que salgo de casa se pone agitado porque no sabe por qué lo estoy dejando. Baxter se ha vuelto bastante difícil de manejar y solo se ha puesto peor desde que Andrew llegó a nuestra vida. Mi cachorro tiene diez años y por la mayoría de su vida he estado soltera. Él no está acostumbrado a que haya alguien más. Entre más se queda Andrew, más alta se vuelve la ansiedad de Baxter. Él se pone a aullar y a llorar cuando Andrew y yo estamos abrazados en el sillón porque no tiene su campo. Esto vuelve loco a Andrew. Con una nueva rutina, pensé que Baxter se adaptaría, pero no parece que esté surtiendo efecto. Esto no es una buena situación para ninguno de nosotros y necesitamos hacer algo al respecto. Andrew quiere que lo lleve con un entrenador y la verdad estoy totalmente de acuerdo.

Esta semana, Andrew ha sacado el mismo tema varias mañanas seguidas. Los entrenadores de perros son caros y aún no he podido volver a trabajar por mi lesión en la cabeza. Así que pierdo los estribos y le digo "Está bien, ya te escuché y haré algo al respecto. Estoy cansada de escuchar esto todas las mañanas. Estoy cansada de despertarme a escuchar comentarios negativos. No necesito escuchar esto a primera hora de la mañana, Andrew." Es seguro decir que perdí el control y le estaba gritando cuando dije esas palabras. Y Andrew estaba escuchando cada una de ellas.

Pasan los meses y estoy llevando a Andrew a que le hagan una cirugía láser en los ojos. Ha sido un día difícil para mí. Mi segundo intento de volver a trabajar no está saliendo bien por muchas razones. Estar en un salón lleno me está nublando el cerebro y me dan dolores de cabeza. Ya va siendo hora de que me admita que ya no soy capaz de trabajar en un salón de clases ruidoso.

Andrew y yo estamos teniendo una conversación acerca de esto cuando de un momento a otro se queda callado. Él claramente quiere decir algo, pero está reacio a decirlo. Frustrada, le pregunto, "¿Andrew, qué piensas sobre esto?" Andrew mira a su reloj y luego mira por la ventana. Y no dice nada.

Repito. "Andrew, me gustaría saber qué piensas que debería hacer."

Andrew vuelve a ver su reloj de nuevo y dice, "Te digo a las 3:00 en punto."

Confundida, le pregunto, "¿A qué te refieres con que me dirás a las 3:00 en punto? Te estoy preguntando ahora."

Andrew está claramente frustrado, pero se queda en silencio. No hay ninguna buena noticia qué darme acerca de mi situación laboral, así que sé que probablemente me quiere decir algo que no quiero oír.

Persisto. "Andrew, puedes decirme lo que piensas. Está bien, puedo soportarlo."

Andrew responde, "Te lo voy a decir. Te lo voy a decir a las 3:00 en punto."

Claramente, no estamos llegando a ningún lugar. Así que le pregunto, "¿Por qué a las 3:00 en punto? ¿Por qué no me puedes decir ya mismo?"

Andrew me responde, "Porque si te digo ya mismo, eso sería decirte algo malo en la mañana, ¿verdad? No sé qué consideras la mañana, así que me imagino que las 3:00 en punto es una buena apuesta."

Sigo confundida, pero ya llegamos a su cita médica, así que dejo de hablar al respecto.

Mientras estoy sentada en la clínica, esperando que Andrew salga con un nuevo par de ojos, lentamente me empiezo a dar cuenta de lo que sucede.

Cuando recuerdo gritarle ese día acerca de Baxter, no puedo evitar reírme. Andrew tomó mis palabras literalmente cuando le dije, "No quiero escuchar acerca de esto en la mañana." Juntar las piezas no es tan difícil porque rara vez le grito a Andrew. Es un poco adorable, de verdad; por meses ha estado evadiendo darme cualquier tipo de mala noticia antes de las 3:00 p.m. nada más para estar seguro. Es dulce de cierta manera, pero también preocupante hasta cierto punto. Andrew tomó mis palabras literalmente y se aferró a ellas por meses. De verdad voy a tener que aprender a cuidar mis palabras y eso no es fácil cuando estás molesta.

## LA PERSPECTIVA DE ANDREW

Creo que elegí las 3:00 p.m. como una hora arbitraria, para no hablar de malas noticias hasta después de las 3:00 p.m. Esto es una regla simple de forma si/cuando. Las reglas de si/cuando son realmente fáciles de seguir. Y en ese momento a las 12:30 p.m. mi filtro captó que estaba a punto de decir algo negativo y aún no eran las 3:00 p.m.

Mi mente sabía exactamente lo que yo quería decir, pero la hora me hizo fallar. No tenía nada de respaldo qué decir, entonces le dije a Michelle lo que sucedía en mi mente. "Perdón amor. No puedo decirte hasta las 3:00 p.m."

\* \* \*

## La Noche En La Que Se Reporta Toda La Noche

¿Todavía vas a venir? Le escribo a Andrew en un mensaje de texto. Estoy exhausta y me quiero ir a la cama.

Es una noche de viernes, cerca de las 11:00 p.m. Estoy esperando a escuchar de Andrew porque dijo que vendría a quedarse a dormir luego de terminar de jugar juegos en línea con Gavin y Chelsea. Estoy exhausta porque estoy tomándome unos nuevos medicamentos para la lesión de mi cabeza y me ponen somnolienta. Andrew no tiene llave, entonces tengo que quedarme despierta para dejarlo entrar al edificio.

Andrew me responde, 'Sí, perdón, me voy en cinco minutos.'

Cuarenta y cinco minutos después... Todavía no hay señales de Andrew. Le envío otro mensaje, '¿Dónde estás? Necesito irme a la cama. Ya va a ser medianoche.' No responde.

Ahora me estoy preocupando porque vive a tan solo unos minutos de mi casa. No creo que tuviera un accidente, pero ciertamente es posible. Me estoy poniendo cada vez más frustrada y cansada. De verdad debí haberle dicho que mejor viniera en la mañana. Pasan otros veinte minutos y todavía no aparece Andrew. Para este momento, estoy muy furiosa y considero apagar mi celular e irme a dormir. Pero estoy muy confundida sobre qué le habrá pasado como para conciliar el sueño. A las 12:25 a.m. Andrew finalmente toca mi timbre.

Cuando entra, dice "Hola," casualmente como si no hubiera pasado nada.

"¿Dónde estabas?" le pregunto con frustración.

"Oh, estaba sentado afuera en mi camioneta hablando con mi amigo Liam. Me llamó cuando venía de camino."

Andrew está tan despreocupado al respecto. Como si aún no se diera cuenta que he estado esperándolo despierta todo este rato. No lo voy a dejar escapar tan fácil, entonces le digo, "He estado aquí esperando por más de una hora. Estoy realmente cansada. Deberías haberte reportado. Yo te mandé un mensaje."

"Sí, perdón, hablamos por un buen rato," responde Andrew. "Llevaba tiempo sin hablar con él y fue bueno escucharlo de nuevo."

Pierdo los estribos y le doy un gran discurso porque claramente, no entiende lo que hizo. "Me alegra que hayas tenido una buena conversación con un viejo amigo, pero no deberías haberte quedado afuera hablando por tanto rato sin avisarme. Sabías que quería irme a la cama; deberías haberte reportado."

"Perdón," responde Andrew. "No me había dado cuenta."

"Si me hubieras dicho, podrías haber entrado y seguir hablando en la sala mientras yo me iba a acostar, o yo podría haberte traído la llave. Estuve aquí sentada por una hora, sin saber qué estaba pasando. Por favor, la próxima vez repórtate," le reitero.

Andrew todavía se ve confundido sobre el porqué estoy molesta, pero no estoy de humor para explicar más. Necesito dormir.

El siguiente fin de semana, me comí mis palabras. Andrew sale con unos amigos. No tenemos planes de vernos porque va a estar afuera hasta tarde y yo tengo el hábito de dormir tanto como me sea posible para curar mi cerebro.

Estoy en casa, disfrutando de Netflix y palomitas de maíz cuando me llega un mensaje de texto de Andrew: "Acabo de llegar a Shanks Sports Pub con los chicos. Estamos a punto de pedir comida."

"Genial, diviértanse", le respondo pensando que no escucharé de él por el resto de la noche. Una hora después, me llega otro mensaje: "Acabamos de terminar de comer y estamos decidiendo a dónde ir."

No sé qué responder a eso, así que solo le escribo, "Suena bien".

Media hora después, me llega un selfie de Andrew sentado en un asiento de carro de realidad virtual junto con un mensaje que dice, "Vinimos a este nuevo lugar de realidad virtual que tiene para conducir. Está genial".

A este punto, estoy empezando a cuestionarme porqué Andrew está mandándome tantos mensajes, pero lo estoy disfrutando. "Se ve genial, me alegra que te estés divirtiendo", le respondo.

Una hora después me llega una solicitud de mensaje en Facebook de un nombre que no reconozco. Dice lo siguiente, "Hola, soy Andrew, estoy en un bar, Solo quería dejarte saber que olvidé mi teléfono en el lugar de carros de realidad virtual, pero cuando salgamos de acá volveré a recogerlo."

Siento que me estoy enamorando más de Andrew mientras leo el mensaje una y otra vez. Es adorable, pero no tengo idea de porqué está reportándose tanto. Rara vez nos reportamos o nos mandamos tantos mensajes, así que pienso que tal vez me está extrañando. Me voy a la cama temprano, agradecida por mi novio tan considerado.

Me despierto con muchos mensajes de texto nuevos.

A las 10:00 p.m. me escribió, "Recuperé mi teléfono, no estoy seguro de hacia dónde vamos luego."

A la media noche escribió, "Estoy comiendo pizza e iré a tomar un taxi para ir a casa pronto, creo."

A la 1:30 a.m. escribió, "Voy a ir a la cama, buenas noches. Espero que duermas bien".

Sonrío mientras leo todos sus mensajes, pero todavía me pregunto por qué envió tantos.

La próxima vez que viene Andrew, le pregunto sobre su noche y me contó todo sobre ella. No dice nada acerca de los mensajes, así que los menciono. "Me sorprendió despertarme con tantos mensajes. Fue bonito," le digo con una risa.

Andrew me responde de la manera más adorable, "Sí, estaba tratando de reportarme como me lo pediste."

Sonrío, pero estoy confundida con eso. "¿Qué?" le pregunto.

"Esa noche que vine, te molestaste y me pediste que me reportara más," me responde.

De repente me doy cuenta de que Andrew sigue sin tener idea de porqué yo estaba molesta con él esa noche. Trato de hacer lo mejor para explicarle, pero estoy segura de que lo dejé más confundido.

"Andrew, necesitaba que te reportaras porque estaba ESPERÁNDOTE. Estaba preocupada porque venías de camino y te esperé más de una hora. Por eso necesitaba que te reportaras. Si hubiera sabido que te ibas a quedar hablando con Liam por tanto rato, yo te habría dado la llave extra y me habría ido a acostar. No necesito que te reportes cuando estás afuera con tus amigos y no tenemos planes."

Andrew responde de la manera más confusa, "Pero no sabía cuánto iba a hablar con Liam cuando contesté el teléfono."

En este punto estoy estupefacta y ya no me importa. Andrew todavía no entiende lo que estoy diciendo, pero no me molesto tratando de explicarlo más. Termino la conversación diciendo, "Gracias por reportarte; fue dulce. Sé que estabas tratando de hacer lo que te pedí y de verdad lo agradezco."

Por muchas semanas, Andrew me avisa cada vez que llama a su amigo Liam. Es adorable. Hasta me mandó un mensaje de texto una noche para informarme que va a llamar a su amigo Liam mientras yo estoy en casa. Me río mientras leo, "Oye, voy a llamar a Liam, probablemente hablaremos por una hora o así. "

Semanas después, estamos en su casa y estoy leyendo en su habitación mientras que Andrew está en la sala en su computadora. Entra a decirme que va a llamar a su amigo Liam y que solo hablarán por veinte minutos porque sabe que se está haciendo tarde. Le sonrío de mejilla a mejilla y le digo, "Gracias por avisarme. Puedes hablar cuanto quieras porque solo me puedo dormir si me canso. Digamos las buenas noches de una vez."

Andrew me da un beso de buenas noches y se va a llamar a Liam. Me voy a dormir con un corazón feliz porque sé que encontré mi unicornio. Es un unicornio que no entiendo muy bien todavía, pero aun así sé lo especial que es. Un poquito tiempo después de esto, le doy mi llave de repuesto. Así, el nada más puede entrar cuando quiera y yo no lo tengo que esperar despierta.

\* \* \*

## LA PERSPECTIVA DE ANDREW

Mientras hablaba con Liam, el pensamiento de que Michelle me estaba esperando y podría estar molesta no me pasaba por la mente. En mi mente estaba pensando, debería dejar ir a Liam pronto y luego él diría algo interesante y emocionante a lo que tenía que responder. Después que yo respondía, él respondería a eso, seguido por mí pensando que debería dejar ir a Liam pronto y esto se repitió hasta que estaba hora y media tarde. Una cosa que debo recordar es que la persona que quiere que me reporte no está conmigo; no sabe qué está pasando. Tengo que ponerme en sus zapatos. Esto no es exactamente difícil, pero es difícil de hacer todo el tiempo cuando estás afuera divirtiéndote, hasta las rodillas arreglando los problemas de un sistema de calefacción, ventilación y aire acondicionado, o cuando estoy hechizado por cualquier cosa que tenga mi atención en ese momento.

\* \* \*

## No Hay Momento Correcto

Andrew es conocido por decir cosas en momentos inapropiados y yo soy conocida por decir cosas que lo confunden. Aquí hay un ejemplo de esto.

Andrew y yo estamos de camino a ver a unos amigos. Yo estoy conduciendo y él está en el asiento de pasajero. "Sí, de verdad no creo que debas vender tu apartamento," me dice de la nada. "No sé si vale la pena."

"Andrew, no es momento de hablar de esto," le respondo. "¿Por qué siempre dices cosas así en el carro? Ya casi llegamos."

"¿Por qué todo el mundo dice que no es el momento correcto?" Andrew dice mientras mira su reloj con frustración. "Nunca es el momento correcto."

"Andrew, estás sacando un tema serio cuando no tenemos tiempo de hablarlo," le explico. "Mis finanzas son algo me estresa mucho en este momento y no quiero pensar al respecto."

"¿Cuándo es un buen momento entonces?" me pregunta. "Nunca sé cuándo es el momento correcto y nadie me lo puede decir nunca."

"El momento correcto sería cuando no vamos para ningún lugar y tú me adviertes que quieres sentarte a hablar acerca de algo importante," le explico. "No cuando estamos a punto de llegar a algún lugar y estamos apurados."

"Bien, entonces te adviero que quiero hablar de algo. ¿Algo fuerte?" Andrew repite mis palabras.

"Sí," le respondo. "No lo saques de la nada. Si vamos a hablar de números e hipotecas, quiero estar sentada con una pluma y un papel para poder concentrarme en un presupuesto."

"Está bien," dice Andrew cuando llegamos a nuestro destino.

Pasa una semana. Estoy acostada en mi cama leyendo, cuando entra Andrew y me toma por el brazo. "Necesito hablar contigo. ¿Podemos hablar?" dice en un tono serio.

"Claro," le digo y me levanto y lo sigo a la sala. Siento algo feo en mi estómago mientras asumo que no me va a gustar esta conversación.

"Pues, el próximo fin de semana, mi tío nos invitó a cenar en su casa," dice Andrew.

Me siento y espero que caiga la bomba… pero no cae.

"¿Eso es todo?" le pregunto.

"Sí, ¿podemos ir?" responde Andrew. "Necesitamos estar ahí a las cinco."

"Sí, podemos ir," le respondo. "Pero me hiciste pensar que necesitabas tener una conversación seria."

"No, eso era todo," dice Andrew mientras camina hacia la habitación donde tiene su computadora.

Andrew repite este patrón muchas veces las siguientes semanas. De nuevo, está intentando hacer lo que yo le pedí, pero no está entendiendo exactamente lo que le estaba tratando de decir.

AMISTAD AMOR AUTISMO

\* \* \*

## LA PERSPECTIVA DE ANDREW

Esto me ha pasado incontables veces en muchas relaciones. He descubierto que muy poca gente está lista para discutir temas pesados. Es como si los desinflaras cuando se dan cuenta de lo que quieres hablar.

El tema podría ser "¿Cómo deberíamos invertir nuestros ahorros?" o "¿Sabías que el disco de acreción de un agujero negro puede estar a más de diez millones kelvin?" o "Tu mamá te menospreció mientras tenías una conversación con ella y luego dejaron de hablar. ¿Tienes algún trauma de experiencias pasadas como esa?" Y cualquiera de estos iniciadores de conversación podría pasar en cualquier momento.

Me he vuelto mejor en esto pensando, '¿Es el momento apropiado para este tema tan pesado y que posiblemente sea ofensivo?' Si la respuesta es no, entonces espero a que estén de buen humor, recién terminados de comer, estén bien descansados y puedan manejar el tema.

\* \* \*

## Momentos Vergonzosos

Andrew y yo estamos en casa de Jackson y Caleb para una noche de juegos con algunos de sus amigos. Conocemos a Selina, una hermosa mujer en sus cuarenta y tantos que migró de El Salvador a Canadá.

"¿Qué tanto te gusta Canadá?" Andrew le pregunta a Selina mientras yo juego mi turno.

"Amo Canadá," responde Selina. "Es tan hermoso aquí."

"¿Cuántos años llevas aquí?" pregunta Andrew.

"Tres años," le responde ella.

"¿Y qué te llevó a mudarte acá?" Dice Andrew.

"Amor," responde Selina. "Me mudé acá por amor."

"¿A qué te refieres con amor?" pregunta Andrew.

Selina se pone perceptiblemente incómoda mientras vuelve a decir lo que había dicho. "Me mudé acá por amor. El amor me trajo aquí."

Andrew todavía no tiene idea de a qué se refiere, así que sigue picando. "¿A qué te refieres con amor? ¿Qué tipo de amor?" Unas vez más es obvio para mí que Selina está incómoda, porque claramente está hablando de una relación que le rompió el corazón, pero Andrew no se da cuenta de esto.

El inglés es su segundo idioma, así que pienso que ella cree que Andrew no la entiende por su acento.

"Me mudé acá por amor," repite una tercera vez, sin ofrecer ninguna información adicional.

Andrew le va a hacer unas preguntas más, pero yo lo detengo. "Ella se mudó acá por una relación. Por eso eligió Canadá," le digo mientras le agarro una pierna. Y luego volteo a ver a Selina. "Perdón, Andrew se toma las cosas literalmente. A veces necesita más explicaciones."

Las cosas se sienten incómodas por un rato hasta que cada uno de nosotros juega su turno y nos olvidamos de eso.

De camino a casa, Andrew me pregunta en el carro, "¿Por qué le dijiste que me tomo las cosas literalmente? No entiendo por qué dijiste eso."

"Era un momento incómodo, y podía sentir que ella estaba incómoda. Solo quería que ella supiera que no era su culpa que no le estuvieras entendiendo. Se veía muy avergonzada," le expliqué.

"Yo solo no sabía qué estaba pasando o porqué dijiste eso," dice Andrew. "Ella podría haberse referido a amor por su trabajo o amor por las montañas. Mudarse aquí por amor podría significar cualquier cosa."

"Perdón si te interrumpí," dije con compasión. "Es difícil para mí quedarme sentada en esos momentos incómodos sin decir nada. Se sintió como que le preguntabas una y otra vez algo personal que ella no quería responder."

A medida que pasan los meses, me acostumbro a tener esos momentos incómodos pasando frente a mí. Hago lo mejor que puedo para no interrumpir, pero en ocasiones poco comunes, no puedo evitarlo. Siempre intento discutir estos incidentes con Andrew después de que pasan y él empieza a desarrollar un entendimiento de lo que está sucediendo.

AMISTAD AMOR AUTISMO

\* \* \*

## LA PERSPECTIVA DE ANDREW

Después de que Michelle me ayudó a entender qué estaba pasando en la conversación que estaba teniendo con Selina, tenía muchas cosas qué pensar. Todos se sintieron incómodos menos yo. No sabía que las cosas estaban incómodas. Para mí, se sintió como si Michelle devaluara lo que yo estaba sintiendo y se disculpó por mí. Esto fue confuso y no tenía sentido.

Me doy cuenta ahora, mucho más que antes, que es más seguro asumir que Selina se refería a una relación con alguien que la trajo a Canadá. Pero igual me voy a defender. Si alguien dice que se "mudó por amor," mi mente lucha para creer que "amor" absolutamente significa una relación con alguien. No computa en mi mente. Me sentía obligado a confirmar que Selina se refería a una relación.

Cuando esta conversación estaba sucediendo, mi mente estaba pensando en docenas de cosas que podrían ser ese amor. Todo lo que quería saber era a qué tipo de amor se refería. ¿Tiene amor por el senderismo? ¿A esquiar? ¿La familia? ¿Carros clásicos? Mientras el resto de personas se sentían incómodas, yo sentía vergüenza. Como si yo fuera estúpido por tomarme las cosas literalmente.

Esta historia todavía me hace sentir molesto cuando pienso sobre ella. Estos son los sentimientos que pueden afectar más profundo. Cuando la gente te vuelve a ver como si estuvieras tan fuera de contacto, pero por dentro sientes que lo que dijiste es válido. Esto puede ser un punto serio de ansiedad para mí. Las cosas que la gente asume que están implícitas, no lo están para mí.

Cuando hago una pregunta, a menudo es una pregunta que me hace ver:

A) Estúpido,
B) Como si no estuviera poniendo atención, o
C) Como si no estuviera hecho para el trabajo que estoy haciendo o juego que estoy jugando.

Esta es una de las razones principales por las que me pongo tan incómodo en situaciones sociales. Es una sorpresa cuando estos momentos pasan y me hacen sentir horrible.

*  *  *

## ¿Cuándo Decimos Te Amo?

Estoy en casa de Andrew y hemos estado saliendo por casi siete meses. Acabamos de terminar de discutir algunos de sus problemas en el trabajo. Le ofrezco un apoyo escuchándolo mientras él se desahoga de las muchas cosas que le disgustan acerca de su día de trabajo.

"Entonces…" Andrew se pone incómodo y mira hacia el suelo. "¿Cuándo decimos te amo?"

"¿Qué?" le pregunto. "¿A qué te refieres con 'cuándo lo decimos'?"

"Bueno pues, estoy aquí sentado y me siento muy bien," explica Andrew. "Y siento que debería decir algo, pero no sé si ya lo puedo decir."

"Bueno, puedes decirlo si quieres," le contesto. "Puedes decirlo cuando quieras, de verdad. No soy el tipo de chica que lo dice primero. Nunca lo he hecho de cualquier manera."

"Bien." Andrew se toma una larga pausa mientras mira hacia el suelo. "Te amo."

"Yo también te amo," le respondo y le doy un beso. "Ahora vámonos a dormir." Cuando nos acostamos, tengo una sonrisa en mi cara. Andrew diciendo te amo fue adorable, y me encantó que lo hiciera en forma de pregunta en vez de solo decirlo. Aquí está lo raro. En este punto de nuestra relación, yo, de hecho, no me *siento* amada por él. Entenderás porqué cuando llegues al capítulo doce y trece, pero por ahora, solo diré que no se sentía como si fuéramos un equipo. Agradecí que me dijera esas palabras y estaba lista para devolverlas porque estaba comprometida con él, pero todavía teníamos camino que recorrer antes de que yo sintiera de verdad que estábamos enamorados.

\* \* \*

## LA PERSPECTIVA DE ANDREW

El recuerdo de esta historia está un poco borroso para mí. Lo único que recuerdo es que había un sentimiento fuerte dentro de mí que necesitaba salir. Ser consciente de este sentimiento fuerte y positivo es por qué lo dije de esta manera. Para que yo esté alerta de mis emociones, el sentimiento tiene que ser muy intenso. Un 8 de 10 al menos. Es triste leer que Michelle no se sentía amada por mí cuando le expresé como me sentía. Pero es entendible basándome en qué tan poco muestro mis emociones.

\* \* \*

Fotos del Capítulo 10
Bellamimalifestyles.com/bookphotos

# UNA HISTORIA EXTRA POR ANDREW

### CALCETINES MOJADOS

Siento un asco abrumador cuando piso un charco de agua o cualquier líquido y se me moja el calcetín. Empiezo a saltar como si tuviera un clavo atravesando mi pie. Pero en realidad solo no me gusta cómo se siente cuando mi calcetín tiene algún punto húmedo. Esto es una ocurrencia común en el apartamento de Michelle. Ella llena sus tazas de té hasta el tope, sin pensar que esto es una pesadilla de equilibrar cuando lo tenga listo. Por ello la cantidad de charcos de té que he pisado en los últimos meses. "Michelle, ¿por qué llenas tus tazas de té tan cerca del tope? Está causando una cantidad obscena e innecesaria de lavandería de calcetines," le pregunto con una sonrisa. Su cara es una mezcla de estar confundida y una cruda revelación. ¡Desde esta breve intervención, puedo decir con confianza que nuestra lavandería de calcetines ha disminuido por encima del 200 por ciento!

*** 

## La Perspectiva De Michelle

Cuando hago té, quiero sacarle todo el provecho posible a mi taza. También hago esto con mis batidos de proteína. Lleno el vaso más de la cuenta constantemente. Excepto que si derramo un batido de proteína, lo limpio porque es pegajoso. Me he vuelto perezosa con mi té porque es solo agua. Cuando Andrew sacó este tema un par de veces, empecé a llenar mi taza hasta la línea de llenado. De verdad extraño ese par de sorbos extra que solía tener, pero... lo que hacemos por amor. Ay.

# 11
# SITUACIONES LIGERAMENTE DIFÍCILES

Todas las relaciones pasan por momentos difíciles. Piensas que puede ser que en verdad termines quedándote con esta persona y que algunos de sus rasgos no son cosas con las que quieres vivir por el resto de tu vida. Surgirán algunos argumentos grandes e importantes. Esto, por supuesto, nos pasó a nosotros también. El hecho de que Andrew es autista y que yo no tenía ni idea de este hecho tan crucial en este momento agravó algunos de estos problemas. Lo que aprendimos, fue la grandísima importancia de la comunicación. Eso es lo bueno de las cosas difíciles; te enseñan y te ayudan a evolucionar junto con tu pareja. Aunque pueda ser muy desagradable, necesitamos las cosas difíciles para fortalecer nuestro entendimiento sobre el otro.

## Andrew Falta A La Cena

Es verano y Andrew ha estado haciendo tiempo extra en su trabajo de sistemas HVAC arreglando aires acondicionados. Una noche me pregunta si me ha puesto suficiente atención ya que él ha estado trabajando tanto. Le digo que no me molesta y que puede seguir trabajando tiempo extra si quiere. Después de casi ocho años de estar soltera, para mí es más que suficiente tener un novio que solo puedo ver unas veces a la semana. Andrew me explica que disfruta hacer tiempo extra porque eso le está ayudando a ahorrar bastante dinero en el proceso. Acordamos que él continuará hasta que sienta que ha trabajado demás o se sienta exhausto.

Pasan dos semanas y tenemos planes de cenar en casa de mi hermana. Andrew va a conocer a mis sobrinos por primera vez. Mis sobrinos tienen 16 y 18, entonces es raro encontrarlos juntos en casa cuando es de noche. La cena es a las seis, pero la casa de mi hermana está a treinta minutos conduciendo fuera de Calgary. Durante la hora pico, se puede tardar hasta una hora. Le envío un mensaje de texto a Andrew para recordarle sobre la cena en la mañana. Le digo que estaré lista cuando él salga de trabajar. Andrew usualmente sale de trabajar regularmente entre 3:30-4:30 p.m. lo que nos dejaría con suficiente tiempo para llegar a la cena. Para cuando llegan las 4:30, me estoy poniendo inquieta. Yo le envío un mensaje de texto a Andrew, '¿Dónde estás? Necesitamos irnos pronto. La cena es a las *6:00.*'

Andrew responde, "*Sigo trabajando.*"

Queriendo irme, le respondo, "¿Qué te parece si nos vemos allá entonces?"

Andrew responde, '*Sí, ese es un mejor plan. Envíame la dirección.*'

El tráfico no está mal, así que llego donde mi hermana poco después de las 5:15 p.m. Mi cuñado puso unas costillas en el asador para nosotros y huelen delicioso. Mi hermana asó unos vegetales y tiene una ensalada griega lista.

Cuando llegan las 6 en punto, le mando otro mensaje a Andrew: '¿Cuánto más te vas a tardar? Te estamos esperando para comer.'

'*Sigo trabajando*', responde Andrew. '*Iré para allá apenas termine.*'

Cometo el error de asumir que esto significa que ya casi termina; de lo contrario, me habría dicho que empecemos a cenar sin él o eso pensé. A las 6:45 lo llamo porque todos tenemos bastante hambre y nos estamos poniendo impacientes.

Andrew contesta.

"Hola, ¿qué tan cerca estás?" le pregunto.

Andrew contesta con, "Estoy donde el proveedor recogiendo una pieza para este trabajo."

"¡¿Qué?!" Exclamó. "¿Todavía tienes que ir a terminar un trabajo?"

"Sí," me responde.

Siento una conmoción en mi estómago cuando me doy cuenta de que está haciendo horas extra. Siento la rabia empezando en mi estómago. No puedo creer que haya tomado horas extra. Originalmente había pensado que él último trabajo del día le había tomado más de lo esperado, pero claramente, eso fue otra suposición errada. Estoy frustrada.

"Bien, entonces vamos a empezar a comer." Escondo mi rabia.

"Ah sí, deberían comer." responde Andrew con un tono amigable.

La cena está deliciosa, pero es difícil disfrutarla con todos esos pensamientos ruidosos pasando por mi cabeza. No les digo mucho a los otros por encima de, "Perdón chicos, es que se quedó atrapado en el trabajo." Es muy pronto en nuestra relación para hablar mal sobre Andrew con mi familia que apenas y lo conoce.

Secretamente, estoy pensando, *'¿¡Qué putas acaba de pasar?! ¿Está con el proveedor a las 6:45 para comprar una pieza? ¿Por qué no me dijo hace dos horas que no podría llegar a la cena?'*

Habría salvado la noche el saber mucho antes. Esperamos en vano. Cuando le pregunté si le faltaba mucho, pensarías que me habría al menos advertido que le faltaban un par de horas o que me diría que empezáramos sin él. ¿Qué diablos está pasando? ¿Quién dice "Estoy trabajando y me iré para allá cuando termine"? Cuando va a estar trabajando por las siguientes horas. Aaaaaaaarrrgh.

Un buen rato después de terminar la cena, estoy sentada en el sillón con la panza llena de costillas y disfrutando de la compañía de mis sobrinos. Miro hacia abajo para ver un mensaje de texto de Andrew.

*'Voy de camino y Google dice que llegaré en 24 minutos.'*

Veo la hora; son las 8:40. Estoy sorprendida y confundida al mismo tiempo porque Andrew todavía está intentando llegar acá, tan tarde de la noche entre semana.

Lo llamo. "Andrew, da la vuelta. Es demasiado tarde para que vengas. Mis sobrinos tienen escuela mañana y mi cuñado se va a dormir a las nueve. Solo ve por comida de vuelta a casa."

Andrew está despreocupado. Solo se ríe y dice, "Sí, supongo que es un poco tarde. Me iré a casa entonces."

Estoy tan confundida. ¿Cómo pudo tomar horas extra en el trabajo una noche que teníamos planes de cenar con mis sobrinos? Él sabe qué tan importantes son mis sobrinos para mí y lo emocionada que estaba de que él los conociera. Cuando discutimos lo de que él tomara horas extra, él debió haber sabido que eso no incluía las noches que teníamos planes importantes. ¿O no lo sabía? Le recordé esta mañana que la cena era a las seis. ¿No fue eso suficiente?

Conduzco a casa en silencio para que mis pensamientos se asienten. No puedo computar lo que acaba de pasar. Estoy molesta con Andrew por arruinar una noche que habíamos planeado por semanas, pero al mismo tiempo mi instinto me dice que no lo hizo deliberadamente. Sigo recordando los eventos del día y no importa de qué manera lo vea, no tiene sentido. Casi parece como si en su cabeza él nada más vendría a cenar cuando terminara de trabajar, pero no contó con el factor de qué hora sería. ¿Cómo puede ser eso?

Cuando le hago estas preguntas a Andrew después, no le ayuda a mi confusión. Todo lo que puede decirme es que no sabía cuánto le iba a tomar y que no se dio cuenta de que no debió haber tomado tiempo extra (Palma en mi cara).

Luego aprendería sobre la ceguera de tiempo y qué tan a menudo afecta a Andrew. La ceguera temporal involucra qué hora es, cuánto tiempo queda y qué tan rápido está pasando el tiempo. No es poco común que Andrew luche con estas áreas. He aprendido a preocuparme solo por mi día y él se unirá apenas llegue. No hay necesidad de esperarlo para comer. También ayuda inmensamente hacer preguntas más específicas para saber qué tanto más se va a tardar.

\* \* \*

## LA PERSPECTIVA DE ANDREW

Por el bien del contexto, me gustaría explicar los siguientes términos.

Llamada de servicio: Llamadas aleatorias a través del día de los clientes con respecto a sus equipos de calefacción/enfriamiento. Cualquier cosa desde la caldera residencial o aire acondicionado hasta unidades masivas de aire acondicionado que se llaman enfriadoras y están encima de condominios. Cuando está muy caliente o muy frío la compañía puede recibir docenas de llamadas al día al punto en que la compañía puede necesitar técnicos trabajando horas extra para despejar todas las llamadas. He encontrado que con las llamadas de servicio tengo la oportunidad de practicar y aprender sobre tu profesión u oficio. Es súper gratificante cuando logras resolver los problemas de una llamada de servicio. Se siente genial saber que lo arreglaste y ahora está funcionando debidamente de nuevo.

Madriguera de conejo: Esto es una gran metáfora para estar voluntariamente perdido en lo desconocido sin ninguna idea de cuánto te vas a tardar o dónde te podría llevar.

Reportarse: La manera más sencilla de explicarlo, es un comportamiento aprendido el cual conlleva recordar llamar, enviar mensajes de texto o correo electrónico, etc. Es importante reportarte con alguien que quiere saber sobre ti.

Cuando estoy resolviendo problemas, no tengo nada más en mi mente. Estoy 100 por ciento concentrado en la tarea frente a mí. Esta llamada de servicio fue una que particularmente me dejó perplejo. Necesitaba tiempo para entender y diagnosticar propiamente el problema. Me es muy difícil adivinar cuánto me voy a tardar; la respuesta a la llamada de servicio podría presentarse en cualquier momento. Además el cliente estaba a mi lado viéndome trabajar y haciéndome preguntas. Usualmente no me importa esto, pero este cliente en particular me estaba causando perder mi tren de pensamiento. Estaba en una madriguera de conejo y me olvidé de reportarme. Tanto Michelle como mi oficina se sienten frustrados cuando no les puedo dar una idea aproximada de cuánto me voy a tardar. Tengo este problema a menudo.

* * *

# El Sr. Siestas Largas y Dolor De Panza

Los hábitos de comida y sueño de Andrew no son como ningunos que haya visto antes. Si quiere irse a dormir a mitad del día, nada más cierra los ojos y se toma una siesta por horas. Esto arruinará completamente las probabilidades de que pueda dormir en la noche y me frustra por muchas razones.

1. No me gusta tomar siestas, así que me aburriré mientras él toma una y luego él querrá que me quede despierta tarde y juegue con él.
2. Arruina nuestra rutina. Andrew se comerá una cena entera a la media noche mientras yo espero en la cama. En la mañana, estaré aburrida mientras él duerme hasta el mediodía.
3. No parece cambiar, no importa cuántas veces hablemos al respecto. Yo intento despertarlo de sus largas siestas, pero nada más vuelve a caer dormido.

Le digo, "No vengas acá a tomar siestas de tres horas. No tomes siestas de tres horas nunca. Te arruina el sueño en la noche."

Andrew me dirá que está de acuerdo pero luego lo hará de nuevo. La única razón por la que puedo manejarlo es porque no estoy trabajando mucho. Me puedo quedar con él hasta tarde porque puedo dormir hasta tarde. No pasa todo el tiempo, pero pasa mucho más a menudo de lo que puedo manejarlo. Irá a trabajar cansado y luego tomará una siesta de tres horas cuando llegue a casa, luego estará despierto hasta tarde y repetirá el patrón. Me vuelve loca.

Andrew también tiene un hábito de comer hasta que le duela el estómago, se le puede olvidar comer o puede comer comidas completas a las 3:00 a.m. Es como si no tuviera un radar advirtiéndole que está lleno o que tiene hambre. A veces come hasta enfermarse y luego dice que no vuelve a comer x, y o z. Muchas personas comen hasta tener un coma alimenticio de vez en cuando, pero esto es diferente. Pasa inesperadamente y Andrew se siente realmente mal. Le digo que probablemente no tiene que ver con lo que se comió como tal, sino con la cantidad que está comiendo. Sus porciones a menudo son muy grandes para una sola comida y no sabe cuándo detenerse aunque esté lleno. Esto me frustra a más no poder, pero rara vez lo menciono porque no parece ser algo que pueda controlar. Cuando su estómago no se siente bien he aprendido a morderme la lengua. No estoy segura de que algo pueda rectificar estas situaciones.

MICHELLE Y ANDREW PRESTON

\* \* \*

## LA PERSPECTIVA DE ANDREW

Quedarme despierto tarde, seguido por dormir con siestas de por medio, ha sido un mal hábito que tengo desde la niñez. Michelle me ha ayudado a entender que tomar siestas es más perjudicial que útil. Dormir bien por la noche, acostarse y levantarse a la misma hora todos los días es algo muy útil para tener una sensación general de bienestar y también ayuda con tu salud mental.

Habiendo dicho esto, me cuesta mucho despertarme en la mañana. Hubo veces cuando era más joven donde tocaba el botón de mi alarma de diez o cinco minutos por dos o tres horas seguidas. Dormir entre las 9:00 a.m. y 1:00 p.m. era algo normal para mi yo más joven. Cultivar disciplina cuando suena la alarma en un día libre a veces se siente como pedir un milagro. Sospecho que por mis antecedentes en el mundo del levantamiento de pesas, cree una relación irresponsable con la comida. Todavía me dan mis impulsos de comer más de la cuenta cuando estoy disfrutando de una comida deliciosa. Desde mis 23 hasta que cumplí 28, comía entre 3500 hasta 6000 calorías al día. Las viejas costumbres son difíciles de erradicar.

\* \* \*

## Incidente Con Un Compañero De Trabajo

Voy a visitar a Andrew un fin de semana a su casa y está muy inquieto cuando llegué allí. Me siento en su silla reclinable de cuero color café y le pregunto qué pasa. Andrew me explica que recibió un mensaje de texto desagradable de uno de sus compañeros de trabajo llamado Bradley.

Andrew me lee el mensaje y es bastante desagradable y largo. Básicamente dice que Andrew es un amigo horrible que siempre le habla de manera condescendiente y que él está cansado de eso. Está tan lleno de culpa y rabia que yo habría pensado que vino de un adolescente en vez de un adulto. Me recuerda a algo que escribiría alguno de mis alumnos porque tiene un subtexto de drama de secundaria por donde lo veas.

Andrew me explica que llamó a Bradley y le dejó un mensaje de voz preguntándole porqué se había molestado tanto. Bradley no le devolvió la llamada. Andrew trató de localizarlo por mensaje y le preguntó si podían hablar al respecto. Bradley también ignoró el mensaje. Andrew no tiene idea de qué hizo para molestar a Bradley y de verdad eso lo está mortificando.

"¿Qué pasó la última vez que viste a Bradley?" le pregunto.

"Vino el domingo a recoger sus cosas y luego de que se fue, me envió ese mensaje tan desagradable," explica Andrew.

Me río y le digo, "Andrew, necesito más información que eso para poderte ayudar."

Andrew repite la misma historia casi que palabra por palabra. "Vino acá a recoger sus cosas y después de irse, me envió ese mensaje tan desagradable."

Me pongo más específica con mi pregunta. "¿Con qué ánimo viste a Bradley cuando llegó acá?"

Andrew responde, "Nada más vino y se llevó sus cosas."

Reitero, "¿Se veía molesto cuando llegó acá? ¿O se molestó en el proceso?"

Andrew me vuelve a ver como si yo tuviera dos cabezas y dice, "No sé."

Sin tener idea de las barreras a las cuáles me enfrento, le pregunto, "¿Bradley normalmente se enoja con la gente o esto está fuera de su comportamiento normal?"

Andrew no tiene otra respuesta para mí que no sea, "No tengo idea." Desconcertada acerca de qué debo hacer, trato de hacer más preguntas específicas a ver si eso ayuda.

"¿Cuánto se quedó Bradley acá antes de llevarse sus cosas?"

Andrew responde, "Más o menos treinta minutos."

"¿De qué hablaron?" le pregunto.

"Nada fuera de lo ordinario," responde Andrew.

En este punto me quiero dar de cabezazos contra la pared, pero tendría que levantarme de donde estoy cómoda para hacerlo. Muchas cosas me están confundiendo. La primera es que hoy es jueves y hasta ahora está molesto acerca de este incidente que ocurrió el fin de semana. Andrew se quedó en mi casa el domingo por la noche y no noté nada extraño con él. Esto me sorprende de alguien que acababa de recibir un mensaje de mal gusto de un amigo. También cenamos el martes y él no lo mencionó. Lo segundo es que Andrew no puede darme ninguna información acerca de lo que hablaron ese día o describir que tipo de persona es Bradley de ninguna forma. Después de preguntarle a Andrew media docena de preguntas más, no sé nada más de Bradley que cuando empecé a preguntar ni tampoco por qué podría haberse molestado con Andrew.

Para ayudarle con este problema, tendré que tomar un acercamiento diferente (se pone el sombrero de maestra). Le digo a Andrew que si genuinamente le preguntó a su amigo que lo discutiera con él y que si ese amigo está solo diciéndole cosas desagradables sin querer discutir nada más al respecto, que entonces en realidad no es problema que Andrew pueda resolver. No puede responder o arreglar algo que él no entienda. Si Bradley va a actuar de esta manera tan inmadura al respecto, entonces Andrew no debería sentirse culpable. Bradley tal vez necesite unos días para calmarse antes de llamarlo. Y si lo llega a llamar, Andrew puede lidiar con eso en ese momento. No tiene sentido estresarse al respecto mientras tanto.

Andrew asiente y luego nos abrazamos y disfrutamos una película. Nunca conocí a Bradley. Pero estoy segura de que fue lo mejor. Este incidente me hizo darme cuenta qué tanto Andrew lucha por entender las características individuales de cada quién. No estaba segura de qué hacer con esto, pero fomentó mi curiosidad para entender qué lo hace diferente.

* * *

## LA PERSPECTIVA DE ANDREW

Agradecí que Michelle me ayudara con esta situación. Semanas más tarde, me di cuenta de que Bradley estaba molesto conmigo porque me tardé en devolverle algo de su equipo que le había pedido prestado. Esto era mi culpa y me terminé disculpando. Le estaba devolviendo su equipo porque iría a la universidad por dos meses. Estaba molesto porque herí a un amigo y no me terminaba de enterar porqué. Me envió un mensaje de texto desagradable, no me respondió cuando le pregunté qué había hecho mal y no respondía mis llamadas. Esto me molestó por unas semanas. Otro compañero de trabajo me dijo que no me preocupara, que Bradley estaba equivocado por no hablarme directamente acerca de lo que lo estaba molestando.

*  *  *

## No Tener Momentos Románticos

De muchas maneras, Andrew me trata igual que cuando éramos amigos. Me molesta que no me sentirme más como una novia y que no tenemos romance. Muchas personas sueñan con enamorarse de su mejor amigo y es fantástico. Es el tipo más espectacular de amor, pero si te sientes mucho como si fueran amigos, puede sentirse como que algo falta. Al menos, ese es el caso para mí. A veces, quiero sentirme más como una novia. A veces, quiero que mime como si fuera nuestra primera cita de nuevo.

En mi cumpleaños número treinta y cuatro, habíamos estado saliendo por seis semanas. Yo estaba esperando una noche especial con Andrew y hasta me compré un vestido especial para la ocasión. La noche fue más o menos un fracaso. Fue una velada disfrutable (como son la mayoría de noches con Andrew), pero terminó sintiéndose como cualquier otra cita que habíamos tenido. Casi se sintió como si se hubiera olvidado de mi cumpleaños. Fuimos por pizza y a bailar, pero no me dio una tarjeta o un regalo. Andrew no cambió nada para resaltar la ocasión. Me dejó sintiéndome decepcionada.

Con el tiempo aprendí que ese es el caso para casi todos los días festivos y ocasiones. Cuando saco el tema con Andrew, me dice que él sí es capaz de romance, pero que siente que está actuando. No quiero que Andrew sienta que está actuando conmigo, así que le digo que siempre sea él mismo.

MICHELLE Y ANDREW PRESTON

* * *

## LA PERSPECTIVA DE ANDREW

Tuve una experiencia en mi relación pasada donde sentí que sabía lo que mi novia quería. Pensé que podría actuar de cierta manera para darle una gran velada afuera. Traté de ser extra bueno y considerado. Evadí hacer cualquiera de las cosas que a ella no le gustaba que hiciera. Y para mi sorpresa, funcionó... funcionó *muy* bien. Se sintió agotador y extraño, pero ella expresó que para ella fue una gran noche y lo maravilloso que fui.

Cuando la noche ya iba terminando, mi filtro mental se sobrecargó. No me gusta actuar. Actuaré en ciertas situaciones que lo requieran, pero en general, me gusta ser yo y dejar que el flujo natural de las cosas tome su curso. Quería decirle a esta novia que había estado actuando toda la noche. Quería ser honesto con ella. Luego de explicar la situación, ella no terminaba de entender. Fue una experiencia tan extraña. Me sentí tan bizarro sabiendo que si quería, podría actuar de la manera que ella quería que yo actuara. Ella no sabría que estaba actuando y lo disfrutaría al máximo.

El romance me es tan confuso. Se siente pretencioso. Cuando Michelle me dijo que no tenía que actuar con ella, me sentí feliz.

* * *

## Muy Mal Momento

Cuando llevábamos meses en nuestra relación, le expreso a Andrew que me gustaría que mostrara más afecto. Le digo que no me gusta como de muchas maneras se siente como si todavía fuéramos solo amigos y que anhelo algo de caballerosidad y afecto. Poquito después de tener esta discusión, nos vamos a acampar en el campo con Jackson y Caleb por un fin de semana largo. Caleb planeó la caminata y reservó los sitios para nosotros y todos estamos emocionados. A través del fin de semana, hay una diferencia obvia en Andrew que yo aprecio mucho.

Él monta y desmonta nuestro campamento mientras me dice que me relaje con el fuego. Él también carga algunos de mis objetos más pesados en la caminata hacia arriba y es la primera vez que lo hace. Él claramente se está esforzando en hacer lo que le pedí y yo me aseguro de hacerle saber lo mucho que aprecio eso.

Tenemos un fin de semana espectacular en el campo, uno de nuestros mejores fines de semana.

El clima se mantiene y hay una mesa de picnic y una hoguera en la que fácilmente podemos cocinar y jugar Yahtzee.

El lunes, tenemos una larga caminata a través de un valle y bajando la montaña. Es una caminata hermosa con vistas espectaculares pero después de tres días de estar en la naturaleza, es difícil. Particularmente porque tenemos resaca y el camino está atestado.

Llegamos a un puente de madera con una vista impresionante de las montañas rocallosas detrás de nosotros así que nos detenemos a tomar fotos. Tomo algunas fotos de Jackson y Caleb con mi teléfono y luego Jackson va a tomar una foto de Andrew y yo con el suyo. Hay mucha gente esperando al otro lado del puente a que nosotros crucemos, así que no nos molestamos en intercambiar teléfonos para mantener las cosas en movimiento.

Andrew me besa en la mejilla para la foto, lo cual es bonito porque nunca ha hecho eso antes. Pero luego empieza a besarme en un lado de la cara y a abrazarme. Esto lo hace por bastante rato, bastante rato después de que Jackson guarda su teléfono. Mucha gente nos está mirando esperando a que crucemos y Andrew no deja de besarme y abrazarme. Nunca me ha besado así antes en público y me da ansiedad. Me pone incómoda que la gente nos esté mirando y esperando que nos movamos.

Termino alzando la voz y haciendo un comentario para que él se detenga. "Perdón a todos, mi novio decidió que vamos a detener el paso," digo mientras me quito sus manos de encima y le pido que deje de besarme. La gente se ríe y Andrew se siente claramente avergonzado. Inmediatamente me siento como una idiota y sé que herí sus sentimientos.

Andrew camina detrás de mí en silencio por medio kilómetro después de pasar la muchedumbre, antes de que yo me detenga a hablar con él. Andrew no me mira a los ojos cuando trato de disculparme. En vez de eso, mira hacia arriba y dice confundido, "Estaba demostrando afecto, estaba demostrando afecto, estaba demostrando afecto," y luego se va corriendo a toda velocidad dejándome botada.

No veo a Andrew de nuevo hasta que llego al pie de la montaña. Esto es todavía peor porque él llevaba mi agua y nos faltan cinco kilómetros. Por suerte Caleb me espera, así que no tengo que hacer toda la caminata sola. Entre más proceso lo que pasó, peor me siento.

Andrew estaba haciendo exactamente lo que le pedí; solo que no pudo escoger peor momento para hacerlo, especialmente porque había gente esperando para poder caminar. Andrew siempre intenta hacer lo que yo le pido. Solo que a veces no entiende qué es lo que yo quiero.

\* \* \*

## LA PERSPECTIVA DE ANDREW

En retrospectiva, tal vez exageré. Como es con muchas otras cosas en la vida, todavía estoy trabajando en algunos de estos sentimientos extremos que pueden ser abrumadores. Cuando me piden que haga algo (en el trabajo, en la universidad o en una relación), si la persona se enoja conmigo por hacer lo que me pidió expresamente, me pongo intensamente emocional. Es un sentimiento abrumador porque estoy haciendo lo que me pediste que hiciera. Quiero que seas feliz e hice lo que pensé que te haría feliz, pero te hizo enojar. Todo lo que quiero es alejarme y estar solo ahora.

Casi se siente como si hubiese caído en una trampa y la persona que me puso la trampa es alguien que me importa. Todavía, hasta la fecha sigo tratando de calmarme cuando pasan este tipo de incidentes.

Esperaría que la persona que me dijo qué hacer, antes de que yo cometiera un error me explicara qué estoy haciendo mal de una manera amigable. En ese momento, estoy frágil. Me siento mal por haberte molestado y enojarme me hace sentir diez veces peor. Deseo que la otra persona sepa. Me importa que seas feliz. La vida es difícil.

\* \* \*

## Nuestra Vida Sexual

Es fácil decir que mis percepciones acerca del sexo fueron distorsionadas por tener muchas "mini relaciones" de tres meses en los años previos a empezar a salir con Andrew. Estas relaciones eran mayormente basadas en atracción y empezaron con grandes cantidades de química sexual. Las cosas eventualmente se asentaban, pero estaba acostumbrada a que el sexo empezara con una explosión.

Con Andrew, la química sexual es diferente. La mejor manera en la que la puedo describir es que nuestra vida sexual empezó donde usualmente terminaba con la mayoría de tipos cuando habíamos estado juntos por un tiempo.

Teníamos suficiente sexo, pero estábamos lejos de arrancarnos la ropa mutuamente. Nunca había estado en una relación que no fuera más que todo acerca de sexo al inicio, así que pensé que había algo mal con nosotros. Parecía que cada vez que trataba de crear fuegos artificiales mis intentos fallaban miserablemente y no entendía por qué. A menudo yo quedaba sintiéndome avergonzada cuando él no se daba cuenta que estaba tratando de crear un momento romántico. Es un sentimiento horrible. (Doy un ejemplo sobre esto en el próximo capítulo.)

Lo que me confundía más sobre Andrew es que nuestros momentos más sexy nunca eran cuando yo pensaba que serían. Me arreglaba mucho para una cita y pensaba, *'Me veo sexy esta noche. Él me va a querer arrancar la ropa apenas lleguemos a casa.'* Pero estaba equivocada. Rara vez pasaba así. De hecho, nunca pasó así.

Andrew no sigue las reglas de la sociedad. Las citas eran los días donde él me diría que me veía hermosa y luego se despedía y se iba para su casa. No sabía qué hacer con eso. Era nuevo para mí arreglarme para una cita con un novio, solo para quedar vestida y alborotada, especialmente al principio de una relación.

Andrew y yo teníamos momentos de buena química sexual, pero eso pasaba aleatoriamente. Cuando planeaba crear fuegos artificiales, fallaba. Pero a veces entre semana, a media tarde, terminábamos teniendo sexo fantástico de la nada. Nada tenía sentido para mí. Mientras digo esto, me imagino que es fácil pensar *'Bueno, eso no suena terrible*', y no lo era. Pero claro que era confuso. Se sentía como si estuviéramos en frecuencias diferentes. No sabía decir cuando Andrew estaba de humor o cuando quería que le saltara encima. En todas mis relaciones previas, podía decir fácilmente cuando mi pareja estaba de humor. Con Andrew, no tenía idea.

Había ocasiones en las que trataba de coquetear con él para llevármelo al cuarto y parecía no tener idea de qué estaba haciendo. Me hacía sentir insegura. Una vez me empecé a sentir insegura, empecé a sobre pensar antes de iniciar el acto sexual. No entendía por qué me estaba cuestionando todo tanto porque eso era diferente a como soy usualmente. Había algo que se sentía diferente con Andrew, pero yo no lo entendía. Parecía que vivíamos en canales diferentes.

Cuando llevábamos dos meses en nuestra relación, fuimos a nuestro primer fin de semana juntos. Rentamos un cuarto con una vista hermosa de las montañas en Salmon Arm, Columbia Británica. En nuestra primera noche, me quedé despierta dando vueltas porque no terminamos teniendo sexo. Estaba molesta de que era nuestra primera escapada de fin de semana y no se sentía romántica.

La mañana siguiente al desayuno, le expreso a Andrew lo mucho que me está molestando que no estamos sintiendo la necesidad de tener más sexo. No siento que nos deseamos mutuamente como deberíamos en nuestra primera escapada de fin de semana. Le digo que siento como que nos falta cierta chispa.

Andrew responde diciendo, "¿Quieres fuegos artificiales y chispas? ¿Por qué? No queremos eso. He tenido eso y no terminó bien. No es real. Nunca termina bien porque te cega. Lo que tenemos es mejor que eso. Es sostenible y es real."

Dice eso tan calmado mientras hace tostadas. Andrew tiene razón (como a menudo), pero no me hace sentir mucho mejor. Luego de pensar un poco, sigue con otro comentario, "Odio admitir esto, pero creo que parte de eso es que te respeto mucho. Nos conocemos muy bien." Estoy de acuerdo con lo que dice, pero igual se siente como si faltara algo. Es evidente que tenemos algo especial porque estoy lo suficientemente cómoda como para discutir sobre este tema con él abiertamente, pero igual me hace sentir triste. Me encuentro constantemente en una batalla interna conmigo misma. De muchas maneras, me siento lo más feliz que me he sentido con Andrew, pero extraño sentirme deseada de la manera en la que estaba acostumbrada. En mis días emocionales, me preocupo porque nos estemos conformando.

Parte del problema también era la inseguridad sobre mi peso. Había subido treinta y dos libras desde la lesión en mi cabeza y quedé con ese peso por el primer año de nuestra relación. Mirando hacia atrás, entiendo que mi peso no tuvo un efecto negativo en nuestra vida sexual, pero no se sentía así en el momento.

*  *  *

## LA PERSPECTIVA DE ANDREW

Cuando Michelle y yo nos volvimos amigos, estaba súper feliz de que fuéramos amigos. Pasar el rato con Michelle y sus amigos era siempre un rato divertido que esperaba. Esto duró un año. Cuando salimos en nuestra primera cita y luego fuimos a casa y nos abrazamos en la cama fue un gran cambio. La habitación de Michelle era "La habitación de mi amiga Michelle." Nunca la vi potencialmente como *mi* habitación también. Estar en una relación con Michelle iba a ser diferente que cualquier otra relación en la que había estado antes, yo sabía esto.

Esto es una metáfora que uso para describir una relación construida sobre lujuria contra una relación construida sobre amor. Una relación construida sobre amor es como una feria que tiene todo, incluyendo atracciones de feria. Los terrenos de la feria están bien planeados (madurez). Un buen personal (compasiva), y la feria no es cara (desinteresada). Es un lugar que amas.

Una aventura de una noche o una relación construida sobre la lujuria es como montarte en la atracción principal una y otra vez, sin darle atención al resto de la feria.

Nadie quiere subirse a la Space Mountain todo el día. En algún punto tienes que bajarte e ir a ver el resto de la feria. Luego de enfocarte solo en la atracción más grande y más emocionante de la feria, te vas a aburrir. Tal vez la aventura de una noche se convierta en una relación, una construida sobre lujuria. En esta feria, te vas a encontrar que tal vez no está bien planeada (inmadura). Vas a tener malas interacciones con el personal (pelear a menudo). No quieres ayudar a mejorar la feria porque solo puedes respetarlos mientras puedas subirte a la atracción principal. Entonces ninguna de sus ferias mejora mucho.

Sabiendo todo esto, puedo decir con certeza que amo a Michelle y siempre estaré aquí para tratar de mejorar ambas de nuestras ferias haciendo lo mejor que yo pueda.

\* \* \*

Fotos del Capítulo 11
Bellamimalifestyles.com/bookphotos

# UNA HISTORIA EXTRA POR ANDREW

## LAS DIRECCIONES NO VISUALES DE MICHELLE

"Está sobre calle 36, cerca de avenida 4." Dice Michelle mientras yo empiezo a encogerme. Mi mente quiere entenderla, pero todo lo que veo es oscuridad. Seguida de frustración.

La diferencia entre que yo aprenda puntos de referencia por memorización a aprenderlos de manera visual es enorme. Me toma docenas o cientos de interacciones antes de conectar el nombre de un punto de referencia de manera visual con el nombre exacto de su localización. Crecí en Thunder Bay, Ontario y puedo caminar alrededor del 70 por ciento de la ciudad en mi mente, pero sé menos del 1 por ciento de los nombres de las calles.

Cuando Michelle intenta decirme para dónde vamos, me dice la localización exacta. "Amor, ¿dónde está Bankers Hall?" le pregunto a Michelle mientras conduzco.

Me responde con, "En el centro, avenida 8." Esto no ayuda. Me podría estar hablando en un idioma extranjero.

"¿Qué queda cerca de ese lugar, Michelle?" Pregunto intentando visualizar algo en mi mente. Si me da algún lugar que conozca, después de eso puedo caminar, en mi mente hacia el lugar al que vamos.

Me dice, "Hay un McDonald's y un CIBC." Aún sigo en la oscuridad. Nunca he ido a un McDonald's o al CIBC en el centro. Nunca he vivido en el centro. Pero sé dónde está la torre de Calgary. Está una cuadra al este de Bankers Hall. Y más o menos sé dónde está el centro comercial de TD Square y eso es cruzando la calle.

"¿Puedes buscar en Google Maps direcciones a Bankers Hall y poner el teléfono en el posavasos, por favor?" le pregunto gentilmente, sin demostrar que estoy un poco agitado por dentro. Y porque Michelle es una persona tan maravillosa, lo hace sin pensarlo o sentirse incómoda.

Google Maps salva el día de nuevo. Siento alivio sobre mí.

\* \* \*

## La Perspectiva De Michelle

Ah sí, dar direcciones. Es imposible para mí darle direcciones a Andrew. Se siente como que sin importar lo que diga, no ayuda en nada. "Es tu tercera izquierda," le digo. "Déjame dirigirte. Yo te digo cuando tomar la vuelta."

Andrew siempre responde, "No, necesito verlo en mi mente."

No sé cómo describir una imagen para él de dónde está algo, así que dejo de intentarlo. Aunque diga, "Está en el mismo centro comercial donde encontramos esa comida vietnamita que estaba rica la semana pasada," va a seguir sin tener idea alguna de qué centro comercial estoy hablando.

He visto otras parejas discutir por direcciones en muchas ocasiones. Ahora me pregunto si será porque una persona tiene una memoria visual y la otra no. Si este es el caso, siento que es mejor dejar al conductor usar Google Maps mientras la otra persona nada más se queda callada. Algunas de estas diferencias están programadas en nuestros cerebros, así que no hay razón para pelear por ellas.

# 12
# SITUACIONES DIFÍCILES

## Los Problemas Más Grandes

Las siguientes historias cortas tratan sobre nuestros problemas más grandes durante el primer año. Lo que no comprendía o que no sabía cómo lidiar. Estos problemas hicieron cuestionarme si Andrew y yo estábamos hechos el uno para el otro.

## Sabía Que Era Más Feliz, Pero No Entendía La Razón

"La gente me comenta en el trabajo que parezco más feliz", me dijo Andrew. "Me siento menos ansioso y estoy de buen humor todo el tiempo".

"Andrew, ¿sabes qué eso se debe en gran parte a nuestra relación y lo bien que nos complementamos?", le pregunté. "También he estado mucho más feliz desde que empezamos a salir".

Andrew me miró confundido, como si nunca lo hubiera considerado.

En los primeros seis meses de nuestra relación, la vida de Andrew ha mejorado drásticamente. Estaba más feliz en todos los aspectos, pero no se percataba que yo era una gran parte de esa felicidad. Sabía que estaba más feliz, pero entendía el por qué.

Su expresión perpleja me pegó en el ego. Quería que volteara y dijera: "Claro, es por ti y nuestra relación", pero nunca lo hizo. No podía darme el crédito por su felicidad y yo odiaba eso. Sé que admitir esto puede hacerme sonar como una tonta, mejor amigo, pero te lo cuento de igual manera porque es verdad. Le tomó poco más de un año el poder validarme y eso me dolió.

\* \* \*

## LA PERSPECTIVA DE ANDREW

No puedes ver lo que no puedes ver. No vi el potencial positivo de una relación amorosa y compasiva. Realmente me tomó un año antes de que todo empezara a tener sentido. Percatarte de que te sientes mejor naturalmente cuando estás en una relación con una persona de calidad y ahora sé que nunca olvidaré lo que aprendí. También te das cuenta de lo que le faltaban a tus relaciones anteriores. Con esta nueva perspectiva, empecé a ensamblar las piezas y me di cuenta que también aplica con familiares y amigos. Rodearte de que gente increíble es un gran impulso para tu bienestar y sentido del amor.

\* \* \*

## Los Comentarios Francos

Hoy es un día importante para mí. La tía de Andrew, Joanne está de visita en Calgary para un evento en el Centro Cultural Japonés. La veremos bailar en la tarde y luego tenemos planes de visitar a Jackson y Caleb para jugar juegos de mesa. Por primera vez en mucho tiempo, hago el esfuerzo para verme bien. El síndrome de post-conmoción te permite sólo una cierta cantidad de energía en el cerebro al día y si la utilizó en hacer el peinado y maquillaje, usualmente no me queda mucho para socializar.

Andrew me ha dicho en varias ocasiones que me veo hermosa cuando utilizo maquillaje, entonces me esfuerzo. Contour, sombra de ojos, pestañas falsas; incluso uso delineador de boca y un brillo de labios con color. Me pongo mi audaz vestido rojo de corte imperio.

Tiene un escote y el resto fluye hasta los tobillos. Estoy feliz de que me queda, debido a que subido de peso. Paso 90 minutos alistándome e incluso me hago rulos en el cabello. Me siento hermosa y un poco animada, mejor en los últimos meses.

Cuando Andrew llega para recogerme, me dice que me veo bien y nos dirigimos al Centro Cultural Japonés. Llegamos antes al espectáculo así que nos quedamos afuera un rato disfrutando el jardín.

Todo es perfecto, hasta que no lo es.

Nos tomamos de la mano, disfrutando del jardín en el centro cultural y de pronto Andrew se queda absorto estudiando mi cara.

"¿Por qué tu labial corre por encima de tu labio superior", pregunta.

Inmediatamente me empiezo a sentir mal del estómago. Me hace enojar el comentario. Nunca me he sentido bien por mis labios y es por esto que pocas veces uso lápiz labial. Mis labios son delgados y por eso es difícil de delinear. El lápiz labial lo acentúa.

*"Seguramente hice un mal trabajo"*, pienso y me siento sumamente avergonzada. Me quedo en silencio y no sé cómo responder.

Me pongo de pie de manera abrupta y me dirijo al tocador. Comienzan a brotar lágrimas de vergüenza mientras camino o más rápido que puedo. Una vez que llegó al tocador empiezo a llorar fuertemente.

Tras recobrar la compostura, me limpio el brillo labial porque me siento estúpida de haber simplemente intentado.

Para mí, esto arruinó todo el día. Ni siquiera los juegos de mesa con Jackson y Caleb me animan.

En retrospectiva, me doy cuenta que estaba sensible ese día. Pero es difícil escuchar esas cosas cuando has hecho tu mayor esfuerzo. Especialmente cuando estás intentando disfrutar un momento romántico en el jardín. Ser oportuno no es la fortaleza de Andrew.

Mi corazón comienza a latir más rápido cuando pienso en los comentarios francos de Andrew. Si no le gustó mi vestimenta, me lo dice. Si huelo de una manera, voy a escuchar al respecto. Si estaba en un error sobre cualquier cosa, me lo hizo saber.

Podría dar una infinidad de ejemplos de sus comentarios francos, pero creo que es más fácil resumir el tema al decir esto: Andrew me dio la honestidad que uno usualmente recibe tras años de matrimonio desde el inicio de la relación. No hubo un periodo de amortiguación que me permitió sentirme segura y cómoda antes de que me golpeara con las verdades. Cuando tu esposo te da un beso en la mañana y dice: "No te lavaste los dientes", no va a herir tus sentimientos. Cuando es tu nuevo novio, es más difícil de digerir. El tono de Andrew es usualmente plano, entonces es difícil saber cuándo está jugueteando y cuándo no. Hubo muchas noches en las que me fui a la cama sintiéndome insegura sobre mí misma debido a algo que dijo.

\* \* \*

## LA PERSPECTIVA DE ANDREW

A veces, cuando hago una pregunta no me percato que estoy a punto de pisar una bomba.

Cuando le pregunté a Michelle sobre su lápiz labial sentí curiosidad de la misma forma en la que uno podría pensar: ¿Por qué es azul el cielo? ¿Por qué es el verde el color predominante en la naturaleza? O ¿Por qué tu lápiz de labios corre sobre tu labio superior? Genuinamente tengo curiosidad y no tengo intención de herir sus sentimientos.

\* \* \*

## Descifrando Qué Le Gusta A Andrew

Volteo a ver a Andrew. ¿Disfrutaste la cena?

"Estuvo bien, creo", responde Andrew.

El problema continúa por meses y me hace sentir que no agradece mis esfuerzos. Nunca he sido una persona que cocina y hago comidas sencillas debido a que normalmente sólo soy yo. Vegetales al vapor, pollo, salmón, ensaladas, y omelette es básicamente mi elección.

Es frustrante saber que alguien no está feliz con lo que les estás sirviendo, especialmente cuando no saben cuál es el problema. Cada vez que voy al supermercado no sé qué comprar. Para Andrew es fácil decirme cuando algo no le gusta, pero no bueno para decirme lo que realmente quiere. Está consciente de mi frustración en este aspecto. Una tarde recibo una llamada de Andrew mientras está trabajando.

"Hola", respondo.

"Cariño, ¡Ya lo descifré! ¡Ya lo descifré! Me gusta remojar", me dice Andrew con gran entusiasmo.

"¿Qué?", le pregunto confundida.

"Me gusta remojar. Me gusta la comida llena de salsa, es por eso que lo hago. Remojar un sándwich en la crema de brócoli es lo mejor. Quiero tanta salsa y sabor como sea posible".

"¡Aleluya!", grito, feliz de tener una respuesta después de semanas de preguntarle qué quiere que cocine. "Cocinar salsas es extraño para mí, prefiero sazonar. Pero estoy segura que puedo descifrarlo".

Poco después de esto, me doy cuenta que Andrew vive por los carbohidratos; el 60 por ciento de su plato son carbohidratos, incluso más cuando ha hecho levantamiento de pesas. Ese fue parte del problema. Quería más arroz y patatas. Una vez que desciframos el problema, finalmente Andrew disfrutó las comidas.

Eso me hizo sentir mejor sobre nuestra relación. Muchas veces he escuchado que la forma de llegar al corazón de un hombre es a través del estómago y estoy agradecida de haber encontrado la pieza faltante en el rompecabezas. Por supuesto que me confundió, que le tomó tanto tiempo a Andrew poder decirme que comidas disfrutaba.

* * *

## LA PERSPECTIVA DE ANDREW

No creo que haya respondido con esas palabras exactas, "está bien", o "no estoy completamente satisfecho". Pero yo creo que mi expresión facial dio a entender eso mientras dije: "Si, está bien". Cuando intento ser amable, usualmente fallo. Digo algo lindo de una forma obviamente sin interés.

Desde que Michelle comenzó a cocinar para mí, me percaté que me gusta la comida salsosa. Lo aprendí de un compañero de trabajo que me vio remojar mi emparedado en la sopa. Me dijo de manera sarcástica: "!Te gusta remojar! Qué desagradable, jaja". Luego me explicó que significa eso. Alguien que remoja su comida en la sopa o caldo.

Por ejemplo, la comida de la India, en la que remojas el naan en el curry con pollo. Oh, la vida es buena. Me encanta la pizza, otra comida con mucha salsa. Spaghetti, potaje, cereal, cualquier cosa en la que el sabor reina en la salsa en mis papilas gustativas, estoy dentro.

* * *

## No Percatarse Cómo Te Afectan Tus Amistades

Con quién te relacionas afecta todos los aspectos de tu existencia, entonces es mejor ser selectivo al escoger asociarte con personas de gran calidad. Andrew no se rodeaba de la mejor gente cuando comenzamos a salir, y eso me sorprendió. Nunca pensé que sería la chica que intentaría tener algo que decir en la gente con la que mi novio se rodeaba, pero en el caso de Andrew no pude mantenerme callada mucho tiempo. Después de unos meses hubieron algunos problemas que sentí debí comentarle. El primero fue sobre su compañero de trabajo, Kyle.

El amigo de Andrew, Kyle, le llamaba constantemente para quejarse de su vida. Conocí a Kyle un par de ocasiones y siempre fue un buena persona. Fácil de querer en muchos aspectos. El problema es que la vida de Kyle se estaba derrumbando y no estaba haciendo ningún ajuste para cambiar esta situación. Le llamaba a Andrew para decirle lo difícil que era su matrimonio, el estrés de trabajo, y otros problemas que tenía en su vida. Le llamaba a Andrew demasiado, incluso durante las horas de trabajo. Era obvio para mí que Andrew no estaba de buen humor después de esas llamadas y comenzó a afectar nuestro tiempo a solas.

Andrew me dijo en un par de ocasiones que no se tomó un descanso para almorzar debido a que le llamó Kyle y esto llevó a que se retrasara. Al inicio, no le di muchas vueltas por que asumí que Kyle estaba pasando por un mal momento. Pero pronto se hizo evidente que el patrón no cambiaba, es más, estaba empeorando. Es una cosa estar trabajando tarde porque hablabas con un amigo que realmente te necesitaba, pero es distinto cuando es un patrón constante.

El teléfono de Andrew sonó cuando estábamos relajándonos en mi condominio y era Kyle.

Hablan por media hora mientras yo veo televisión.

"¿Cómo te sientes? Disfrutaste la conversación", le preguntó a Andrew cuando cuelga. Andrew levanta los hombros y me dice, "no lo sé".

"¿Sientes que te habla demasiado", pregunto.

Andrew pausa y piensa en la pregunta.

"No lo sé, creo que me distrae durante el trabajo. Realmente no me gusta hablar por teléfono mientras trabajo", responde.

"Siento que te está drenando mientras al quejarse de su vida. Te ves cansado cada vez que cuelgas tras hablar con él", le explico.

"No sé qué hacer. Siempre me agradece por ser un buen escucha y me dice que disfruta nuestras conversaciones", responde Andrew.

"Presta atención a cómo te sientes cuando cuelgas con él de ahora en adelante. SI te sientes drenado después de hablar con él, limita tus llamadas a 10 minutos y luego dile que necesitas volver a trabajar", le sugiero.

Andrew se sienta y piensa en lo que le dije como si nunca hubiera contemplado esa posibilidad.

Continúo, "Puedes apoyar a tu amigo, pero es importante mantener un balance al hacerlo".

Después de esta conversación, pasan sólo unos cuantos días antes de que Andrew note cuánto le afectan estas llamadas de Kyle.

Andrew viene después del trabajo. "Bien, estoy notando que me siento agotado después de hablar con Kyle. Realmente afecta mi día. Realmente no sé qué hacer al respecto". Le reitero, "Habla con él un rato, luego dile que tienes que volver a trabajar". "Lo intenté, pero se sintió raro. "Sentí que estaba mintiendo, no quiero mentirle", explica Andrew.

"No es mentir. Debes volver al trabajo", respondo.

"Si, pero no tengo que hacerlo realmente. Si realmente quisiera hablar con él, podría", insiste Andrew.

Me siento confundida y termino la conversación diciéndole, "Bueno, entonces encuentra otra forma de resolver el problema".

Cuando la gente le pide ayuda a Andrew, quiere ayudarles. El problema es que no se percata que al ayudarles está causando un detrimento a su vida. Una vez que le dije en que piense en cómo la gente afecta su día, mejoró su conciencia al respecto y comenzó a hacer cambios.

\* \* \*

## LA PERSPECTIVA DE ANDREW

Es difícil escapar cuando comienzas a tratar a tus compañeros de trabajo como amigos. Es agradable hablar con ellos durante el trabajo, hace que el tiempo pase de manera más agradable. La mayor parte del tiempo puedo hacer mi trabajo mientras hablo con ellos, aunque no tan rápido. Me siento mal cuando paso demasiado tiempo al teléfono y ese patrón arruinó algunos días. En retrospectiva, use el hablar con Kyle y otros compañeros en el trabajo como una forma de evitar la monotonía del trabajo. La verdad es que todos somos culpables de esto.

\* \* \*

## Malas Compañías - Calabozos Y Dragones

Andrew se voltea hacia mí y me dice: "Algunos chicos del trabajo y yo vamos a comenzar a jugar A Calabozos y Dragones los domingos en septiembre. Realmente me gustaría que jugaras con nosotros".

"No tengo idea de lo que es Calabozos y Dragones", le explico. "Como un niña de los Testigos de Jehovah, jugar ese juego ese juego es tan mal como juntarse con Satán. *Los Pitufos* o *Los Osos Cariñosos* también estaban prohibidos por que igualmente tienen que ver con hechizos de magia".

"¿Nunca has visto *Los Ositos Cariñosos?*", dice Andrew con una sonrisa. "Era mi programa favorito de niño. Tenemos que verlo algún día. Es increíble".

"Claro", le digo. "Tengo curiosidad de ver qué es".

"Entonces, ¿jugarás? Por favor, sería increíble que jugaras", suplica Andrew mientras sube la voz y comienza a hablar más rápido como si me estuviera intentando vender algo. "Puedes dejar de jugar si no te gusta, pero me encantaría que lo intentaras".

"Seguro, lo intentaré", le aseguro y veo cómo se ilumina la cara de Andrew como un niño en Navidad.

"¡Oh por dios! ¿De verdad, jugarás? Increíble", responde Andrew.

"Seguro", le reitero. "Tu entusiasmo es imposible de resistir".

"Estoy muy entusiasmado. Realmente no pensé que fueras a decir que sí", reconoce Andrew.

"Bueno, realmente no sé en lo que me estoy metiendo, pero tengo la suficiente curiosidad para ingresar en tu mundo de fantasía y ver qué encuentro", le respondo. Hay ocho personas para iniciar un gran juego de Calabozos y Dragones que se llevará a cabo cada dos domingos en otoño. Soy la única mujer en el grupo, pero no me molesta. Andrew compra el nuevo libro de juegos y comienza a estudiar las semanas antes de que comience.

Llega el primer domingo y llegó al apartamento de Andrew temprano para ayudarle a instalar el juego y las mesas. Él es el Dungeon Master, que aprendo, es la persona encargada de todo el juego y Andrew se ha asegurado de estar preparado.

El primer día es algo divertido. Escogemos nuestros personajes y jugamos lo suficiente para entender el juego. Escojo ser un *bárbaro*, el mismo personaje que elijo cuando Andrew y yo jugamos *Diablo 3*. Los Bárbaros son fuertes y no tengo que aprender muchos hechizos. Algunos personajes son Magos y resultan más complicados de aprender. Nunca elijo esos personas, se los dejo a los nerds de verdad.

Jugamos por casi siete horas, que es más tiempo del que esperaba. Estoy bien con eso porque tenemos muchas botanas. Es bonito ver a algunos de los chicos realmente comprometerse con sus personajes y me sorprende lo mucho que disfruto el juego.

Sin embargo después de algunos meses comienzo a resentir nuestros domingos de Calabozos y Dragones por varias razones y ninguna que tiene que ver con el propio juego. Uno de los problemas pequeños es que estoy regresando al gimnasio y comencé a perder los 15 kilogramos que subí desde mi lesión. Los domingos siempre son un contratiempo. Voy a comer de más si estoy rodeada de botanas por horas y me salto el gimnasio para estar ahí.

Una razón más importante es que no disfruto la compañía. Para mí, los juegos se tratan más de la compañía que el propio juego. Realmente me alimento de la energía de los demás. La energía en esta mesa se siente como una cloaca de negatividad y no me agrada.

Algunos de los chicos llegan constantemente tarde, con resaca o quejándose de sus parejas. Un domingo es tan malo que casi me voy. El chico junto a mí no deja de ver su teléfono, girando el dado en la mesa o quejándose de las reglas de juego. Tengo que aguantarme para no arrebatarle el dado de la mano y decirle que se calle. El sonido metálico es suficientemente fuerte para molestarme, pero sus quejas por sobre todo me hacen enfadar. No lo soporto. Pienso a mis adentros, *Esto se supone que debe ser divertido. Si no te estás divirtiendo, eres libre de irte.*

Dos de los sujetos obviamente tienen problemas de abuso de sustancias y parece que ninguno está en una relación saludable. Pero sus comentarios sobre esconder cosas de sus parejas lo hace evidente.

Después de algunos domingos, unas cosas comienzan a tener sentido.

Hace meses Andrew me invitó a un evento llamado Calgary Stampede con él y algunos de los chicos, pero poco después tuvo que rescindir la invitación. Los chicos le dijeron que ninguna de sus parejas estaba invitada y que si se enteraban que yo estaba ahí, se enojarían. Le pidieron que no me llevara temiendo que sus parejas se enteraran.

El Calgary Stampede es un evento de rodeo de 10 días que se realiza en Calgary cada julio. Por 10 días, el corazón de la ciudad se convierte en una fiesta. Muchas personas portan sombreros de cowboy y se toman tiempo libre para disfrutar las festividades. Hay un gran carnaval con cerveza y conciertos, así como el rodeo más grande del mundo.

Andrew me dijo que le molestó que no podía llevarme con los chicos y ofreció llevarme al Stampede en una noche de citas en lugar de ir con ellos.

"Es tierno de ti ofrecer", le dije. "Pero trabajé los últimos tres años y ya he tenido suficiente. Ve y diviértete con los chicos".

"Bien, pero sólo si estás segura", responde Andrew. "Te llevo si prefieres una noche de citas".

"Estoy segura. Ve y diviértete", insisto. "Prefiero relajarme y pocas veces sales con tus amigos".

Andrew asiste al Stampede con los chicos y terminan en un club de desnudistas esa noche. Me envía autofotos desde el club con un oso de peluche que se ganó en el Stampede. Junto a la imagen escribe: *"Me siento incómodo. Los chicos tienen una mesa VIP con servicio de botella y están gastando una gran cantidad de dinero."*

Pensando que era una ocurrencia de una muy necesitada salida de chicos, me río. Pero como resulta, este comportamiento es común con los chicos. Lo mismo vuelve a ocurrir la próxima vez que Andrew sale con ellos meses después y una vez más después.

Parece que viven para escapar de sus relaciones e irse de fiesta cada vez que pueden. Esa es completamente su decisión; simplemente es distinta de la vida de Andrew. Parece que Andrew y sus amigos no son compatibles y no pertenecen juntos. En cuanto me percato dejo de alentar a Andrew para que salga cada cierto mes. Realmente ni se divierte.

Andrew ofrece poner fin al juego si yo quiero, pero no necesito que lo haga. Para mí, los juegos se tratan de con quién estamos jugando, pero para Andrew realmente es sobre el propio juego. Realmente disfruta ser el Dungeon Master y es realmente bueno. Realmente no hay ningún motivo para que deje de jugar por mí.

El primer domingo que dejo de jugar, almuerzo con Jackson. Tenemos una larga plática de cuánto me molestan los amigos que Andrew busca mantener. La solución de Jackson es que nos juntemos más con él y Caleb, lo cual hacemos. Es una gran solución, pero sigue sin gustarme que esté saliendo con alguien que se rodea de tanta gente de mala calidad. Andrew es una de las personas más talentosas, interesantes y honestas que he conocido y sigue juntándose con gente opuesta. Es como si no disfrutara la compañía de sus propios amigos y no se da cuenta.

MICHELLE Y ANDREW PRESTON

\* \* \*

## LA PERSPECTIVA DE ANDREW

Recordar ese momento en el que invite a Michelle al Stampede con "los chicos" me hace enojar.

Para mí, "los chicos" son personas que disfrutan la compañía de otros. Lo que realmente significa es "los chicos, sin sus esposas". Mi amigo Chris me dijo que si Michelle venía entonces no podía ir por que no podía arriesgarse a que su esposa se enterara y que sintiera que la dejaron fuera. Me indignó la idea. Esta fue una de las primeras veces que comencé a percatarme que me estaba relacionando con personas que realmente no eran mi tipo.

Meses después, otro de mis amigos del trabajo teníamos una conversación, despotricando sobre filosofía y me escuchaba entusiasmado. Una vez que terminé de despotricar me dijo: "Andrew, no deberías estar trabajando aquí".

Me dijo que no debía de estar estancado como mecánico de ventilación. Intentaba expresar que había más para mí en el mundo que lo que este trabajo podía darme y aprecié su honestidad. Ese momento se quedó en mí y me ayudó a sentirme más confiado. En ese momento me di cuenta que juntarme con gente de mi trabajo no era una buena idea.

\* \* \*

## El Incidente De La Camisola

Estoy sentada en el sillón esperando ansiosamente la llevada de Andrew, Mi condominio está impecable, el fuego encendido y estoy utilizando una camisola de seda que deja poco a la imaginación. Nunca me había vestido tan sexy para Andrew y estoy nerviosa por su reacción. Hoy tenemos motivos para celebrar. Andrew acaba de terminar la escuela técnica para recibir su segundo certificado rojo y no lo he visto en dos semanas. Los últimos dos meses sólo hemos pasado un fin de semana juntos, pero en esta ocasión regresa a Calgary definitivamente. Naturalmente tendremos sexo en cuanto llegue. O eso creo.

Mi teléfono suena y le abro la puerta a Andrew para que ingrese al edificio. Andrew abre la puerta mientras me dirijo a la entrada para recibirle. Trae una maleta de mano y empuja un gran aire acondicionado hacia mi recamara.

Andrew ni me voltea a ver y no reacciona a mi camisola. Hasta el momento no comienza a sonar ninguna alarma en mi cerebro. Ha estado en la carretera por dos horas y quizá necesita unos minutos para instalarse.

Pasan unos minutos y Andrew sigue sin comentar o siquiera notar lo que traigo puesto. Empiezo a cohibirme, pero hago lo mejor que puedo para ser paciente y dejarle que instale. Pero para mí horror, Andrew comienza a instalar el aire acondicionado. Me mantengo callada, pero comienzo a gritarle en mi cabeza. *En serio, ¿Vas a hacer eso ahora? ¿Mientras me veo así? El aire acondicionado puede esperar a mañana. ¡Ni siquiera tengo calor!* Siento que Andrew no está ni siquiera emocionado por verme. Me siento dolida, confundida y no sé qué hacer. Parece estar incómodo y difícilmente me dice una palabra. Me siento invisible, me quedo parada y lo veo instalar un aire acondicionado. Mi mente cambia de enojada a confundida. ¿Tal vez no se siente atraído hacia mí? ¿Tal vez no está feliz aquí? ¿Si quiera me extrañó? ¿Me veo mal? No debo gustarle tanto. Andrew hace contacto visual firme conmigo por primera vez y me dice: "Estoy cansado, podemos irnos a dormir ahora".

Confundida, sólo logro decir una palabra: "Seguro".

Mis ojos comienzan a llenarse de lágrimas mientras nos metemos a la cama. Andrew me da un beso de buenas noches a medias y rápidamente se voltea y se pone el CPAP. Estoy lastimada y humillada. Sin que él se dé cuenta, estoy acostada y lloro hasta que se duerme.

Una vez que Andrew se duerme, tomo mi pijama y me voy al otro baño. Me quito el maquillaje, lanzó la camisola de seda a la basura y lo cubro con papel de baño porque no quiero volver a verlo. Las lágrimas siguen cayendo en mi mejilla y regreso a la cama con mi pijama cómoda. Siento que estoy acostada junto a un extraño.

Tres semanas después Andrew me lleva al cine. Me voltea a ver con una gran sonrisa. "Recibí los resultados de mi examen hoy, y pasé el curso. Pensé que había fallado ese examen, me siento aliviado de haber pasado".

"Eso es fantástico, sabía que pasarías, ¿por qué pensaste que habías fallado?", le pregunto.

"Tuve un par de días malos antes del final", me explica Andrew y comienza a agitarse. "Alteraron el formato del programa de gráficas que utilizo para ver mis inversiones y me alteró. Casi no dormí el día previo al examen y pasé horas al teléfono esa mañana intentado tener el viejo formato de vuelta".

Mi cara se ilumina al percatarme que la falta de entusiasmo de Andrew cuando regreso de la escuela no tenía nada que ver conmigo o mi camisola.

Andrew continúa: "Después de pasar tanto tiempo al teléfono me informaron que el viejo formato ya no estaba disponible. Realmente debí estar estudiando porque fue una pérdida de tiempo, pero odio el nuevo formato".

Con una gran sonrisa en mi cara, me volteo hacia Andrew y le digo: "Esa noche que estaba toda arreglada, emocionada porque llegaras a mi departamento y difícilmente dijiste dos palabras... Me hubiera gustado que me dijeras que tuviste un mal día por que terminé llorando cuando te fuiste a dormir. Me sentí mal conmigo misma y pensé que no te gustó el negligé. Fue la primera vez que me vestí sexy para ti y ni siquiera lo notaste".

Andrew me voltea a ver confundido. "Sólo recuerdo querer instalar el aire acondicionado. Quería que tuvieras un buen aire acondicionado. Recuerdo pensar que te veías bien, pero no pensé más allá. Sólo estaba agradecido que pude terminar la prueba; casi no la término".

"Bueno, la próxima vez, dime cuando tienes un mal día para que no me lo tome personal", le pido. "Me sentí mal yo misma. No parecías feliz de verme. Casi ni me volteaste a ver".

"Trataré de recordar decirte la próxima vez. Disculpa que te sentiste mal", se disculpa. Disfrutar la película es una causa perdida. Mi mente no puede dejar de hacer preguntas. No se quejó de su mal día o se molestó en mencionarlo por dos semanas. No parecía estar ansioso cuando llegó ese día, pero estaba ansioso cuando me lo dijo en este momento. ¿No debería ser al revés? ¿No debería haber estado más preocupado y molesto en ese momento? ¿Difícilmente pudo terminar el examen? Ni siquiera sabía que estaba preocupado por el examen. Parecía bien cuando hablé con él ese día.

Este chico es verdaderamente un misterio, no lo puedo descifrar. Me hago prometer que desde entonces le voy a preguntar a Andrew cómo estuvo su día si parece distante y hacer lo posible por no tomarlo personal.

\* \* \*

## LA PERSPECTIVA DE ANDREW

No sabía lo abrumado que estaba esa noche, mucho menos la necesidad de hablar sobre la causa de mi molestia. Mi mente estaba en colocar el aire acondicionado de Michelle para que no tuviera que sufrir más en su casa. Ser más consciente me ha ayudado con mi falta de comunicación, además de que Michelle sabe que debe preguntarme cómo me siento porque se lo toma personal. Esas dos habilidades nos han ayudado a evitar más noches, días y semanas miserables. No puedo enfatizarlo más siendo una persona que batalla para comunicarse: la habilidad de aprender a comunicarte mejor te va a ayudar a evitar muchos dolores de cabeza y sufrimiento.

\* \* \*

Fotos del Capítulo 12
Bellamimalifestyles.com/bookphotos

# UNA HISTORIA EXTRA DE ANDREW

## NO NECESITAMOS ESO

Muchas veces le digo a Michelle que voy a comprar algo nuevo: una televisión, una barra de sonido, computadora, licuadora, tenedores, silla de computadora, un abridor de latas eléctrico, audífonos de cancelación de sonido, etc.

Usualmente me voltea a ver perpleja porque ya tengo una computadora, televisión, tenedores, silla de computadora... Entonces para qué necesitas una nueva. La razón es simple. Encuentro una con mejores características o que me funciona mejor. Nunca hay una pelea y usualmente al final, está feliz con la compra.

"Michelle, tienes una licuadora", le pregunto un día.

"Si, en la alacena sobre el refrigerador", me responde. Abro la alacena y veo esta licuadora básica de los ochenta, descolorida y de plástico.

¡No! Pienso para mí. Estas son terribles. Tienes que racionar la comida y los líquidos para que no gire sin control o peor, sólo licúa la mitad de abajo. Un gran ¡No! "Michelle, voy a Costco", le digo mientras salgo del edificio.

A mi regreso tenemos una nueva licuadora de tres aspas con todos los accesorios. Al principio Michelle está sorprendida de que cambié su batidora. Tras dos semanas y una docena de licuados, está de acuerdo.

Esta tendencia ocurre en los siguientes meses.

Otra cosa que me irrita es usar la bocina de la televisión. Son pésimas y no están dirigidas a uno, entonces suenan raro. La próxima vez que vamos a Costco, pongo una bocina Bose en el carrito.

"Andrew no necesitamos una bocina para la televisión. Tiene una bocina incluida", me dice Michelle confundida.

"No, no, tiene descuento y he querido dejar de usar la bocina de la televisión. No es la forma de vivir", le respondo sabiendo que dentro de un mes apreciará la compra.

Oh, gracias a Dios por las barras de sonido.

\* \* \*

## La Perspectiva De Michelle

Oh, hay mucho que decir sobre esta historia. Primero que nada, fue increíble que Andrew me comprara una licuadora. La nueva realmente me hizo percatarme de lo mala que era la vieja. Cuando aprendas de mi infancia y los años de abuso que sufrí en nuestro siguiente libro, vas a entender por qué nunca sentí que merecía cosas bonitas.

Crecer con una familia alcohólica que estaba constantemente en una crisis financiera dejó su huella. Reemplazar algo que funcionaba lo suficiente bien para mí no era algo que me gustaba hacer por mi trauma.

Andrew y yo somos opuestos en esta área. Me cuesta creer que merezco cosas bonitas, mientras que él siempre quiere lo más nuevo y eficiente. Instantáneamente devalúa algo en cuanto ve que hay una nueva versión que podría usar. Mientras que yo voy a intentar arreglarlo con cinta adhesiva y lo sigo usando hasta que muere completamente.

Cuando le digo que no actualice su computadora tiene poco que ver con el dinero. Cuando Andrew decide mejorar algo, toma el control de nuestras vidas por semanas. Mejora una cosa y luego asegura que el monitor no aguanta los gráficos y esto provoca un efecto dominó hasta llegar a reemplazar cada parte del sistema de videojuegos. Nunca se detiene.

Ahora, la barra de sonido es un asunto completamente distinto. Vas a aprender más sobre esto en los próximos capítulos. Pero de momento déjame decirte que Andrew no fue el que pagó la barra. La puso en el carrito y la quería para mi departamento, pero fui yo quien tuvo que pagar y ni siquiera la quería. Claro que suena un poco mejor que con la bocina de la televisión, pero para mí no vale la pena el control remoto extra o los 300 dólares que costó.

*Pequeña alerta de spoiler:* Con el tiempo, Andrew me ha alentado a elevar mis estándares en lo que respecta a mis posesiones. Me enseñó que merezco ser feliz y tener lo que es mejor para mí. Te contaré todo sobre esto en nuestro próximo libro, así como sobre las muchas otras formas en las que Andrew me salvó y me hizo una mejor persona.

# 13
# LAS SITUACIONES MÁS DIFÍCILES: LO QUE CASI NOS SEPARA

En muchos sentidos Andrew era todo lo que yo había soñado y más, pero en otras, no podía soportarlo.

## SR. TACAÑO

Es sábado y Andrew y yo nos dirigimos a las Montañas Rocosas con Jackson y Caleb. Los cuatro nos dirigimos a Canmore, estacionamos la camioneta y andamos en bicicleta los 25 kilómetros hasta Baniff. Hemos estado queriendo hacer esto desde hace meses y es una tarde muy bonita.

Una vez que llegamos a Baniff, amarramos nuestras bicicletas y encontramos un restaurante con patio para comer afuera. El lugar tiene unas vistas increíbles de las Montañas Rocosas y es una gran atracción turística. Como es bien sabido, las atracciones turísticas no son baratas.

Comemos un delicioso almuerzo y disfrutamos de la conversación. Nuestra mesera es amable y por momentos se queda a platicar. Parece un día perfecto hasta que llega la cuenta. Jackson paga la parte de Caleb y suya y la mesera pone la cuenta frente a Andrew. Andrew levanta la cuenta, la ve, pone cara de sorprendido y lanza la cuenta a la mesa. La tira con fuerza como diciendo: "¡Ni de loco voy a pagar eso!".

Mortificada volteo hacia a Jackson para ver si se dio cuenta. Claro, lo noté. *Todos* lo notaron. Jackson voltea los ojos y me mira como diciendo, "¿Qué rayos acaba de hacer?" Caleb suelta una risa ahogada al ver nuestra reacción y Andrew continúa sentado como si nada.

Sé que es tacaño, pero nunca había sido tan descarado al respecto.

Pienso a mis adentros, ¿Quién hace eso? Creo que debo romper con él.

Sin entender qué acaba de suceder, tomo la cuenta y la pago. Este incidente arruina el que hubiera sido un hermoso fin de semana.

Decir que estaba teniendo problemas financieros ese primer año en el que salía con Andrew sería subestimar. Mi lesión en la cabeza no permitía que trabajara y negaron el seguro por incapacidad. Mi deuda crecía cada mes y estaba ahogándome en ella. En cambio Andrew trabajaba de tiempo completo y vivía en un sótano de precio razonable. Presumía de lo baja que era su renta y cuánto estaba ahorrando. A pesar de eso, nos repartíamos casi todas las cuentas a la mitad, incluso el supermercado.

Lo voy a decir: era un tacaño. Tan tacaño que casi rompo con él por eso. Para mi hay reglas sobre el dinero que son implícitas. Yo compre el boleto de cine, tú pagas las palomitas. Si yo pagué la cuenta la última vez, entonces tú la pagas en esta ocasión. Si me invitas a cenar, quizá no deberías mencionar lo cara que es. Para mí, son reglas implícitas y Andrew no las sigue. No habla el lenguaje del resto y me vuelve loca. Hubo momentos en los que fuimos a algún lugar, tuve que adquirir los boletos y esperaba que Andrew comprara la comida. Cuando llegaba la cuenta dejaba que se quedara ahí sin reconocerla. Eventualmente yo la tomaba y enojada iba adentro.

Andrew también tenía la tendencia de arruinar las noches de citas al mencionar los precios altos cuando ordenábamos y veíamos el menú. Matada el momento. Cuando salimos a comer lo último que quiero es que mi cita se queje de los precios, especialmente cuando pocas veces paga la cuenta.

Decirle a alguien con quien estoy saliendo sobre ser tacaño no es algo a lo que no estoy acostumbrada a hacer, entonces supongo que me tomó demasiado para decirlo. En retrospectiva esto no fue lo mejor de mi parte. Estaba lista para dejarlo cuando decidí hablar con él. Dejar algunas reglas en claro desde el inicio hubiera sido más inteligente, pero es difícil cuando estabas comenzando una nueva relación.

Hubo meses en los que gastaba más que Andrew en la relación. Nunca debí dejar que llegara a eso, especialmente porque no estaba trabajando. Parte se debía a que no podía dejar la cuenta así en la mesa. Me volvía loca cuánto tiempo podía dejar la cuenta en la mesa sin voltear a verla entonces la tomaba antes de que él tuviera una oportunidad. No le molestaba que la mesera estuviera dando vueltas, mientras que quería resolverlo ya. También cuando mencionaba los precios, pensaba que no quería pagar entonces la tomaba porque me sentía mal (típico de personas que quieren agradar y que tienen una herida emocional).

Esto sentó un mal precedente. Me hubiera gustado haberle dicho, "Andrew, ¿puedes pagar la cuenta? Es tu turno".

El problema de la tacañería me molestaba de sobremanera y pensaba demasiado en eso. Debido a que no le había dicho nada a Andrew en ese momento, tuve muchas conversaciones con Jackson y Caleb al respecto. Entendían mi frustración. Aman a Andrew, pero incluso ellos estaban sorprendidos lo poco que pagaba la cuenta.

Nos dividimos la cuenta del supermercado a la mitad en la caja. Mi estómago se encoge sólo de pensarlo ahora. Me ponía furiosa debido a que él comía más que yo. Cuando hacía levantamiento de pesas, usualmente cenaba dos veces. Eventualmente perdí los estribos y le dije que tenía que pagar el 65%.

Cuando el cajero decía, "Son 173 dólares", yo pensaba *Vamos Andrew, paga cien y yo pongo el resto*. Pero Andrew no podía escuchar mis fuertes pensamientos. Le diría al cajero, "Ochenta y ocho dólares y cinco centavos". Sí, incluso decía los centavos. No podía redondear al próximo dólar. El cajero me volteaba a ver confundido e incluso volteaban los ojos.

El problema alcanzó un punto álgido cuando planeábamos nuestro viaje por el primer aniversario. Andrew dijo que pagaría después de que me quejé de dividir la cuenta del supermercado en dos. Era un viaje de 2,400 dólares todo incluido a la República Dominicana, entonces me entusiasmó cuando se ofreció a pagar.

Después de que Andrew reservó el viaje, decidí comprar los boletos de avión de 900 dólares para visitar a su familia en Ontario. También cambié 600 dólares para usar durante el viaje. Andrew no me lo pidió, pero esas son las cosas que hago naturalmente. Intento mantener un balance. Era lo mínimo que podía hacer debido a que él pagaría casi todo el viaje.

Andrew parecía complacido cuando le dije que pagué el viaje para el verano. Él pagó 2,400 y yo 1,400 dólares. Estaba feliz con eso.

La semana del viaje, Andrew me pregunta cuándo le voy a pagar los 1,200 dólares de mi mitad. PIERDO LA CABEZA y casi cancelo el viaje y termino la relación.

Andrew no me hizo pensar que éramos un equipo o que quería cuidarme. Tenía que suceder un cambio en esta área si queríamos seguir juntos. Lo expresé claramente en una carta. Me dolía también sentir que era una carga para él. Le escribí una carta de dos páginas (por delante y por detrás) sobre que sentía que no valoraba mis contribuciones a la relación y cómo me hacía sentir mal cada vez que pagaba algo.

Puede ser que haya sido infantil, pero sentí que necesitaba señalar varias instancias en las que pagué en la relación. Diciéndole todas las veces que me hizo sentir mal por no considerarme una compañera de equipo. Estaba dentro de mí desde hace mucho tiempo, tenía que dejarlo salir.

Esa semana fue difícil para ambos.

La respuesta inicial de Andrew fue ofrecerme dinero.

"Te doy dinero. ¿Cuánto quieres?", me dijo. "No me importa el dinero. Sólo te daré 2,000 dólares".

Me desconcertó que Andrew pensara que eso resolvería el problema. Era difícil para mi explicarle que no se trataba del dinero. Era la forma en la que me hizo sentir sobre nuestra relación, que era una carga y le debía algo. Quería sentirme como un equipo, pero sentía que éramos dos entes separados.

Hago las cosas por mí porque me gusta. De este lado todo parecía transaccional. Me gustaría decir que la carta resolvió todos los problemas, pero no fue el caso. No estuvo ni cerca. Las cosas mejoraron un poco después de la carta y el viaje, pero lejos de estar estables.

Ha sido una lenta subida en un cerro empinado, pero estoy feliz de decir que la tacañería ha mejorado.

\* \* \*

## LA PERSPECTIVA DE ANDREW

Por dios, ha sido todo un viaje.

Sigo trabajando en mi problema con el dinero, pero creo que empeoré todo al intentar repartir todo equitativamente en lugar de dejar que las cosas cayeran a su tiempo. Contexto: Cuando le ofrecí los 2,000 dólares a Michelle, no bromeaba. Quise decirlo así: "Oh por dios, no me di cuenta del error. Por favor toma los 2,000 dólares y haz que te todo mejore".

Reconozco que puedo ser egoísta, especialmente con el dinero. Cuando era niño y adolescente me percaté que no quería estar quebrado. Desde que mudé mantuve mis finanzas en un constante estado de "no estar en la quiebra". Hasta este momento, ha funcionado. Pero poco sabía que tendría que ajustarlo para tener una relación saludable.

\* \* \*

# No Poderme Incluir En Su Futuro

Nos vamos a ir de excursión al lago Rawson con Jackson y Caleb. Andrew y yo nos quedamos dormidos, pero ellos son amables y nos esperan en el camino por una hora para que los alcancemos. Nos encanta ir de excursión con Jackson y Caleb. Ponemos viejas canciones y convertimos en auto en un karaoke móvil. Cantamos al son de los Backstreet Boys y movemos la cabeza. Jackson siempre tiene la mejor lista de canciones que nos hace recordar a nuestros días de secundaria.

Es la primera vez que vamos de excursión al lago Rawson y me cuesta mantener el ritmo con los chicos. Mis síntomas de conmoción se exacerban debido a que nos tuvimos que apresurar en la mañana. Mi cerebro está sobre-estimulado y me comienza a doler la cabeza. Los chicos nos esperan a Baxter y a mí cuando necesito descansar.

Una vez que llegamos al lago Rawson quedamos anonadados con la belleza. Es un azul cristalino rodeado por las Montañas Rocallosas, árboles alpinos y un cielo despejado. Nos sentamos, comemos y admiramos la vista. Es hermosa.

"Vamos a explorar el Ten Ridge el próximo fin de semana", se voltea Jackson y nos pregunta: "¿Quieren ir?"

"Me encantaría, pero tenemos planes el próximo fin de semana", responde Andrew. Me volteo hacia Andrew y le digo, "Es una gran excursión. Lo tendremos que poner en la lista para el próximo año".

"¿Cómo lo haces?", pregunta Andrew.

"¿Hacer qué?", le digo confundida.

"¿Cómo sabes que estaremos juntos el próximo año? No tengo ni idea de que va a suceder el próximo año". Estas palabras me pegan fuerte en el corazón. "¿Qué acabas de decir?" Digo visiblemente consternada.

"Bueno, hay muchos factores que tendrían que alinearse para que eso sucediera", responde Andrew.

Jackson y Caleb toman las palabras de Andrew como su señal para irse, levantarse y seguir andando hacia la cima. Andrew y yo decidimos quedarnos y esperarles. "Andrew, nunca estaría en una relación con alguien que no pensara que podríamos estar juntos en un año", le explico.

"No tengo ni idea de qué va a suceder", reitera Andrew. "O si vamos a estar juntos". "Creo en nosotros", agrego, "y la sólida fundación que construimos con nuestra amistad. ¿No te sientes optimista de que vamos a funcionar debido a que las cosas van muy bien?" "No lo sé realmente", es lo único que dice Andrew mientras le da una mordida a su emparedado.

En este punto, no sé qué decir y no quiero ver su cara.

Nos sentamos incómodamente en silencio y continuamos comiendo. Estoy sentada en el lugar más bello y no puedo disfrutarlo. No me puedo mover.

Andrew se levanta para ir a nadar en el helado lago. A Andrew le encanta nadar y usualmente me gusta verlo, pero no ahora. Ahora me volteo para quedarme sola con mis pensamientos, dando vueltas a mi frustración por demasiado tiempo.

Los chicos regresan a una extraña tensión. Inician el descenso de la montaña y yo camino detrás con Baxter. Queriendo estar sola, dejo suficiente espacio entre nosotros para poder verlos, pero no escuchar su conversación.

Me cansa la poca habilidad de Andrew para decirme que nuestra relación lo hace feliz. Estoy cansada de que no se dé cuenta de lo bien que estamos juntos. Me siento insegura sobre nosotros y si la relación durará.

Grito por dentro, *¡No puedo creer que me haya dicho eso! Qué hago poniendo todo esta labor en una relación cuando él no tiene idea de si vamos a resultar o no. ¿Cómo no puede ver lo bien que estamos juntos?*

Es un largo camino para bajar la montaña, seguido de un trayecto aún más largo en auto. Ni siquiera un karaoke en el auto puede aligerar el ambiente.

Una vez de regreso en el condominio me volteo hacia Andrew y le digo, "Creo que tienes que irte a casa. Necesito tiempo para pensar y procesar mis emociones". Andrew no ha dicho mucho desde que se fue a nadar y se mantiene en silencio mientras empaca para irse a casa.

Después de que se va, pongo una tina de burbujas y lloro. Me río y disfruto mi tiempo con Andrew más que con cualquier otra persona, pero eso no ayuda a quitarme el dolor que me causa. ¿Por qué le es tan difícil decirme que espera que estemos juntos en un año? Es lo que necesito escuchar, un poco de optimismo. ¿Por qué es tan difícil para ver ser optimista?

Tras llorar un poco en lo único que puedo pensar es en las obvias señales que he ignorado y muchas señales de alerta que surgen. No nos trata como un equipo porque no somos un equipo. No puede incluirme en su futuro porque ha planeado tenerme en él. ¿Cómo pude haber sido tan ciega? ¿Cómo puedo seguir saliendo con alguien que no se da cuenta los buenos que somos juntos?

Unas pocas horas después me escribe Andrew. Lee, *Alexitimia - La inhabilidad de reconocer o describir sus propias emociones* Crees que tengas *Alexitimia*, le respondo.

Andrew dice, *No lo sé.*

Sin pensarlo más, guardo mi teléfono.

En los próximos dos días, decido que tengo dos opciones. Puede romper con él o puedo seguir saliendo con un chico que no sabe si soy la chica para él.

Al final, siento que soy demasiado orgullosa para intentar convencer a Andrew de lo buenos que somos juntos o seguir con este dolor. Decido romper con él y siento que debo hacerlo pronto.

Me meto a la cama junto a Baxter y llamo a Andrew. Mientras suena el teléfono me entra una sensación extraña.

"Hola", responde Andrew angustiado.

"Merezco algo mejor que estar con alguien que no sabe que siente por mí, Andrew", le explico. "Esto me está lastimando".

Obviamente Andrew está alterado, pero no dice nada. Mientras estamos en silencio, espero para que él peleé por mí. Espero a que diga algo como *Me haces muy feliz* o *Si creo que vamos a durar el año*. Pero esas palabras nunca llegan. Lo único que tiene para mí son lágrimas y silencio.

Pasan los minutos, aún nada.

"Andrew necesitas decir algo", imploro.

"No sé qué decir", responde.

Las palabras, "Necesito que traigas mi llave" rondan mi cabeza, pero no quiero decir en voz alta. Andrew está demasiado alterado y no me deja jalar el gatillo.

"Perfecto, creo entonces que lo mejor es que cuelgue", le digo con un tono sarcástico y cuelgo.

Mis ojos se llenan de lágrimas. No me siento bien. Nada se siente bien. No quiero romper con Andrew, pero tampoco quiero seguir así. Entiendo que debe haber un motivo para estas cosas que me duelen de sobre manera, pero no entiendo del todo por qué.

Aquí está un gran chico que claramente me quiere, que difícilmente tiene otras prioridades. Pero por alguna razón le cuesta trabajo incluirme en su futuro. Es como si sus acciones no empatan con sus palabras. Es algo con lo que nunca había tenido que lidiar.

Le hablo por teléfono a Jackson porque necesito que alguien me apoye. "¿Hola?"

Estoy llorando cuando Jackson responde.

"No quiero romper con él, pero ¿cómo puedo estar con alguien que no sabe si estaré en su futuro?", le digo esperando que me apoye.

"Creo que no sabe cómo incluirte, pero creo que asume que estarás ahí", responde Jackson.

Me intriga.

Sigue, "Andrew es distinto. Creo que piensa distinto. Te quiere ahí, pero no sabe cómo decirlo. Realmente creo que te quiere ahí, pero no sabe decirte que lo quiere". Jackson realmente da en el clavo. Es como si hubiera descubierto una verdad importante.

*Creo que asume que estarás ahí.*

Me siento mejor inmediatamente después de esas palabras de Jackson. Sigo confundida de a dónde se dirige nuestra relación, pero sé que quiero descubrirlo.

Cuelgo con Jackson y le marco a Andrew. Le pido que venga, no para traerme mi llave, si no para arreglar las cosas.

\* \* \*

## LA PERSPECTIVA DE ANDREW

En ese momento, como en la anterior historia de Michelle con el labial, sólo estaba haciendo una observación. Realmente esperaba que estuviera ahí y no pensé que decir algo así, en ese momento, fuera tan terrible como sonó.

No recuerdo mucho de ese momento. Meses después de que sucedió, recuerdo que le pregunté a Michelle sobre que me iba a pedir mi llave de vuelta, pero que nunca lo hizo. Cuando me dijo que casi rompía la relación conmigo fue una intensa tristeza, desolación y confusión. Saber que no ocurrió me hizo sentir alivio, pero saber lo cerca que estuvo Michelle de romper conmigo me asustó porque no lo vi venir.

\* \* \*

## No Quería Mudarse Conmigo

Gabriel se mudó poco después de que Andrew y yo comenzamos a salir. Para ayudarme a pagar los gastos los primeros meses renté la habitación libre en AirBnB. Un huésped de vez en cuando ayuda a aliviar un poco la situación financiera. Una vez que llega el invierno le pregunto a Andrew si tiene alguna idea de cuándo nos mudaremos juntos.

"Andrew, ¿cuándo nos ves viviendo juntos?" Le pregunto después de seis meses de relación.

"Ni siquiera lo había pensado", responde.

Esto me molesta un poco debido a que tendré que buscar un nuevo compañero de departamento cuando Andrew está pasando casi todas las noches en mi condominio, pero no digo más. Publico un anuncio en Kijiji y termino encontrando una gran compañera que renta por seis meses. Está en medio de un divorcio y necesita de un lugar agradable para quedarse en esta fase de transición. Creo que es perfecto. En el momento en el que se vaya Andrew y yo llevaremos un año de relación, además de ser amigos por un año. Asumo que estará listo para mudarse en ese momento.

Vuelvo a tocar el tema por segunda ocasión poco antes de que se vaya mi compañera. Andrew me da la misma respuesta: "No he pensado al respecto".

Me desconcierta y me enfurece un poco. Ya hemos dicho: "Te amo" y llevamos planeando casi un año un viaje de seis meses.

Ahora si decido insistir. "Bueno, necesito que lo pienses Andrew. Mi compañera se va a mudar y preferiría que te mudaras a encontrar a alguien más".

Lo hablamos un poco, pero no llegamos a nada. Hablamos en círculo sin llegar a nada. Básicamente evade el tema y no sé qué hacer.

Andrew vive en una suite en un sótano, pero sin baño o cocina. Cada vez que tengo que ir al baño en medio de la noche, tengo que subir las escaleras y estar vestida. Siento que estoy en mis veintes teniendo que compartir el baño con varios hombres. ¡Estoy en mis treinta! Y si quiero ir al baño medio vestida en medio de la noche eso es lo que voy a hacer.

Rara vez podemos cocinar sin que haya otras personas en la cocina. Son buenas personas, pero ya he tenido suficiente. Todo sobre esta situación me molesta. Las compras del supermercado son frustrantes por que no sé cuántas noches va a estar Andrew aquí. También estoy comprando más comida de la que acostumbro y sigo sin trabajar. Vivir juntos facilitará las cosas. Estoy entusiasmada por tener un rutina con Andrew, vivir en un solo lugar y planear nuestras comidas bien.

Mientras se acerca el día para que mi compañera se vaya, me empieza a frustrar más la situación. Fui muy afortunada de encontrar una compañera decente la primera vez. Pero cuáles son probabilidades de que encuentre otra y ¿de verdad lo quiero? Andrew aún no sabe si quiere que vivamos juntos. A mis 34 años ciertamente no quiero seguir saliendo con alguien que no sabe si quiere vivir conmigo tras conocerme por dos años.

Soy una persona orgullosa e intentar convencer a cualquiera de vivir conmigo parece denigrante, pero necesito mencionar el tema de nuevo.

Casi estamos a finales del mes y necesito actuar rápido si Andrew va a avisar que es su último mes.

Andrew viene a cenar. Cociné salmón, vegetales y arroz al vapor. Mi intuición me dice que no va a salir bien y tengo una fuerte sensación en el estómago.

Mientras comemos, vuelvo a mencionar el tema de vivir juntos como lo haría en una reunión de negocios.

"Entonces, mi compañera se va a mudar fuera este mes y necesitamos planear sobre cuándo te vas a mudar tu", le digo. "Si necesito encontrar una compañera, necesito saber por cuánto tiempo".

"Bueno, realmente no lo he pensado", repite Andrew lo que siempre me dice. Quiero darle un puñetazo en la nariz. Piénsalo de una vez.

"Bueno, necesito que lo pienses por que no estoy feliz de tener que buscar a una compañera cuando fácilmente podríamos estar viviendo juntos. Estoy cansada de ir de aquí a allá y de siempre estar rodeada de personas", respondo bruscamente.

"Me gusta cómo son las cosas allá y es tan barato", reitera Andrew mientras aprieto el puño debajo de la mesa para que no vea mi enojo. Prometo que no dejaré la mesa sin un plan, entonces mi única opción es seguir preguntando. Para evitar gritarle, concentro mi frustración en la palma de mi mano.

"Bueno, entonces cuánto tiempo crees que deberíamos vivir juntos antes de irnos en nuestro gran viaje", le pregunto.

"No tengo problema en darle al casero seis meses de renta mientras nos vamos de viaje", responde.

Este comentario me hacer querer lanzarlo fuera de mi casa. Mi ira alcanza un nivel que ya no puedo esconder y empiezo a gritar.

"¿Entonces no tienes intención de mudarte conmigo hasta después del viaje? Faltan 18 meses. ¿Pero estas cómodo ayudándole a un extraño a pagar su hipoteca mientras viajamos cuando podrías ayudarme a mí a pagar la hipoteca?"

"Pensé que nos mudaríamos juntos si esos seis meses salen bien", responde Andrew. "No me siento cómoda planeando un viaje de seis meses de mochilera con una persona con la que no he vivido antes", grito. "No entiendo cómo puedes decirme que me amas y estar a 18 meses de querer vivir conmigo".

Andrew se sienta en silencio, no sabe qué decir.

Estoy furiosa por dentro. Es peor de lo que anticipaba.

"Creo que debes irte", digo tajantemente. "Necesito un tiempo para calmarme antes de volver a hablar".

No soy optimista de que Andrew y yo lo vamos a lograr. Las siguientes dos semanas son confusas debido a que no manejo bien el estrés por mi lesión cerebral.

Otra vez le escribo una carta explicándole lo dolida que estoy y por qué tengo dudas sobre nuestra relación. Le digo, *Estoy entusiasmada por vivir contigo, pero no quiero vivir con alguien que no está tan entusiasmado como yo por mí vivir conmigo.*

Tan difícil como es admitir que el dinero es un factor en mi frustración, ciertamente lo es. Realmente me duele que para Andrew está bien darle seis meses de renta a su casero cuando ese dinero podría ir a pagar mi hipoteca mientras viajamos juntos. Me hace sentir que no somos un equipo y que no puede amarme.

Las lágrimas vierten sobre la página mientras doblo la carta, al final le digo que creo que debe planear el viaje de mochilero por sí solo para que piense qué quiere en la vida. Pongo por escrito todos mis temores y sentimientos. Siento que estoy con un hombre que "como que" me ama y para mí eso es peor que estar solo.

Andrew se toma un tiempo con la carta. Me explica que no entendía lo mucho que significaba para mí que viviéramos juntos. No recuerdo que fuera un momento mágico, pero Andrew me dice que se va a mudar el próximo mes.

Una parte de mí piensa que se va a mudar porque no quiere perderme, más que de verdad querer vivir conmigo. Esto no me deja sintiéndome muy bien de la relación, pero pronto averiguaremos si fue un error o no. Si Andrew se muda conmigo y siento que no está feliz, entonces sabré que no estamos hechos el uno para el otro.

Ojalá hubiera entendido en ese momento lo difícil que son los cambios para Andrew. Hubiera evitado algunas lágrimas y angustia.

\*\*\*

## LA PERSPECTIVA DE ANDREW

Realmente no me di cuenta de lo mucho que Michelle estaba dolida, pero recuerdo una noche antes de que me mudara con ella en el que entendí, me dio miedo perderla, cambié rápido de velocidad y me mudé con ella.

Había otras razones por las que tenía dudas de mudarme, aparte de que no me di cuenta de las "obvias" razones. Soy alérgico a perros, gatos y otros animales. Michelle tiene a Baxter y no quería interponerme entre ella y su perro. Había vivido con dos perros en otra relación y estaba lidiando constantemente con las alergias. Vivir sin mascotas y sin tener que estar medicado para evitar el asma era lindo. No quería volver a tener mascotas.

Baxter fue el primer perro que me ha dado ansiedad. El pobrecito siempre estaba ansioso y esto me daba ansiedad. No estaba habituado a esto y no me gustaba. En retrospectiva me doy cuenta de las señales que no vi. Me sentí mal una vez que tuvo sentido. Sin importar el perro de Michelle, me iba a mudar. Michelle es mi persona favorita y eso nunca va a cambiar. Siento más devoción por ella que por cualquier otra persona en mi vida.

\*\*\*\*

Fotos del Capítulo 13
Bellamimalifestyles.com/bookphotos

# UNA HISTORIA EXTRA DE ANDREW

## ATAQUES DE JIUJITSU DE BORRACHERA

Michelle me preguntó si había algo de ella que no me gustaba cuando empezamos a salir y sólo se me viene a la mente una historia. Hubo una noche que Michelle me volvió loco con las llaves con los brazos, piernas y al cuello. Salió en una noche de chicas y bebió un poco de más. Llegó a tarde a la casa, en un día laboral, cerca de las 11p.m. Yo estaba listo para irme a dormir, pero ella quería quedarse despierta y pasar tiempo. Esto estaba bien, excepto que fue un poco extraño porque estaba tomada. Podía hablar y caminar bastante bien, pero se sentía raro pues yo estaba sobrio. Me estaba poniendo un poco ansioso pues quería irme a dormir pronto y no estar cansado al día siguiente en el trabajo.

Comenzamos a abrazarnos en el sillón mientras vemos un programa de 30 minutos en Netflix. Después Michelle toma mi brazo alrededor de su hombro y me somete. Pensé que era algo lindo; Michelle borracha quiere jugar a las luchitas, de acuerdo, vamos. Entonces luchamos un poco. Michelle es más fuerte de lo que creía cuando jugamos a las luchitas, pero esto no detiene mi fuerza.

En esta noche su deseo de someterme supera mi poder. La someto y vuelve a empezar, una y otra vez. Le digo: "Bien, es suficiente" seguido de una llave al cuello. No. Ahora quiere patearme y golpearme. No fuerte, sólo quiere añadir algo de intensidad a la luchita. Este ir y venir continúa por unos minutos y me empiezo a cansar de este jiujitsu borracho a las 11:30p.m. Finalmente le digo que ya he tenido suficiente de esta pelea borracha y que quiero irme a dormir. Empiezo a alistarme para dormir.

¿Puedes adivinar qué sucedió una vez que nos metimos a la cama?
"Llave", exclama. Otra llave, otra ronda de mí sometiéndola.
"Llave con la pierna", grita. Otra ronda de mí sometiéndola en una luchita de juego. Después de 10 minutos estoy cansado y molesto. Fui directo con Michelle y le dije que tenía que parar y que teníamos que irnos a dormir. Su mirada me dijo que no quería parar. No me importó; protesté verbalmente varias veces mientras intentaba pelear conmigo. Al día siguiente ella sabía que estaba molesto con ella y peleamos un poco. Le dije que no me gustó cómo actuó. Me entendió, pero su orgullo evitó que se hiciera responsable completamente.

*** 

## LA PERSPECTIVA DE MICHELLE

Oh, Michelle borracha y sus llaves, realmente se sale de control (inserta tono sarcástico). En mis ojos, estaba coqueteando con Andrew, al parecer estaba siendo un poco molesta. Parece correcto, a veces me paso con el vino.

# 14
# VIVIENDO JUNTOS

## Nuestra Relación Mejora

Una vez que Andrew decidió mudarse nuestra relación mejoro significativamente. Esa misma semana hizo una de las cosas más adorables. Llegué al buzón y me sorprendió ver dos sobres para Andrew. Uno era de Shaw y el otro de Telus. Me hizo sonreír por que faltaban cinco semanas para que se mudara.

Andrew nunca abrió las cartas y las empezó a cambiar de lugar por semanas en el departamento.

Finalmente se las entregué y le dijo: "¿Puedes abrirlas para que deje de verlas?" "Oh, son viejas cartas", me dijo. "Las puedes tirar a la basura".

"¿Qué quieres decir que son viejas?", pregunto. "Apenas llegaron en el correo para ti". "Hablé con Shaw y Telus para que enviaran un viejo recibo a esta dirección", me explica. Confundida le pregunto, "¿Por qué lo hiciste?" Sin esperar el comentario más lindo que diría Andrew.

"Pensé que si ibas al buzón y veías mi correo, te haría feliz. Quería que supieras que estaba comprometido a mudarme", me dice Andrew sin dejar de ver su computadora. "Es tan lindo", le digo y abrazo las cartas.

"Fue difícil lograr que enviaran un viejo recibo", continúa Andrew. "Pero la chica estuvo de acuerdo cuando le dije que era una sorpresa para mi novia para demostrarle que cambié mi dirección".

Esa es la cosa con Andrew. Es la persona más romántica cuando menos lo esperas. Agradezco que continuara molestándolo para que abriera las cartas, pues de otra manera nunca se le hubiera ocurrido decirme. Escribí este recuerdo en la parte de atrás del recibo y lo mantuve guardado para recordar este gesto hermoso que tuvo.

Una vez que Andrew se muda con sus cosas semanas después, comienza a anidar. Personalmente yo anido organizando. Me gusta tener todas mis cosas organizadas en cajones para saber exactamente en dónde encontrarlas. Me gusta colgar mi ropa y desempacar cuando me quedo en un lugar nuevo. Me hace sentir establecida. Andrew anida de una forma completamente distinta. Una forma que jamás había visto.

Lo primero que hace es revisar todos los filtros. El de la lavadora nunca se ha limpiado, entonces Andrew me da un sermón.

"De verdad, creo que sólo tengo trabajo porque la gente nunca limpian los filtros", me dice sentado en el suelo del cuarto de lavado con varias toallas mojadas en sus piernas. "El filtro tiene que limpiarse cada uno o dos años. De otra forma es duro para el motor".

Una vez que todos los filtros cumplen el estándar de Andrew decide que necesito un nuevo termostato.

"Este termostato es terrible. Voy a comprar uno nuevo", me dice mientras lo inspecciona. "No hay nada malo con el termostato", le grito desde la sala al otro lado de pasillo. "No puedes ver los grados", responde Andrew.

"A quién le importa", grito de vuelta. "Si está muy caliente aquí, muevo la perilla un poco. Si está muy frío, la muevo para el otro lado".

"Es inaceptable", me asegura. "Te voy a comprar un nuevo termostato, uno digital. Creo que tengo uno en algún lugar que es mejor. Puedes poner la temperatura desde el teléfono". "Lo que sea", le digo y continúo viendo mi programa de televisión.

Al día siguiente Andrew llega a casa del trabajo y decide cambiar el termostato. "No lo hagas esta noche", protesto. "Es tarde y no has cenado aún".

"No va a tomar mucho tiempo", insiste Andrew y comienza a sacar el nuevo de la caja aún con su ropa de trabajo. No sé por qué molesto intentándolo. Nunca escucha cuando le digo que haga algo. Su compulsión supera a mis palabras cada vez, aun así tengo la necesidad de intentar.

Andrew instala el nuevo termostato, pero no lo logra hacer funcionar. Desconecta el break y decide bajar al estacionamiento en donde se percata que no puede ingresar al cuarto de máquinas.

"Oh, creo que tienes que hablar con la empresa del condominio", me dice Andrew. "Van a tener que encargarse por que no puedo ingresar al cuarto para arreglarlo". "Fantástico", le digo en tono sarcástico. "Te dije que no lo tocaras. Estaba bien antes". Al día siguiente le habló a la empresa que maneja el condominio y les digo lo que sucedió. La chica del otro lado de la línea no está muy contenta.

"No debes de hacer renovaciones por tu cuenta", me dice de manera tajante. "Tu novio desconectó el break de tres departamentos y ahora tengo que enviar a una persona para que lo arregle".

"Perdón por eso", le digo en un intento de aligerar la situación. "Es su trabajo, entonces no pensé que sería un problema cambiar un termostato".

"Claramente tu novio no tiene idea de lo que hace, entonces necesito que me des tu palabra de que no va a intentar arreglar nada más en el condominio", me dice de manera más agresiva.

"Tienes mi palabra".

"Le voy a decir a la persona que te hable esta tarde y te voy a enviar el recibo de lo que sea que cueste arreglar el problema", me explica. "Se llama George y necesitas estar en casa para dejarlo pasar".

"Sí, estoy en casa", le digo. "Puede venir cuando sea".

Cuando llega, George es más amable que la mujer en el teléfono. "Estoy viejos condominios tienen su truco", explica. "Hay solo dos termostatos que son compatibles y no son los más comunes. Si tu novio no está habituado de trabajar en estas unidades viejas, no lo sabría".

"Oh, se lo tendré que explicar", le digo con una sonrisa. "Por qué no tenía idea de por qué sucedió".

"Bueno, está arreglado. Desafortunadamente el que les instalé no es mucho mejor que el viejo", me comenta. "Es básicamente el mismo, sólo más nuevo".

"Fantástico, entonces realmente fue una pérdida de tiempo", respondo. "¿Cuánto me va a costar?"

"Estaba en el área, entonces sólo te cobraré por la hora y el nuevo termostato", me dice. "Serán alrededor de 160 dólares".

"Gracias por todo, lo aprecio", le digo mientras me dirijo a la puerta.

"Tienes mi número, entonces me puedes llamar si tienes alguna duda. Trabajo en estas unidades todo el tiempo", me dice mientras camina por el pasillo.

Andrew se sintió mal por la situación, pero al final fue fácil de arreglar. No hubo daño. Menos de una semana después Andrew me dice, "Voy a instalar luces con sensor de movimiento en el clóset y la lavandería"

"¿De verdad?", le pregunto. "¿Realmente crees que las necesitamos?"

"Sí, es realmente fácil y mucho mejor", asegura Andrew. "No tienes que mover el apagador cada vez que entras a mover algo".

"Bueno, sólo intenta no afectar ningún break", bromeo. "O voy a hacer que ahora tú hables con la mujer malvada por teléfono".

Andrew instala las nuevas luces antes del fin de semana y debo admitir, son realmente fantásticas. Nunca me había percatado de lo molesto que es tener que prender el apagador cada vez que entras al vestidor hasta que no tuve que hacerlo más.

Por semanas Andrew grita, "¡Me encantan estas luces de sensor de movimiento!", cada vez que entra al vestidor. "¿No te encantan estas luces?", pregunta.

"Sí Andrew, me encantan las luces", aseguró por enésima vez. "Tenías razón, sí hacen todo más fácil".

Una vez que Andrew está asentado y feliz con sus nuevos aparatos en el condominio, se voltea hacia mí y me dice: "Esto es fantástico. Es mucho mejor a como vivíamos antes. Tenías razón. Realmente debimos hacerlo antes. No me daba cuenta de lo molesto que era vivir separados".

"Me pone feliz que te sientas así, porque estaba algo preocupada", le digo y suspiro aliviada. Finalmente Andrew se ha percatado de lo que yo sabía desde hace tiempo. "Sí, la vida es mucho mejor y estoy realmente feliz", me asegura Andrew. El siguiente sábado Andrew y yo vamos al supermercado por algunas cosas de último minuto.

"Tenemos que volver rápido, entonces sólo hay que comprar unas cuantas cosa", le comento. "Porque estoy entusiasmada por nuestra cita. Ha pasado mucho tiempo desde la última vez que salimos".

"Sí, sólo compramos unas cuantas cosas de momento", responde Andrew. En el supermercado nos reímos mientras paseamos. Andrew siempre tiene que comparar los precios por gramos para asegurarse de que se lleva la mejor oferta y me divierte. Bromeamos y nos reímos como nunca y se siente bien finalmente tener una rutina. He estado esperando este momento por un tiempo y estoy feliz de que estamos comprando para una sola casa.

De camino al carro, Andrew se lanza hacia mí con el carrito intentando pararse sobre él. Tomo otro carrito para hacer una carrera en el estacionamiento. Parecemos dos adolescentes que nos saltamos clases, disfrutando y actuando como niños. Hay una extraña magia en el aire debido a que nosotros los adultos perdemos la habilidad de perdernos en momentos como este. De pronto mi corazón se siente lleno y me sobrecoge una sensación.

Mi relación con Andrew quizá no tuvo la magia que esperaba, pero lo que tenemos ahora es mejor que cualquier cosa que hubiera imaginado. Nos tomó un año llegar a este punto y fue un viaje accidentado, pero es aún más especial que cualquier cosa que vemos en la películas.

Lo que tenemos es magia en el día a día. Cosas triviales que parecían mundanas son mis cosas favoritas de hacer con Andrew. Este es el mejor tipo de magia. Le pone emoción a los días más aburridos. Usualmente limpiamos la casa mientras bromeamos y escuchamos música de los noventa.

Pero lo más importante es que Andrew siempre me está animando cuando estoy triste o compensando al darme más atención en días difíciles. Es el tipo de magia que toma tiempo construir, pero que dura por más tiempo.

Hay una frase de Mónica Drake que está en la pared del estudio de yoga al que voy que nunca había entendido hasta este momento. La frase dice: *"El Budista dice que si conoces a alguien y tu corazón palpita, tus manos se agitan, tus rodillas se debilitan, ese no es el adecuado. Cuando conoces a tu 'alma gemela' sentirás calma. No ansiedad. No agitación".*

Cada vez que leo esa frase, una parte de mí pensaba, *¿Cómo puede ser eso cierto? Si conozco a mi alma gemela, voy a estar entusiasmada y lejos de calmada.* Me tomó hasta los 34 años, pero finalmente lo comprendo.

En los primeros meses de mi relación con Andrew, mi corazón estaba tan calmado que parecía que me estaba asentando. Pero lentamente creció hasta convertirse en el gran amor que jamás he tenido. En mis relaciones anteriores, simplemente me perdí en la otra persona y el inicio era la mejor parte. Con Andrew, parece que caminamos uno junto al otro como personas individuales y todo parece mejorar mientras el tiempo avanza. Nuestra historia de amor no empezó con un estruendo, pero ciertamente se convirtió en algo espectacular. No extraño el comienzo, estoy demasiado emocionada pensando en a dónde nos dirigimos.

En este momento, todo sobre nosotros parece perfecto y sólido. Todos los sentimientos que tenía en los que esperaba un gran romance se desvanecen cuando pienso que lo que tenemos es aún mejor que cualquier romance. No cambiara nada de nuestra historia o el camino accidentando que nos llevó hasta aquí.

"Entonces, ¿a dónde quieres ir en la noche de citas?", me pregunta Andrew cuando llegamos a casa.

"¿Sabes?, respondo. "Creo que no necesito una cita".

"¿De verdad?", me dice. "Pero estabas tan emocionada".

"Me divertí tanto en el supermercado contigo que siento que ya tuvimos nuestra noche de citas", le explico. "Ahora que tenemos las compras, podríamos quedarnos en ropa deportiva, jugar *Diablo* y relajarnos".

"¿De verdad?", me dice Andrew emocionado. "¡Eso suena increíble!"

\* \* \*

## LA PERSPECTIVA DE ANDREW

Realmente me sorprende que Michelle sabía que sería grandioso que yo me mudara y yo no. Contemplarlo en los meses después de que mudé me llevó a entender que Michelle ve cosas que yo no, y me sentí contento de estar con alguien que tenía una fortaleza que a mí me faltaba.

Mi amigo Liam me explicó una vez una frase similar budista a la que Michelle hace referencia. "Estar con alguien que hace palpitar tu corazón, que tus manos tiemblen, que tus rodillas se vuelvan débiles es terrible", me explicó. Cuando me lo dijo Liam me pegó como un tren. Tenía tanto sentido.

Es como estar en fuego de emoción y tú les explicas a tus amigos lo intenso que es ese sentimiento. Pero si ellos entienden esta frase ellos te ven a ti en fuego. Y en lugar de celebrarte, quieren verter una cubeta de agua sobre ti.

Sentí lo mismo con Michelle cuando comenzamos a salir: calma y relajación. Estar con ella era distinto de otras relaciones. Tras ser amigos por un año, eso ayudó a crear una base. Había un respeto genuino.

Para el momento en el que le dije 'Te amo' sabía que confiaba en ella. Había momentos en relaciones anteriores en los que hacía que cuestionara la confianza e integridad. Si una novia demostraba que tenía poco conocimiento sobre un tema como, autos usados, pero después discutía conmigo como si supieran que hacían, temía que la relación comenzaría a ponerse difícil.

Si sé que alguien no tiene habilidad para hacer algo y si mi preocupación es rechazada sin consideración, es una señal de advertencia. Nunca lo sentí así con Michelle.

\* \* \*

## La Lista Que Nunca Leo

Semanas después estoy limpiando el cuarto de computadora de Andrew cuando veo unos papeles. Andrew descargó un círculo de sentimientos (una rueda con emociones escritas que utilizó para identificar sus sentimientos). En la parte d arriba de la rueda escribió la frase *"Michelle y tu probablemente para romper y no sé por qué"*. Señaló las emociones *"Triste, Enojado, Confundido y Frustrado"*.

Cuando lo veo me doy cuenta de que Andrew no entendía qué sucedía o por qué casi rompemos. Genuinamente no tenía idea, aunque pensé que hice lo mejor para explicarlo. Detrás del círculo de sentimientos hay una hermosa lista que escribió en una hoja de papel.

La lista es sobre mí, pero nunca la había visto. Dice:

*Michelle*
*Eres especial para mí*
*Me haces una mejor persona*
*La forma en la que lidias con las cosas (tus sobrinos, yo, planes, viajes, increíbles ideas de aventura, tiro con arco, VR, ejercicio, yoga)*
*Me gusta tocarte para recordarte "eres especial y en este momento estoy enamorado (Twitterpated)".*
*Cuán feliz te ponen nuestras tontas citas*
*Que aunque parece que estoy en un mal momento, me das espacio para crecer y respirar Siempre intentaré*
*Lo fuerte e independiente que puedes ser, pero que puedes estar atento a nosotros. Podemos ser más fuertes juntos... Haremos un fuerte equipo juntos.*
*Te gustan cosas que me alegra que a mi novia/esposa le gustaran.*
*Espiritualidad, yoga, meditación, UFC, hacer ejercicio, viajar*
*Si peleamos, podemos jugar a pelear*
*(Habla de quitarme el aliento)*
*Vas a ser una gran madre.*
*Ayudarme con mi familia significa mucho para mí.*
*Calmada bajo presión*
*Le gusta pasar tiempo y jugar con mis amigos*
*Cómo estás de acuerdo en intentar cosas que quizá no te van a gustar*
*Eres buena al póker (guiño)*
*Siempre me divierto contigo cuando salimos*

La lista es adorable que la leo una y otra vez. La palabra "Twitterpated" es nueva para mí entonces busco su significado. Para aquellos que están igual de perdidos que yo significa: "enamorado u obsesionado". Mientras leo, me derrito en la silla. Es la lista más adorable que cualquiera haya escrito sobre mí, y sé que salió del corazón.

Era todo lo que necesitaba escuchar hace meses cuando tenía problemas para entender los sentimientos de Andrew hacia mí. No puedo creer que lo haya escrito y no me lo enseñó. Hubiera ayudado aliviando el 99% de mis inseguridades sobre los sentimientos de Andrew hacia mí. Expresó más sentimientos en esta carta que en los primeros seis meses de relación. Es irónico que para el momento en el que lo estoy leyendo, Andrew ya se mudó conmigo y ya dijimos "Te amo". Aun así es increíble leerlo, pero el momento en el que realmente necesitaba escucharlo ya pasó.

Cuando llega Andrew de trabajar le digo que encontré la lista y que realmente es hermosa.

"Andrew, si me hubieras enseñado esta lista nunca hubiera considerado romper contigo", le comento. "La lista es todo lo que necesitaba de ti. La única razón por la que pensé en romper contigo es porque realmente nunca me dijiste como realmente te sentías sobre mí". La respuesta de Andrew es, "Oh, pensé que te la mostré".

"No, no me enseñaste esto. Si me lo hubieras enseñado, nunca me hubiera sentido tan insegura sobre nosotros. Nunca dijiste cosas así de lindas a mí", le explico. "Y realmente necesitaba escucharlo".

Lo único que Andrew dice es, "Bueno, me alegro que la hayas encontrado. Realmente no entendía por qué íbamos a romper".

Romper con Andrew hubiera sido el mayor error de mi vida. Sentía las cosas que esperaba que sintiera. Pero no sabía cómo expresarlas.

\* \* \*

## LA PERSPECTIVA DE ANDREW

Michelle fue la primera novia que intentó entenderme y era buena haciéndolo. Es muy madura, disciplinada y calmada bajo presión. Todas las cosas que un irritable, ansioso y fácilmente agobiado novio podría esperar.

Escribí la lista como un ejercicio de gratitud hacia mí mismo y realmente no tenía intención de mostrársela a Michelle. Para mí, la lista me ayudó a estar más consciente de mis sentimientos y cómo me sentía por dentro, para no olvidarlo.

Hay cosas como en esta historia de la lista en las que he aprendido formas importantes de ser un novio amoroso y cariñoso, o simplemente ser mejor persona. Pero tengo que aprenderlas al ponerme al límite de que casi me dejaran y no estar consciente de que eso estaba sucediendo.

Pasan semanas o incluso meses cuando contemplo lo que sucedió, o mejor dicho, cuando alguien me ayuda a entender lo que sucedió, como Michelle, que puedo aprender y ser mejor la próxima vez.

Creo que la gente lo hace de manera instintiva, sin pensarlo o lo aprenden de manera inconsciente. Para mí, no tengo esos instintos y sé que la única forma de mejorar es a través de un esfuerzo consciente para aprender sobre lo que hice mal.

*　*　*

Fotos del Capítulo 14
Bellamimalifestyles.com/bookphotos

# UNA HISTORIA EXTRA DE ANDREW

## NUNCA REALMENTE CONOCES A ALGUIEN HASTA QUE VIVES CON ELLOS

"¿Dónde está mi vaso?", le pregunto a Michelle cuando entro a la cocina.

"Sólo toma uno nuevo", me responde. "Está en el lavavajillas".

Esta es una ocurrencia común cuando vives con Michelle. Le gusta tener la cocina y las encimeras limpias y libre de platos y no hay pero que valga. Si dejas tu taza de té o de chocolate caliente en la mesa con intención de usarlo en los siguientes cinco o 15 minutos, hay una gran probabilidad de que esté en el lavavajillas cuando vuelvas. Cabe la posibilidad de que cuando te percates que ya no está ahí, ya lo haya lavado y esté de vuelta guardado. Puedo vivir con los vasos extra limpios, pero, ¿conoces la cubierta de la tasa del detergente de lavandería? Si sí, lo estás haciendo mal al igual que Michelle. Me tomó varias semanas verla en acción.

"¿Qué haces?", le digo impactado.

"Lavando la ropa", me responde Michelle confundida.

"¿Por qué estas llegando la tasa? ¿Lo haces siempre?", pregunto.

"Sí Andrew. Es la tasa que viene con el detergente. Esto es lo que debes usar", me dice Michelle y me tengo que controlar para no mostrarle incredulidad ante la situación. "Michelle", le digo y le quito la tasa de la mano y la pongo contra la luz. "¿Ves los números 1, 2, 3? Debajo hay un indicador".

Michelle se da cuenta de que ha lavado la ropa mal todos estos años. Y por mal, me refiero a súper ineficiente. La ropa siempre estuvo libre de manchas y súper limpias. "¿Entonces uso la línea 3?", me pregunta Michelle.

"¡No, jajaja! La línea es para una carga grande y muy sucia. Como con manchas y así. Usas la primera línea la mayoría del tiempo a menos de que necesites ese extra. ¿Ves que el contenedor dice que puede ser usado para 48 cargas? Es sólo si usas la primera línea. Jejeje".

Empezamos a gastar menos dinero tras esta intervención.

\* \* \*

## La Perspectiva De Michelle

Sí, soy culpable de limpiar de más los vasos. Mi compañera anterior siempre me decía, "¿Dónde está mi vaso de agua?" Limpio sin siquiera pensarlo. Es un hábito. Si veo un vaso vacío en la encimera, lo pongo en el lavavajillas. No es que el vaso me moleste; es un reflejo porque me da algo qué hacer.

También culpable, uso demasiado detergente. ¿Pero sabes lo que realmente me molesta? Andrew usa demasiado de prácticamente todo lo demás y ni siquiera lo iba a mencionar.

Llena su palma de la mano con más de mi acondicionador de 45 dólares que yo y mi cabello me llega a media espalda. Le compré el propio, pero prefiere usar el mío. "Andrew, ese es mi acondicionador caro para cabello seco. No uses tanto", le he dicho miles de veces. Aún así continúa llegando su mano.

"Pero me encanta esto", responde. "Huele tan bien".

Cuando hace malteadas de proteína pone dos tasas de mi caro polvo verde, cuando se supone que sólo debes usar uno. No importa cuántas veces le pedía, sigue usando dos tasas, no parece poder dejar el polvo. Dejé de comprarlo porque es demasiado caro con Andrew.

Entonces sí, uso demasiado detergente. Usar una tasa en la primera línea parece mal, pero cuando se trata de malgastar un producto, creo que Andrew es más culpable.

# 15
# EL DORMITORIO

Hubo un debate sobre si debíamos incluir este capítulo en el libro. Algunos lo podrían encontrar ofensivo. Aun así creo que otros necesitan escuchar esto. Al final de cuentas, concluí que sería injusto a la historia dejar esta parte fuera.

Ya que somos mejores amigos compartiendo una bebida, esta es la parte en la que perdí todas las inhibiciones y comparto de más. Hemos hablado de la vida sexual, pero este capítulo es específicamente sobre las actividades en la habitación en el primer año juntos.

Te prometí que te iba a dar todos los detalles jugosos de la relación y aquí estoy cumpliendo esa promesa.

Si hubiera entendido algunas de estas cosas antes de comenzar a salir con Andrew nos hubieran salvado algunas lágrimas. Me da esperanzas que este capítulo posiblemente ayude a otros a evitar la confusión que viví.

Mis intenciones es ser amorosa y asistir a aquellos que lo necesiten para que sepan que no están solos. Si te ofende una conversación sobre sexo o simplemente no tienes interés en escucharlo, puedes saltarte el capítulo y avanzar a la sección de autismo. Saltarte esta parte no afectará el resto del libro.

## Nuestra Relación Sexual

El sexo con Andrew ha sido un poco diferente de mis relaciones anteriores. Cómo nos relacionamos en la cama es extraña para mí.

En las películas el sexo es usualmente representado como un factor clave en una relación. La sociedad te puede llegar a hacer pensar que si no están teniendo sexo apasionado que estás con la persona equivocada. Estoy aquí para decirte que puede ser lo opuesto y eso no nada malo.

Podría discutir que si estás teniendo el mejor sexo de tu vida, puede ser que estás cegada a muchos problemas en tu relación. No estoy diciendo que este siempre sea el caso, pero es difícil pensar con claridad y ver a una persona de manera objetiva porque tienes sexo apasionado.

Con Andrew, hay pasión en saber que en el fondo he encontrado a mi pareja perfecta para la vida, pero hay poca o nada de pasión en el sexo. Cumplimos con el trabajo y nuestros cuerpos están satisfechos, pero no es lo que hacemos mejor juntos.

Separé este capítulo en cinco partes que afectan más nuestra vida sexual. Para cada uno de estos aspectos, les explicaré el asunto, con una historia de ejemplo y cómo nos afectó. Posteriormente ofreceré una solución que me ha ayudado a lidiar con eso.

Nos tomó todo el primer año de nuestra relación para que yo pudiera señalar cuales eran los problemas y aprender a comprenderlos. Al inicio pensaba que algo estaba mal en nuestra química sexual porque habíamos sido amigos primero. Pero aprendí que mi confusión tenía poco que ver con la química sexual y más que mi cerebro trabaja diferente al de Andrew. Es difícil compenetrarte sexualmente cuando te encuentras en una frecuencia distinta.

## Aspecto 1 - Andrew No Imita

Estaba tan habituada a los hombres que igualaban mi nivel de intensidad en la cama que nunca pensé que alguien fuera incapaz de hacerlo. Me tomó tiempo entender por qué me sentía tan impotente cuando se trabaja de iniciar el sexo con Andrew. Antes de él sentía que tenía un súper poder.

Podía lanzar una mirada a través de una habitación que le diría a mi novio que estaríamos encima el uno del otro al llegar a casa. Esto me daba cierto control con respecto a cuándo la otra persona estaba excitada conmigo. Sólo tenía que actuar como que la otra persona me excitaba y ellos responderían de igual forma. Siempre había sido simple y me encantaba ese momento. Entre más me encontraba de humor, se ponían más excitados. Florecía en ese momento.

Con Andrew nunca voy a tener ese poder por que no iguala mi intensidad. Siento que está en su propio trayecto de pasión, separado del mío.

No es la mecánica del sexo lo que más me excita. Son las emociones detrás de eso. Me atrae más saber que la atracción de la otra persona crece hacia mí al mismo tiempo que la mía escala. Realmente no me había percatado de eso sobre mí hasta que empecé a salir con Andrew y me faltó ese aspecto.

## Historia - "No Me Aprietes"

Andrew deja caer una bomba mientras hablamos de sexo. "Sabemos cómo me aprietas de esta forma…" Se acerca y me pellizca el brazo con su mano completa. "Sí", le respondo.

"Realmente no me gusta eso. Me agobia y no se siente bien", me dice.

"Oh", me siento avergonzada. "Creo que lo hago para intentar sacar alguna emoción de ti. Te aprieto para incrementar la intensidad y dejarte entender que se siente bien". "Bueno, no es así como lo siento yo", me explica. "Se sienten como apretones y pellizcos. Me distrae".

"Está bien, intentaré no hacerlo de nuevo", respondo. "¿Pero quizá podrías intentar empujar tu cuerpo contra el mío más seguido? Me haría sentirme más conectada a ti y entonces no sentiré la necesidad de apretar, Me gusta tener la presión de alguien encima de mí:.

"Sí, lo puedo hacer", me dice Andrew. "Sólo dime cuando lo estoy haciendo bien para saber".

## Solución - Ve Al Interior O Exteriorizalo

Me río ahora con esta situación por que intentaba incrementar la intensidad de nuestro sexo apretando a Andrew cuando simplemente podría haberle gritado que fuera más rápido o más duro. Es así de simple; sólo que me tomó un tiempo percatarme. No habla el idioma del lenguaje corporal, entonces la solución es usar mis palabras.

Otra solución es que yo me "inmersa" cuando estamos teniendo sexo. En lugar de intentar conseguir satisfacerme emocionalmente al sentir la pasión de Andrew, acepto la mía. No lo puedo hacer siempre, pero me estoy acostumbrando a voltear hacia mí en lugar de enfocarme tanto en nosotros como pareja.

\* \* \*

## LA PERSPECTIVA DE ANDREW

Cada pareja que tengas te va a enseñar algo nuevo. Agregando a la primera historia sobre apretarme, esperaría que al hablar sobre sexo suceda al inicio. Una vez que Michelle y yo hablamos al respecto, se resolvió casi todo el misterio. Sabía que algo no estaba bien en el sexo, pero no estaba seguro qué era. Y en lugar de preguntar lo dejé ir y pensé en alguna buena razón de por qué estaba sucediendo. Luego Michelle me dijo que pusiera presión sobre ella mientras teníamos sexo y una vez que lo hice me pude dar cuenta de lo mucho que le gustaba. *Demonios*, pensé hacia mí. *Me hubiera gustado que me dijera antes. Realmente lo está disfrutando y ahora lo entiendo. Ya sé que le está gustando.*

\* \* \*

## Aspecto 2 - Sus Emociones No Son Evidentes A Simple Vista

Las expresiones faciales de Andrew no siempre empatan sus emociones. No hay mucho que explicar con esta, pero dejaré que salga tu imaginación un momento para que puedas visualizar lo incómodo que puede hacer las cosas en la cama.

...
¿Lo tienes? Grandioso.
Quiero que sepas que me reí junto a ti.

Este aspecto generó problemas la primera vez que visitamos a Gavin y Chelsea el fin de semana.

Dejé fuera un detalle importante de nuestro viaje a Brooks. Pero no te preocupes. No puedo dejar de contarte las cosas por mucho tiempo.

### Historia - Sexo Candente y Media Sonrisa

Terminamos un juego de mesa con Gavin y Chelsea y nos vamos a dormir abajo. Andrew y yo estamos un poco tomados, que es algo nuevo para nosotros. Es la receta ideal para un sexo candente. Estoy lo suficientemente tomada para saltar sobre él y quitarle la ropa sin inhibiciones, pero no demasiado que seré descuidada al respecto. Andrew iguala mi pasión y terminamos teniendo el sexo más candente.

Varios orgasmos candentes. Saltar como vaquero con mis brazos al aire, candente. Es como si nos hubiéramos olvidado de que fuimos amigos por tanto tiempo y finalmente podemos abrazar nuestra sexualidad.

Es el momento que esperaba y no decepciona. Es fantástico en todos los sentidos. Al menos así parece… hasta que acaba.

Andrew se levanta sin decir nada y va al baño.

La expresión en su cara es neutra y su porte no tiene nada de entusiasmo. Esto rápidamente hace desaparecer mi euforia y me hace preguntarme si siquiera lo disfrutó. Paso de sentirme muy atraída hacia él a sentirme extremadamente insegura en segundos.

Cuando vuelve del baño, se mete a la cama, me dice buenas noches y se voltea hacia el otro lado.

En mí mente comienzo a gritar: ¿En serio? ¿Esta es tu reacción? ¿No le gustó? No hay forma de que no le haya gustado. ¿Qué sucede?

No me puedo dormir y no le digo nada a Andrew.

Una semana después estamos jugando un videojuego en el departamento cuando de pronto Andrew me mira de reojo y sonríe.

"¿Qué?", le pregunto.

"Entonces, ese fin de semana en Brooks, en el sótano…", empieza a decir Andrew, pero se detiene.

"Sí, continúa", le pido, sin saber qué va a decir.

"Sí, bueno, realmente me gustó", me dice Andrew acercándose que me doy cuenta que está avergonzado.

"¿Te gustó qué?", le pregunto, confundida sobre lo que quiere decir.

"El sexo, fue candente", me dice Andrew y su cara se ilumina con una gran sonrisa. Pongo pausa al juego y volteo a verlo.

"Entonces, ¿lo disfrutaste?", pregunto. "Porque después te quedaste callado y parecía que estabas molesto".

"Realmente me gustó", me dice Andrew mientras me acaricia la pierna y me da un beso. Finalmente muestra el entusiasmo que esperaba esa noche.

"Andrew", le digo en un tono serio, "es difícil saber cuándo estás disfrutando algo en la cama. Tu cara no muestra muchas emociones".

"¿De verdad?", me pregunta Andrew confundido. "Siempre lo disfruto. Pero esa noche lo disfrute aún más".

"Bueno, no sabía y es frustrante. Me hace sentirme acomplejada", le explico sin entender que esto va a llevar a que Andrew haga lo opuesto.

"No sé qué más decir que siempre lo disfruto", me asegura Andrew y seguimos jugando. En las siguientes semanas Andrew intenta expresar lo mucho que disfruta con expresiones faciales mientras tenemos sexo. Lo volteo a ver y tiene una "sonrisa" anclada en su cara. Es realmente incómoda y arruina el momento. Su boca no se mueve y es poco natural.

No lo soporto más y le pregunto: "¿Qué haces? ¿Por qué sigues siendo así?" "Intento demostrarte cuanto lo estoy disfrutando", me responde.

"Bueno, para. Es incómodo", le digo mientras continuamos teniendo sexo. "¿Pero cómo puedo demostrarte que realmente lo estoy disfrutando?", me pregunta Andrew.

"Sólo no te preocupes", le comento. "Ahora sé que lo estás disfrutando. Para de intentar demostrarlo".

Instantáneamente me arrepiento de haberle dicho algo por sólo empeora las cosas. Le toma un tiempo a Andrew poder detenerse, entonces las cosas continúan siendo incómodas por semanas.

Hago todo lo posible para que tengamos sexo a oscuras y eso realmente ayuda a aliviar la incomodidad.

## Solución Sé Natural

Primero que nada, podrías evitar cometer el mismo error que yo al mencionarlo en primer lugar. Pues yo hice las cosas más incómodas.

Deja que tu pareja se exprese naturalmente incluso si toma un tiempo acostumbrarse. También deberías expresarte tú mismo naturalmente. De esa forma nadie siente que tiene que pretender todo el tiempo.

Poco después entendí que disfruto el sexo con Andrew más en la oscuridad. Experimentar con los ojos vendados nos ha ayudado a hacer las cosas más candentes. No nos sentimos distintos cuando no podemos ver nuestras caras. Puedo dejar de pensar al respecto y disfrutar nuestros cuerpos. Es como si él se sintiera igual y nos ayuda al inicio.

Ahora que ha pasado más tiempo, aprendí a preguntarle si estoy confundida. No fue fácil al inicio, pero ya estoy acostumbrada.

"¿Te gusta esa posición?" "¿Quieres que me mueva?" "¿Cómo se siente?" Esas son preguntas fáciles de hacer ahora que tenemos un tiempo para los dos.

\* \* \*

# LA PERSPECTIVA DE ANDREW

Andrew intenta procesar cómo evitar que Michelle piense que Andrew no está pasando un mal momento en la cama y realmente está pasándola bien.

Procesando... Si estás disfrutando las cosas con Michelle en la cama entonces sonríe más y muestra una cara feliz.

Esto es grandioso si esa frase me ayuda a recordar que debo demostrarle a Michelle que estoy feliz en la cama. Resulta ser que esto es algo extraño y aterrador que hacer en la práctica. Bueno, creo que así es como aprendes qué funciona y qué no.

Como con cualquier situación en la vida, una vez que te señalan algo es difícil no dejar que la atención lo empeore. Por ejemplo, la próxima vez que camines, piensa en caminar e intenta no hacerlo de manera incómoda, ¿ves?

\* \* \*

## Aspecto 3 - Necesita Confirmación Verbal / Hablamos Demasiado

No es poco común que nos empecemos a besuquear y de pronto uno de los dos dice algo que nos hace reír y sin darnos cuenta dejamos de besarnos para empezar a platicar. Me encanta esto de nosotros ahora, pero al principio me preocupaba Nunca había estado en una relación en la que hubieras estado cerca de tener sexo y nos detuviéramos a platicar. Me hacía pensar que Andrew no se estaba divirtiendo cuando en realidad, su mente cambia a veces muy rápido. No tenía nada que ver conmigo o nuestra vida sexual, pero no lo sabía.

### Historia - ¿Podemos Tener Sexo Ahora?

Andrew y yo comenzamos a besuquearnos en el sillón. Las cosas comienzan a encenderse y amo este momento.

¿Podemos ir a tener sexo ahora?, Andrew me pregunta con un tono un poco serio. Me detengo y lo volteo a ver. "Si, podemos ir a tener sexo ahora".

Mientras caminamos a la habitación me siento un poco decepcionado porque esto arruinó el momento. No me gusta que me pregunten. Sólo quiero que me lleven a la habitación, de manera un poco forzada y me lancen a la cama.

### Solución - Dale Tiempo

Andrew es uno de los hombres más nobles y lindos que he conocido. Nunca va a querer hacer algo que me ponga incómoda. Primero me va a preguntar. Aunque me encanta esta cualidad, esto fue algo que bajo mis deseos sexuales las primeras veces que tuvimos sexo.

La solución para esto fue el tiempo. Andrew ya no siente la necesidad de pedirme permiso ya que ha aprendido lo que me gusta y se siente más cómodo. Le dije muchas veces, "Soy tu novia y si te estoy besuqueando quiere decir que quiero tener sexo". Aún así le tomó tiempo a Andrew sentirse lo suficientemente cómodo para dejar de preguntarme.

Ahora encuentro más fácil decirle a Andrew lo que quiero sin creer que estoy arruinando el estado de ánimo. Puede ponerme de ánimo incluso cuando sólo estamos hablando, pero tomó tiempo.

\* \* \*

## LA PERSPECTIVA DE ANDREW

Debido a que me cuesta trabajo entender las emociones en el momento se convirtió en un hábito pedirle permiso a Michelle si deberíamos o no tener sexo. Esto quizá se debe a que primero fuimos amigos antes de comenzar a salir. He estado en relaciones en las que el sexo es más algo de un momento, pero esas relaciones se basaron en el sexo desde el inicio. Un precedente diferente.

Esto es verdad, puedo cambiar rápidamente de estado mental. Hay una parte de mí que está nervioso y no puedo evitar intentar quitarme los nervios. Aprendí que esto es inapropiado en la cama y sé cuándo debo parar. Cuando digo que aprendí, quiero decir que *aprendí*. Todo esto llevó a algunos momentos incómodos, divertidos e increíblemente candentes.

Si algo realmente divertido ocurre en el momento previo o durante el sexo, dejarte y reírte no tiene nada de malo. La intensidad del momento hará que todo sea más divertido y aún puede ocurrir un gran vínculo a través de la risa del momento incómodo.

\* \* \*

# Aspecto 4 - Se Siente Un Poco Sin Emoción

Andrew hace que me sienta amada y cuidada de muchas formas que ningún otro hombre lo ha hecho, pero en la cama, todo parece faltarle emoción. El sexo se siente como un ejercicio con un clímax de satisfacción al final. Nos mantenemos satisfechos, pero no siento que estamos vinculándonos mientras tenemos sexo. Al inicio me molestaba que no mostrara emociones intensas en la cama como yo quería y me lo tomé personal.

## Historia - Disfraz

"¿Hay algo de lo que te gustaría que me vistiera en la cama?, le pregunto a Andrew. "¿Qué es para ti lo más sexy?"

"Me gustan los disfraces (cosplay)", me explica.

"Envíame unas fotos y veré que puedo hacer", respondo.

En la semana Andrew me envía imágenes de disfraces. La mayoría son de mujeres con minifaldas, con mucho maquillaje y coloridas pelucas.

*"Bien, creo que puedo con esto"*, le escribo. *"Acabo de comprar una peluca rosa y una peluca larga blanca de Amazon".*

*"Increíble"*, responde Andrew. *"No puedo esperar".*

Un par de semanas después decido disfrazarme por primera vez. Me maquillo y me pongo la peluca rosa. Me sorprende lo linda que me siento. En lugar de comprar ropa, uso una bata de seda que ya tengo y que es muy corta, además de un sostén de encaje.

Le envío a Andrew una foto por mensaje con la peluca durante el almuerzo. *"Vas a tener algo candente cuando llegues xoxoxo".*

*"Oh, vaya, te ves increíble"*, responde Andrew. *"Llegaré después del trabajo"*. Andrew llega del trabajo, lo jalo a la sala. Tenemos sexo y es bueno, pero Andrew se siente igual que siempre. Pensaba que iba a haber más emoción de su parte al hacer las cosas más candentes, pero este no es el caso.

Unos días después le pregunto a Andrew, "¿Te gustó que usara la peluca rosa y el maquillaje para ti?"

"Sí, fue candente. Lo disfruté", responde Andrew.

"Bueno, no estaba segura si valió la pena el esfuerzo por te veías igual que siempre", le explico.

"Creo que valió la pena", me aclara. "Te veías candente".

Mientras escribo esto, me siento culpable al percatarme que no lo hice por Andrew. Me volví un poco cómoda porque realmente se sintió como sexo normal para mí, aparte de tuvimos sexo en la sala. Sólo porque su actitud fue la misma no quiere decir que no lo disfrutó más de lo normal. A veces vuelvo a hacer el esfuerzo de vez en cuando.

Solución - Ajusta Tus Expectativas

Ya no siento la necesidad de sentir emociones en la cama y he aprendido que no es importa en el gran esquema de las cosas.

Incluso cuando Andrew me dice que soy hermosa, sé que lo siente, pero no tiene la misma frecuencia detrás. Las cosas nunca se van a sentir igual como en mis relaciones anteriores y eso está bien. De hecho es increíble.

Andrew aún me abraza, me sostiene y me besa como en ese primer año en el que estuvimos juntos y me encanta. Nunca lo cambiaría por sexo candente. Prefiero tener esa reafirmación positiva en el día a día que en la cama. Me hace sentir tonta que eso me molestaba tanto. No recibir lo que quieres a veces es una bendición porque la vida a veces tiene mejores planes para ti.

Ahora que hemos estado juntos un tiempo, me gusta que mantengamos las emociones fuera de la cama. Lo que más me gusta del sexo con Andrew es que si no me siento de humor, no siento que debo actuar. Por qué él está en su propia frecuencia, parece que a él no le molesta que haga la mecánica del sexo sin mucha emoción y me encanta. En relaciones anteriores sentía que debía fingir entusiasmo para que el chico siguiera de humor. No es el caso con Andrew y es un alivio.

\* \* \*

## LA PERSPECTIVA DE ANDREW

Andrew piensa a sí mismo mientras lee la historia de arriba, ¿Las mujeres fingieron entusiasmo para mantenerme de humor en relaciones anteriores? Andrew piensa más en esto. *Eso debe ser agotador. No lo hagan.*

Debido a que Michelle no finge entusiasmo para mantenerme de humor, me hace entender cuando tenemos realmente buen sexo. Me sentiría mal y un poco avergonzado si hubieran pasado años y luego Michelle me dice que ha pretendido para mantenerme de humor.

\* \* \*

## Aspecto 5 - Estado Abrumado

Andrew se abruma cuando está sobre estimulado y molesto.

### Historia - Michelle Aprende A La Mala - Felación Que Sale Mal

He tenido algunos momentos sexuales embarazosos en mi vida, pero nunca uno como este. No puedo creer que esté a punto de revelarte esto, pero hemos llegado hasta aquí, entonces lo diré todo. Bienvenido a uno de los momentos más vergonzosos de mi vida.

Andrew tiene un mal día entonces decido que lo voy a llevar a la habitación y lo voy a poner de buen humor con sexo oral.

Esta es una primera experiencia para nosotros. Nunca le he dado sexo oral como este en mi vida. Esto se supone que es sólo para él mientras está sentado en el borde de la cama. Algo que debes entender de mí es que soy distinta dependiendo de con quién esté en la cama. La razón es que usualmente me valgo de la reacción de mi pareja. Me excita que mi pareja esté también así. Cuando me doy cuenta que disfrutan algo ahí poco mi atención. No tengo necesariamente un plan de ejecución, pues dejo que las emociones del chico den la pauta. Esto me ha funcionado bien en el pasado.

Con Andrew es más difícil. Es la primera pareja que no sé cómo leer. Empiezo a hacer "el trabajo" no reacciona mucho. En realidad no reacciona de ninguna manera. Está duro, pero no siento que esté excitado o disfrutando. No hay sonidos, no se inclina, nada para que yo me excite. En lo que me concierne, no lo está disfrutando.

Debido a esto, empiezo a probar con cosas distintas. Esperando que me dé una idea de lo que quiere. Intento enfocar mi atención en la cabeza que en el resto, haciendo una espiral con la lengua. Intento juguetear con el escroto, bajo la velocidad, luego más rápido de nuevo. Tras algunos minutos, Andrew sigue sin reaccionar.

Una cosa que tienes que entender de Andrew es que cuando está sobre estimulado se pone como estatua. De una forma se congela porque su cabeza está sobregirando. Intentar animarlo con algún favor sexual es lo peor que podría estar haciendo en este momento. No me doy cuenta entonces sigo.

Los minutos avanzan, nada cambia. Me empiezo a sentir avergonzada. Está duro, pero no parece estar excitado con nada que hago. No sé qué hacer después y empieza a hacerse evidente en mi técnica.

Todo esto llega a su fin cuando Andrew me voltea a ver y me pregunta, "¿No sabes lo que estás haciendo?"

Me siento mortificada. Y lo peor es que lo dice con la voz más amable. Como si quisiera enseñarme.

"No me estás dando nada para sentirme excitada", le digo e intento salvar un poco mi dignidad.

"¿Pero sabes cuál es la parte más sensible del pene?", me pregunta y siente la necesidad de señalármelo. "Es aquí". Apunta al envés del pene. "No hay mucha sensación en la punta. La parte más sensible es en la vena central abajo del pené".

"Estaba intentando intensificar hacia algo", le digo y me doy por vencida y me siento junto a él mientras se pone el pantalón.

"No te preocupes", me dice. "No es importante".

"¡Es relevante! Nunca soy mala con esto", digo con un alarido. "Nuestra química no está bien. No reaccionas como estoy habituada y me confunde. Hace que piense de más lo que estoy haciendo".

"Realmente estoy en mi cabeza en este momento", responde. "Entonces ni siquiera estoy de humor. No te lo tomes personal"

"Sí, claro", le digo. "Como si eso fuera posible. No hay nada más personal que darle mal sexo oral a tu novio". Me salgo de la habitación e intento distraerme viendo televisión, pero no puedo pensar en nada más toda la noche.

Andrew sale del cuarto y se va a jugar videojuegos en su computadora. Parece que no le afecta la situación.

Sí, esto realmente pasó.

Básicamente casi muero de la vergüenza. Especialmente debido a que el sexo oral es algo en lo que Andrew sobresale, y usualmente yo también, o eso pensaba. Me toma un día superar lo mortificada que me siento. Pasan semanas antes de que lo pueda volver a intentar.

"Necesito que me digas verbalmente cuando algo te gusta", le digo antes de empezar. Andrew lo hace y las cosas salen mejor.

Andrew casi no recuerda este incidente. Para él no fue algo importante, pero para mí fue el momento más bajo de nuestra vida sexual. Agradezco que ya hayamos dejado todo eso atrás, pero nunca olvidaré la humillación.

### Solución - Aprende Cuándo Evitar La Cama

Aprendí de mala manera evitar la cama cuando Andrew se siente sobre estimulado y nunca repetí ese error. Sexo no es lo que necesita cuando está molesto. Necesita un tiempo de no hacer nada, con poca estimulación para procesar sus pensamientos. No te lo tomes personal.

\* \* \*

## LA PERSPECTIVA DE ANDREW

No es la primera vez que una mujer me dice que no puede "leerme" en la cama. Lo recuerdo como si hubiera sido ayer.

"Eres el único chico con el que he estado al que no puedo leer", me dijo una mujer tras una larga noche con varias sesiones de sexo. "No tengo idea de que sucede en tu mente". Mi respuesta es hacer una cara chistosa con una gran sonrisa y darle un beso. No sé realmente cómo entender lo que me dijo esta mujer.

En cuanto al consejo que me dio Michelle, es muy sabio. Cuando estoy en un estado sobre estimulado, el sexo no va a ser candente para nada. Mi mente está sobre estimulada. Una atmósfera calmada y relajada es lo mejor para mí en esos momentos.

\* \* \*

## Resúmen

Aprendí a ver el sexo de una manera distinta. Se siente más como una actividad física que hacemos para llenar el deseo de nuestros cuerpos y no como un acto emocional que valida nuestra relación.

Me avergüenza pensar que intenté hacer nuestra vida sexual algo que no era en el primer año. Intenté convertirlo en algo que entendía en lugar de simplemente aceptarlo por lo que era. Si no hubiera intentado crear momentos con "fuegos artificiales" siento que hubiera resultado más fácil para ambos.

Mis momentos mágicos con Andrew siempre son impredecibles. No suceden cuando quiero. He logrado amar esto sobre nuestra relación.

Te reto a que veas el sexo de una manera distinta. ¿Es algo en lo que necesitas ser el mejor? Ciertamente no es el caso para Andrew y yo, y no podría ser más feliz. El hecho de que hayamos tenido que comunicarnos tanto en esta área nos hizo más fuertes y nos acercó. Odio pensar que hay parejas que se dieron por vencidas de manera prematura por no entender algunas de estas situaciones.

Debo decir que hay un aspecto que extraño de mi vida sexual anterior. Extraño sentir que soy increíble en el sexo. ¿Es importante para el gran esquema de las cosas? No. Es un aspecto que extraño.

Sin embargo mis amigos que han leído este capítulo me dicen que es esta flexibilidad y comunicación es lo que nos hace verdaderamente increíbles. Porque la autenticidad es algo que falta en la vida sexual de muchas parejas.

\* \* \*

## LA PERSPECTIVA DE ANDREW

He tenido relaciones basadas en lo bueno que es el sexo. Si el sexo y la atracción están fuera de este mundo, me he percatado que esto hace que la relación sea intensa. A veces tanto que estoy en constante estado de sobre estimulación y sin saberlo. Antes de Michelle, no sabía lo que una relación estable y saludable era. Para mí, la emoción del sexo era parte importante de lo que nos mantenía juntos por que nunca había tenido una relación saludable, estable y amorosa.

Tener una relación que no es tan intensa me permite regularme mejor y no preocuparme sobre cosas frívolas como *El sexo no fue increíble. ¿Es el fin? ¿Le sigo gustando? Espero que le guste.* O *Nuestra química sexual parece ser más lenta. ¿Debo preocuparme por esto?*

Estar libre de esa preocupación me ha permitido ser yo mismo en la relación. No tengo que sentir que tengo que cuidar la relación para mantener un cierto nivel de intensidad y emoción.

\* \* \*

# AUTISMO

Aprender sobre el autismo fue un regalo que esperaba con ansias. Me ayudó instantáneamente a dejar de tomarse muchas cosas personalmente. No sólo en mi relación con Andrew, pero con otros a mi alrededor. Como seres humanos tendemos a hacer todo sobre nosotros mismos cuando en realidad poco tiene que ver con nosotros. Todos somos distintos, pero nos enseñan muy poco al respecto.

Esta sección nos conducirá durante todo el proceso de diagnóstico. Compartiremos nuestra experiencia contigo para que aprendas junto a nosotros. Como dicen "el conocimiento es la fuerza" y no hay palabras más ciertas. Es desafortunado que muchas personas no puedan recibir un diagnóstico en la edad adulta, ya sea por autismo o por alguna otra neurodivergencia. Pueden ser demasiado caros e incluso si lo puedes pagar, no siempre es fácil encontrar a un especialista cerca.

Siempre estaré agradecida que pudimos recibir un diagnóstico como adultos y de participar juntos en las sesiones. Recibir el diagnóstico nos empoderó para pensar y relacionarnos de manera distinta. Por supuesto que fue un proceso y no fue fácil. Entiendo que es apenas un pequeño paso para rectificar las injusticias que han vivido durante toda su familia al no poder entender sus diferencias. Pero compartiré lo que aprendimos y esperamos que los empodere y se pueda compartir a nivel mundial.

# 16

## NOVIEMBRE HA LLEGADO

El día que hemos estado esperando con ansias finalmente llega. Es el momento de inscribirnos a la sesión de diagnóstico con el _muy popular_ Dr. Baker, quien se especializa con diagnóstico en adultos.

Es la 1a.m. y Andrew y yo estamos esperando a subir al avión para viajar a Thunder Bay y visitar a su familia. Desde media noche tengo abierta la página de internet del doctor esperando que se abra el proceso de registro. Cada vez que doy clic en el botón de refrescar me vuelvo a decepcionar. Queremos que sea el Dr. Baker quien valore a Andrew y me siento ansiosa. En los altavoces se escucha el anuncio: "Ahora abordando la Zona 3. Zona 3 está abordando". Andrew toca mi hombro y me dice" "Querida, es nuestra zona".

Sin voltear hacia arriba, le respondo: "Avísame cuando no haya fila. Podemos ser los últimos en abordar".

Cada vez que le doy a refrescar tengo la esperanza de que se ilumine el botón de registro. Estoy determinada a apretar el botón hasta que suceda. Sin darme cuenta cuánto tiempo pasó, Andrew vuelve a tocar mi hombro: "Bien, querida, tenemos que subirnos al avión".

Con reservas guardo el teléfono en mi bolsa y abordamos. Ponemos nuestras valijas en el compartimento superior y nos sentamos. Una vez que nos abrochamos el cinturón vuelvo a sacar el teléfono y sigo intentando. Se escucha un anuncio en el altavoz: "Favor de apagar sus celulares y guardar todos sus electrónicos". No escucho y pongo mi abrigo sobre mis piernas de manera que no sea mi mano. La demostración de seguridad comienza y yo sigo refrescando incesantemente la página. Comienzo a perder la esperanza mientras veo a los asistentes de vuelo apuntando a las salidas de emergencia. La demostración ya casi termina y no tengo suerte.

Se escucha otro anuncio: "Tripulantes de cabina, prepárense para el despegue".

Se me acaba el tiempo y sigo refrescando. Finalmente aparece el botón para inscripción.

No puedo contener mi emoción y tomo el brazo de Andrew y grito "¡Sí, Por Dios, está abierta la inscripción!". Andrew comparte mi emoción y agita mi brazo. El botón de inscripción me lleva a una página de información que necesitamos llenar.

El sobrecargo comienza a acercarse. "Señorita, necesita guardar su teléfono celular".

"Lo sé", le contesto sin voltear a verla. "Lo siento, sólo tengo que llenar esta forma y lo guardo. Se para ahí un minuto antes de irse enojada.

Nos piden el nombre de Andrew, fecha de nacimiento y dirección. Tras llenar esos campos doy clic en continuar. Para mi horror, hay una página llena de preguntas. Comienzo a sudar mientras veo a la sobrecargo acercarse de nuevo. Esta vez no se ve calmada. Todas las preguntas reciben una respuesta de tres palabras. Espero que entiendan el punto. "Señorita, necesita guardar su celular. Vamos a despegar". Andrew responde, "Sólo tiene dos preguntas más y lo va a guardar. Disculpe, es muy importante, hemos estado esperando durante semanas." Esta vez no se va, claramente se va a quedar ahí hasta que guarde el celular.

El avión comienza a avanzar. Tras dar clic en continuar, me dirige a un botón que dice enviar la solicitud. Le doy clic, espero a que se envíe y apago el celular y lo guardo. Agradezco que la sobrecargo no se exasperó conmigo durante el proceso gracias al encanto de Andrew.

Mientras comienzan a apagar las luces para dormir, no podemos contener nuestra moción. "Por Dios", repite Andrew, "¿de verdad nos registraste mientras el avión estaba por partir? ¡No lo puedo creer, somos afortunados!" Me siento aliviada y me coloco el abrigo como cobija para dormir. Oficialmente estamos registrados para la primera sesión en febrero y recibir un diagnóstico del Dr. Baker (el mejor doctor). Ahora sólo tenemos que esperar.

## Conociendo A La Familia Japonesa De Andrew - Los Iwasas

Viajamos a Thunder Bay para visitar a la familia Iwasa que consiste de la abuela de Andrew (quien tiene más de noventa años), su tía Joanne y su hermano Brian (quien Andrew Considera un padrastro). El padre de Andrew falleció en el 2006.

Llegamos a Thunder Bay a las 5:30a.m. Tenemos planeado hospedarnos en la casa de la tía de Andrew e insistimos en tomar un taxi desde el aeropuerto. Nadie tiene por qué perder horas de sueño.

Llegamos y nos reciben Joanne, su padrastro Brian y su abuela. El departamento es cálido y acogedor. Hay fotografías de Andrew por todos lados, junto al resto de la familia. Aunque todos están cansados nos sentamos rápidamente para una corta introducción antes de irnos a la cama.

Mientras nos dirigimos a la sala Joanne nos pregunta, "entonces, ¿cómo se conocieron?"

Andrew responde con dos palabras: "En Bumble".

Tras un corto, pero incómodo silencio, pregunta, "¿Cuándo se conocieron?" "Abril del 2017", responde Andrew sin decir más. Le sigue un silencio más incómodo.

Tras varios intercambios de mirada incómodos, veo que se sienten confundidos por lo que decido intervenir. "Andrew, cuéntales la historia de cómo empezamos a salir", le digo con entusiasmo en un intento de evitar el momento incómodo.

"Pero eso no fue lo que preguntó", me dice Andrew desconcertado.

"Pero eso es lo que todos quieren saber", le digo.

Su familia asiente.

Entonces Andrew cuenta a detalle cómo nos conocimos, amigos por un año y luego empezamos a salir. Todos parecen disfrutar la historia. Una vez que termina, decimos buenas noches y nos vamos a dormir.

Mientras nos metemos a la cama, le digo a Andrew, "No puedes dar respuesta de dos palabras cuando te preguntan sobre mí, es descortés. Cuéntales la historia".

"No pidieron una historia. Si quieren una historia, deberían preguntar", me dice con tono de frustración.

Claramente Andrew está cansando por el vuelo, aun así encuentro esta interacción un poco peculiar.

\* \* \*

## LA PERSPECTIVA DE ANDREW

Es por esto que amo a Michelle. Entiende cosas de mí y me ayuda a comprender estas situaciones. Mi familia seguramente nunca entenderá la diferencia cuando formulas una pregunta de forma distinta. Creía que este tipo de malentendidos eran normales. Nunca antes nadie me lo había explicado de esta manera.

\* \* \*

## Les Dijiste Que Soy, ¿Qué?

Después de unas cuantas horas de sueño, me despierto y tomo una ducha. Andrew sigue dormido, por lo que decido vestirme y dirigirme a la sala.

Me saluda la tía de Andrew, Joanne. "Michelle, te preparé agua de pepino", me dice.

"Gracias", le respondo mientras me da un vaso.

"Andrew me dijo que te gusta el agua de pepino. Tuve que buscar en Google cómo hacerla, espero que saliera bien", me explica.

Veo la jarra en la mesa y es tan elegante como puede ser. Tiene prácticamente un pepino entero en rodajas, posiblemente hasta dos.

"Está delicioso, Joanne", le digo mientras le doy un trago al agua. "Esto es mucho más elegante de lo que suelo hacer. Sólo rebano unas cuantas rodajas y las pongo en un vaso. Muchas gracias".

"¿Comes huevo?, me pregunta ahora. "Hice huevos para desayunar, pero puedo hacer otra cosa. Traje ingredientes para hacer una ensalada de pollo, pero realmente no sabía que te gustaría en ella".

"Joanne, como prácticamente de todo a menos de que esté muy picoso. No te preocupes. Huevos suena buen, pero la ensalada de pollo también suena bien", respondo esperando que la tranquilice.

Joanne voltea a verme extrañada y me dice: "Andrew nos dijo que eres vegetariana. Que sólo te gustan las ensaladas y agua de pepino".

"¿Qué? ¿Por qué diablos diría eso?". Me río un poco, pero también estoy confundida.

"Me gustan las ensaladas y el agua de pepino, pero realmente como de todo".

"Oh, ojalá y hubiera sabido eso antes porque fui a varias tiendas intentando conseguir buenos vegetales para ti, no estoy acostumbrada a hacer ensaladas", me explica.

Me siento terrible de que tuviera la impresión de que soy quisquillosa con la comida. Me dirijo a la habitación y despierto a Andrew.

"¿Por qué le dijiste a tu familia que soy vegetariana?", le pregunto mientras sacudo su brazo.

"No les dije que eres vegetariana. Les dije que te gusta el agua de pepino y las ensaladas", me dice Andrew mientras levanta sus brazos sobre su cabeza.

"Bueno, creen que soy vegetariana e hicieron todo esto por mí. ¿Por qué les dijiste eso?"

"No dejaban de escribirme mientras estaba trabajando, no supe qué decir", asegura Andrew.

La situación es especialmente decepcionante debido a que tenía interés en conocer la tradicional comida japonesa y ahora tendremos que comer ensaladas por una semana.

A donde vaya estoy feliz de comer lo que me den. Me desconcierta que Andrew contribuyera a que piensen diferente de mí. La única conclusión a la que puedo llegar es que

Joanne le preguntó la misma semana que le dije a Andrew que quería comenzar a comer mejor. Di un largo monólogo diciendo que no podía seguir comiendo pizza y spaghetti. Creo que su cerebro se centró en esa conversación cuando le preguntaron qué quería comer.

MICHELLE Y ANDREW PRESTON

* * *

## LA PERSPECTIVA DE ANDREW

Es por esto que tengo problemas para haber con ciertos miembros de mi familia.

Mientras hablamos siento que están intentando descifrar algo y no me preguntan qué es lo que los hace sentirse frustrados. He aprendido a responder sus preguntas de manera amable sin frustrarme con ellos.

Michelle está consciente de esto y me lo comentó, esto ha ayudado a que evitar que me sienta sobrecogido y frustrado con mi familia en varias ocasiones. Anteriormente permitía que estas frustrantes conversaciones con mi familia se salieran de las manos y termináramos peleando.

Cuando Joanne me pregunto qué le gustaba a Michelle, le di una respuesta simple.

Joanne nunca me preguntó algo específico o explicó que intentaba descifrar. Me hizo preguntas y ahí paró. Yo pienso Joanne va a tener ensalada y agua de pepino. Es un gran inicio. No hay nada más ahí.

* * *

## El Viaje

Hacemos muchas cosas en un viaje de una semana con la familia. Es lindo que Andrew es de Thunder Bay debido a que tengo primos que viven ahí. Tras un par de días jugando videojuegos y visitando a su familia, pasamos un tiempo con mi familia.

Mi prima Kate y su esposo Chris nos llevan a las Cataratas de Kakabeka y una granja de árboles como una cita doble. Los cuatro disfrutamos una tarde afuera. Kate está feliz de que tengo una nueva pareja, dado que estuve soltera por varios años.

Al salir de la granja, Kate se voltea hacia mí en el auto y me susurra al oído, "Me gusta tu nuevo novio e incluso pensé que era lindo incluso cuando se puso esos lentes de sol horribles. ¿Qué hay con esos lentes?"

Esto me causa gracia y respondo en voz alta, "Oh, no tienes que susurrar sobre los horribles lentes de Andrew. Sabe perfectamente que los odio". Toco el hombro de Andrew, quien está en el asiento delantero, "Andrew, Kate también odia tus lentes. Añádala a la lista".

Andrew se voltea y le dice a Kate, "¿No te gustan mis lentes? Hombre, a nadie le gustan". En este momento todos nos reímos a carcajadas, incluyendo Chris.

"Sí, es casi como si debieras dejar de usar los lentes", le digo con tono sarcástico.

"No, amo estos lentes. Pagué 350 dólares en el 2008 y siguen en condiciones perfectas.

Además tengo nuevos lentes", explica Andrew.

Después nos detenemos para comprar unos "Persians". Thunder Bay es conocido por sus "Persians". Son una especie de rol de canela como dona, pero con un glaseado de fresa.

El padre biológico de Andrew, Raymond, los hace en una pastelería local y son deliciosos. Mientras los chicos van dentro a comprar los pastelitos, bromeo con Kate. "He estado molestando a Andrew sobre esos anteojos por un año. Muchas personas lo molestan. A Andrew no le importa, los ama".

"¿De verdad?", me dice Kate desconcertada.

"Sí, de verdad. No hay comentarios suficientes que harían que Andrew se deshaga de los lentes. Me vuelve loca. Pero también me encanta que nunca está intentando impresionar a nadie."

"Sí, que bueno que siempre intenta ser él mismo, pero de verdad esos lentes están horribles", me dice Kate entre risas.

Es lindo que Andrew conozca a mi familia extendida, pero tengo curiosidad de conocer a su padre biológico, Raymond. Como ya lo he dicho antes, Andrew es incapaz de describir a una persona. Lo único que me ha dicho es que su padre biológico, "Sí, es un hombre interesante, ya verás", Pasamos un corto rato con el padre biológico de Andrew en la tienda de donas. Es un hombre amable con una cálida sonrisa.

Su autenticidad es evidente en su semblante y me recuerda a Andrew. Cada uno de nosotros ordena un chocolate caliente y una dona.

Mientras los veo interactuar, es evidente que Andrew tiene muchas cualidades de su padre. Y cuando digo "muchas de sus cualidades", me refiero al autismo. Las similitudes entre ellos son sorprendentes. Ambos prestan atención a los detalles, tienen una postura similar, con habilidades mecánicas impresionantes y con una rutina. Pero en Andrew estas cualidades son menos intensas.

Observarlos teniendo una conversación me divierte debido a que ambos son obstinados en sus creencias y han investigado los temas de los que hablan. Me desconecto para disfrutar mi dona mientras discuten de temas que no entiendo. Conocer a Raymond ha solidificado mi creencia de que Andrew tiene autismo.

## El Viaje A Casa

A lo largo del viaje siento que me enamoro más de Andrew. Conocer a su familia me hace sentir más como una novia y ha sido lindo dormir a su lado una semana completa.

Tras pasar unos días más con la familia Iwasa, Andrew y yo nos dirigimos de vuelta a casa. Estamos entusiasmados de volver a casa, sabiendo que este viaje nos ha acercado.

Difícilmente podemos separarnos y nos tomamos la mano durante todo el vuelo.

Durante la escala de Winnipeg decidimos tener una cena romántica en el lunge del aeropuerto. Sobrevivimos al primer viaje familiar y todo está bien en el mundo. Eso merece una linda cena, tan linda como se puede en el aeropuerto de Winnipeg. Mientras esperamos para abordar el siguiente avión Andrew me cuenta sobre una conversación que tuvo con su tío, quien nos ha invitado a varias cenas en domingo y que disfrutamos.

"Estoy feliz de que mi tío me convenciera de seguir contigo, este viaje salió muy bien", me dice Andrew mientras esperamos para enseñar nuestros pases de abordar.

"¿Perdón?", le respondo.

Es extraño debido a que Andrew me lo dice con una sonrisa como si fuera un halago.

"Hace tiempo le dije a mi tío sobre ese largo viaje que quería tomar y me convenció de que quizá quisiera ir contigo. Me dijo que dejara de planear mi vida sin ti. Me recordó lo especial que eres. Me sorprendió porque no pensé que era verdad". Andrew continúa metiendo la pata.

Me paro ahí en silencio, siento que quiero devolver el estómago. Es lo peor que jamás me ha dicho Andrew, pienso hacia mis adentros, ¿quién dice eso? ¿Te convenció de seguir conmigo? ¿No te diste cuenta de lo especial que soy? Esta no es la manera fantástica en la que quería terminar el viaje.

Mientras caminamos hacia el avión hago todo lo posible por no lanzarlo a la pista. Lo único que logro decir es, "Deja de hablarme" y evitó mirarlo o interactuar con él.

Las siguientes tres horas ni siquiera veo a Andrew de reojo, ni siquiera para ordenar una botana en el avión. En este punto prefiero no comer que interactuar con él.

Es la primera vez que estoy tan molesta con Andrew. Sólo verlo me hace enojarme más. En mi mente le estoy gritando, ¿Pasé una semana conociendo a tu familia y necesitaste que te convencieran para seguir conmigo?

Al llegar a Calgary sigo sin poder voltear a ver a Andrew. Mi vehículo está estacionado en el aeropuerto y necesitamos tomar el autobús para llegar a él. Nos mantenemos en silencio en el autobús y el traslado a su casa.

Una vez que llegamos al departamento de Andrew me volteo y le digo, "Necesito unos cuantos días para calmarme antes de hablar".

Andrew me dice, "Bien, tiene sentido" y sale del auto.

Pasan tres días antes de que Andrew me llame. Respondo y le digo, "Bien, creo que estoy lista para hablar. Estoy un poco molesta contigo".

Andrew responde confundido, "¿Estás enojada conmigo? ¿Qué hice? No sabía que estabas enojada conmigo".

Me desconcierta pues está claro que no tiene ni idea, Andrew siempre es honesto. "Por supuesto", le digo molesta. "Estoy molesta contigo. Incluso te dije que necesitaba unos días antes de hablar".

"Pensé que necesitabas unos días de descanso tras el viaje", responde.

"Pero no te volteé a ver o hablé contigo en el segundo vuelo", le digo.

Otra vez parece desconcertado y me asegura, "pensé que estabas cansada. No sabía que estabas enojada".

"Ven", le digo y cuelgo el teléfono. Me desconcierta que no se percatara que estaba molesta. Quiero decir, prácticamente tuve una sirena en mi cabeza diciéndole que se fuera al diablo por seis horas en el viaje de regreso.

Cuando llega Andrew le digo que lo que me contó hirió mis sentimientos. No recuerda lo que me dijo y entonces se lo repito.

Sonríe nerviosamente y me dice, "No es lo que quise decir".

Le pregunto qué quiso decir y no sabe cómo decirlo.

"A veces hago esto, intento decir algo lindo y sale mal. Intentaba decirte algo bueno", me explica.

"Bueno, no sonó bien. Parece que te tuvieron que convencer de seguir conmigo y que habías estado planeando tu vida sin mí porque no creías que era especial".

Andrew se disculpa. "Lo siento. No era lo que intentaba hacer de verdad".

Parece genuino y lo dejamos atrás.

\* \* \*

## LA PERSPECTIVA DE ANDREW

Esta es una de las cosas más difíciles con las que tengo que lidiar en mi vida. He dicho muchas cosas que han ofendido a otras personas y me deja pensando, ¿Por qué se sintieron ofendidos? Si hay algo que me más me desconcierta es que no me entiendan y luego que la gente pienso que soy insensible.

No sabía que lo que había dicho hirió a Michelle. Fue una experiencia intensa para mí. No me gusta herir a la gente. En retrospectiva creo que podría haberlo dicho de otra forma en lugar de "la primera versión" que salió de mi cabeza.

Estaba feliz por lo que me dijo mi tío pues me ayudó a percatarme de algo que para la mayoría de la gente parecería obvio. Estaba feliz de estar con alguien increíble. Le intenté dar el contexto a Michelle de por qué me sentía así en lugar de expresar cómo me sentía. Ahora entiendo por qué fue una mala idea.

* * *

## No Puede Expresar Sus Sentimientos

Una semana después de que regresamos de Thunder Bay, Andrew me llama un día en la noche.

Respondo y le pregunto, "¿Todo bien?" Por qué es extraño que llame tan tarde.

Me responde, "No lo sé, siento que las cosas están raras". Andrew se queda callado casi un minuto y luego reitera, "Todo está raro".

"Andrew, tienes que ser más específico porque no sé a qué te refieres con raro", le digo.

"No puedo dormir, me siento raro", me asegura sin decirme nada nuevo.

Nos quedamos en silencio por un minuto por que no sé qué decir.

"¿Cómo estuvo tu día? ¿Cómo estuvo el trabajo?", le pregunto esperando encontrar la respuesta a su sentimiento. "Andrew no puedo ayudarte a menos de que me des más información", insisto.

"Es extraño. Estuvimos de vacaciones y estuviste conmigo todo el tiempo y ahora no lo estás y me siento raro. Es diferente que no estés ahí todo el tiempo", me explica Andrew.

Es algo tan tierno y tras una sonreír le pregunto, "¿Intentas decirme que me extrañas?"

Tras una larga pausa para pensarlo, literalmente un minuto de silencio, responde, "Sí, creo que sí". Fue como escucharlo darse cuenta de lo que sentía. "Ah, entonces así se siente extrañar a alguien, increíble", dice Andrew sorprendido.

Es increíblemente adorable y mi corazón se derrite. El viaje fue una montaña rusa de emociones por varias razones. Pero algo que es cierto: ahora sé que se terminó, nos sentimos más cercanos. Mucho más cerca.

## LA PERSPECTIVA DE ANDREW

Esto fue interesante. Pensé que sabía lo que era extrañar a alguien. Resulta que no lo sabía. Es increíble pensar que sabes todo sobre las emociones y de pronto te das cuenta de que no es así.

\* \* \*

## Nuestra Primera Navidad

En septiembre hicimos un plan sin compromiso para viajar a Nueva York con Jackson y Caleb durante las vacaciones de Navidad. Los cuatro queríamos ir a patinar en Central Park y pasar el Año Nuevo en Times Square.

Estuvimos buscando lugares caros para hospedarnos en el viaje y entonces le dije a Andrew, "Bueno, no intercambiaremos regalos este año, Nueva York será nuestro regalo".

"Está bien", responde Andrew.

Para cuando llega noviembre, viajar a Nueva York está fuera de nuestras posibilidades. No pude regresar a trabajar y no había forma de costearlo. Además mi cabeza no está sanando como esperaba y estar en un lugar abarrotado como Times Square no me apetece.

Jackson y Caleb también deciden que el viaje es demasiado caro y deciden quedarse en Calgary.

"Está bien, entonces nos quedaremos en casa para Navidad", me dice Andrew después de decirle que Caleb y Jackson también repensaron el viaje.

"Sí e intercambiaremos regalos", respondo. "¿Quieres saber cuánto tengo planeado gastar en tu regalo? ¿O qué sea sorpresa?"

"No necesito saber", me asegura Andrew. "No me digas nada".

"Suena bien", respondo. "Será lindo quedarnos en casa y relajarnos".

En diciembre le compro muchos regalos a Andrew. Nada sumamente caro, sólo algunas cosas que creo que le van a gustar. Después de envolverlos los dejo en mi escritorio debido a que ni siquiera compramos un Árbol de Navidad. Su nombre está claramente escrito en una tarjeta encima de los regalos.

Llega la víspera de Navidad y Andrew está en la ducha con la puerta abierta. Estamos alistándonos para salir con Jackson y Caleb.

"¡Andrew!", grito desde la habitación. "¿Quieres abrir un regalo esta noche o abrirlos todos mañana en la mañana?"

"¿Qué?", me responde confundido. "Pensé que no intercambiaríamos regalos".

"¿Estás bromeando?", le digo. "¿En serio no me compraste nada?"

Voy al baño y abro la cortina de la ducha. "Andrew, esa conversación se debió a que íbamos a Nueva York", explicó. "Cuando nuestros planes cambiaron decidimos intercambiar regalos".

Andrew sigue confundido y no sé si está bromeando o no. "Sí, está bien", me dice. "Ahí veré qué hago".

Me voy a la cocina para hacerme un bocadillo mientras Andrew se alista. No pasa mucho tiempo antes de que Andrew me llame desde la ducha, "¿Entonces hay algo que necesites para el departamento", me pregunta.

"¿Es en serio?, digo desconcertada. "Porque es difícil saber".

"Tal vez", responde. "Sólo dime que necesitas del departamento".

"Está bien". Comienzo a buscar en la cocina. "Podría necesitar una nueva cafetera y unas sillas plegables para las noches de juegos de mesa".

"¿Qué más?", me dice. "Necesito todas las ideas que puedas decirme".

"Me gustan las velas aromáticas, creo que mi gel de baño está casi vacío".

"Bien, cafetera, sillas plegables, velas aromáticas, gel de baño". Andrew repite todo en voz alta. "Necesito más que eso".

"Andrew, no puedo creer que esto sea en serio", le digo frustrada. "Debemos irnos en una hora y aún tienes que ir a comprarme algo".

"Sólo iré a Walmart. Sigue abierto", responde Andrew mientras se viste. "Sólo sal cuando regrese y nos iremos de inmediato".

Antes de que me dé cuenta Andrew se ha ido.

Una parte de mí se siente frustrada, pero intento ser tolerante porque sospecho que Andrew tiene autismo. Estoy consciente de que la mala comunicación tiene algo que ver con eso, incluso cuando no lo entiendo.

Le escribo a Jackson, "Andrew no me compro nada de Navidad, entonces fue a Walmart. Posiblemente llegaremos tarde."

Jackson responde, "Por supuesto que no lo hizo, LOL. Te veremos aquí."

Cuando Andrew regresa pasamos una buena velada con Jackson y Caleb. Pintamos ornamentos de madera y nos reímos tomando fotos con algunos accesorios que compre en una tienda barata. Pasamos una linda víspera de Navidad y se siente increíble no sentirse solo en las vacaciones.

La mañana de Navidad Andrew me despierta emocionado.

"¡Vamos, es Navidad!", me dice mientras se dirige a la sala.

Salgo de la habitación para ver el árbol más adorable y muchos regalos de Navidad bajo el árbol.

"Oh por Dios, ¿compraste un árbol?, le digo poniendo mis manos en la cara. "No puedo creer que compraras un árbol".

"Es un árbol al estilo de Charlie Brown, pero era todo lo que tenían", responde Andrew.

"Pero realmente quería darte una Navidad de verdad. Quería que te despertaras con todos los regalos bajo el árbol como yo de niño". Y así Andrew se redime completamente por perderse tantas celebraciones.

"Vaya, no puedo creer que lo hicieras en un día", le digo antes de darle un beso. "Me encanta. Muchas gracias".

"Por nada. Sigo sin creer que no tuviste Navidad de niña", me dice Andrew. "Todos los niños deberían tener una Navidad".

Andrew y yo nos sentamos junto al árbol y abrimos regalos mientras Baxter corre y juega con el papel de envolver. Es la Navidad más especial que jamás he tenido. Me siento amada; cuidada; se siente como una familia.

Me río mientras abro los regalos y me doy cuenta de que Andrew compró todos los regalos que le dije mientras estaba en la ducha. Una nueva cafetera, gel de baño, una vela aromática y las sillas plegables.

"Por Dios, ¿en serio compraste las cosa que te dije mientras te duchabas?", me río.

"Sí. Esas sillas plegables fueron muy difíciles de envolver a la mitad de la noche", me cuenta Andrew. "Pero realmente quería envolver todos tus regalos".

Soy una chica afortunada.

\* \* \*

## LA PERSPECTIVA DE ANDREW

Desde septiembre estuve en piloto automático pensando que no haríamos un intercambio de regalos. La conversación que tuvimos en noviembre entró por una oreja y salió por la otra. No sentí el peso de lo que platicamos cuando cambios el plan por el intercambio de regalos.

Mi mente dijo, Intercambiar regalos por Navidad, suena bien. Seguido de días y semanas de no aplicar el nuevo precedente sobre el viejo de "no comprar regalos porque vamos a Nueva York". Se quedó firme en mi cabeza hasta que Michelle mencionó que no podía creer que no había comprado nada. Gracias a Dios Walmart abre la víspera de Navidad.

\* \* \*

Fotos del Capítulo 16
Bellamimalifestyles.com/bookphotos

# 17

# EL HOMBRE ROBOT, LA CHICA DEL PERIODO Y SUS LENGUAJES DE AMOR

## EL HOMBRE ROBOT

Nuestra visita a la familia de Andrew me dejó emocionalmente exhausta. Aún faltaban meses para la primera sesión de terapia y navegar nuestra relación se estaba volviendo cada vez más difícil. Estaba en aguas desconocidas y por momentos sentía que me ahogaba. Sabía que eventualmente alguien nos ayudaría, pero de momento teníamos que mantenernos a flote.

Libros profesionales sobre autismo no me interesaban debido a que siento que son demasiado secos. Describen todos los síntomas muy bien, pero no describen como te afectan en el día a día y qué hacer con ellos.

Sabía que un diagnóstico nos enseñaría todo lo que necesitamos saber desde el punto de vista profesional, pero necesitaba encontrar un sistema que me ayudara en este momento. Algo como lo que hice cuando era maestra.

Tras comprar varios libros de Amazon que fueron escritos por mujeres casados con un hombre con autismo, sólo uno me fue útil. Las esposas en los otros libros no hacían que recordara a Andrew, entonces no podía relacionarme con ellas. Difícilmente leí más de un par de párrafos.

El libro que disfrute se llama Life with a Partner o Marido con el Síndrome de Asperger: ¿Saltar sobre el precipicio? Pasos prácticos para salvarte a ti y tu relación. De Kathy J. Marshack. Solo disponible en inglés.

Me ayudó a entender que se avecinaba si Andrew y yo decidíamos casarnos, pero no me ayudó a entender nada desde la perspectiva de la pareja.

Cuando es difícil entender a una persona, es increíblemente intentar entender las cosas desde su perspectiva. Enfocarte en cómo debe ser ellos y no tomarte nada personal. Sentarte y meditarlo. El mundo sería mejor si aprendiéramos a hacer esto desde niños. Deja tus emociones fuera y has lo mejor posible para imaginarte las cosas desde su perspectiva.

Esto es especialmente importante cuando estás molesta con él. Una cosa que puedo decir es que en cualquier situación, la historia que te estás contando a ti misma, no es la misma historia que ellos se están contando. Ni uno, ni el otro están en lo correcto. Simplemente tienes una perspectiva correcta.

Cuando tenía problemas con un estudiante, hacía mejor que podía para imaginarme desde su punto de vista. Esto me ayudó a ser más compasiva. Es importante intentar imaginar la perspectiva de tu pareja de forma regular. Después de todo son un equipo y cómo ven la vida y su relación es prácticamente la mitad del equipo. Si no puedes visualizar las cosas desde su perspectiva vas a funcionar a la mitad de capacidad. Debes entender a tu compañero y tu compañero debe entenderte a ti para funcionar como una unidad.

Naturalmente habrá desacuerdos y se retaran el uno al otro de vez en cuando, eso es saludable, pero debes de entender cómo ven al mundo. Qué tipo de lente usen afectará su relación, cómo piensan, cuáles son sus puntos ciegos, en donde destacan, que los hace enojar, sonreír. Entre más sabes, mejor.

Cada vez que intento ponerme en los zapatos de Andrew, me siento perdida. Esto es gran parte de nuestra desconexión. Nunca sé que está pensando o qué se siente ser él. Entre más intento visualizar la situación a través de sus ojos, más me doy cuenta que no entiendo qué es ser él. Parece imposible. Sé que necesito encontrar la manera de ver las cosas desde su perspectiva para que nuestra relación sobreviva, entonces sigo intentando. Le dedico un tiempo cada semana para sentarme y pensar cómo debe sentirse ser él. Tras varios intentos finalmente encuentro algo.

Estoy sentada en el piso de mi habitación e silencio con los ojos cerrados. Necesito aclarar mi mente y estar presente, sentada con mis pensamientos. Una vez que mi mente está en calma empiezo a pensar hacia mis adentros, ¿Cómo es ser Andrew? Muéstrame cómo es ser Andrew.

Me veo caminando en la calle siendo Andrew. Es como si viera a través de sus ojos.

Después de poco más de una cuadra, ingreso a una tienda. Es una tienda con anaqueles de madera que parece como de los años 50. Hay una amable persona detrás del mostrador que me sonríe. Es un cajero, pero por alguna razón lleva puesto un delantal y parece ser un panadero (las visualizaciones no siempre tienen sentido).

Camino por la tienda y veo todo como fragmentado. Es como si sólo pudiera poner atención al lugar exacto al que presto atención, todo lo demás está borroso y silenciado.

Cuando veo los precios de los vegetales, puedo escuchar al cajero hablando con otros clientes que le están pagando. Se siente extraño porque normalmente puedo hacer esas dos cosas a la vez. Tomo una canasta y voy por pan.

Camino por la tienda para tener una mejor sensación. Alguien ingresa a la tienda y se escucha un bip. Ese sonido es extrañamente fuerte y me desconcierta. Esto lleva a que mi vista se nuble por un segundo. Me siento muy consciente de mis sensaciones, pero sólo una o dos a la vez. Es una sensación extraña.

Me dirijo a la caja para pagar el pan y mi perspectiva cambia. Ya no veo a través de los ojos de Andrew, estoy flotando sobre de él mientras paga.

Comienzo a ver imágenes de folders de información abriendo y cerrando dentro de su mente.

Mientras abre una, la otra se cierra. Sólo puede ver los detalles de un folder a la vez. Es como si su mente funcionara como una computadora.

¡Eso es! Pienso mientras abro los ojos. Es como un robot. (Me percato que este concepto suena ridículo en una primera instancia.

Una computadora sólo se enfoca en la tarea en la que está trabajando, sin importar la ventana que esté activada. Fácilmente puede enfocarse en detalles más pequeños, pero no puede tener todas las ventanas abiertas a la vez. Ahora entiendo por qué se le olvida preguntarme cuando cambian sus planes. La "ventana de Michelle" no está abierta por que está enfocado en su nuevo plan. Pensé que lo entendía, pero visualizar a Andrew como un robot lo deja más en claro. No puede combinar múltiples ventanas al mismo tiempo para ver toda la imagen, es imposible. Pero rápidamente puede abrir un folder y cambiar de tema, como al leer varios libros a la vez.

Ahora que estoy utilizando la analogía de la computadora, me es posible ponerme en los zapatos de Andrew. Me siento y pienso qué debe sentirse tener una mente como de computadora y qué tan confuso debe ser al vivir en un mundo en el que casi todos actúan acorde a sus emociones.

Hago lo posible por imaginarlo: ver el mundo en fragmentos, no tener una fuerte sensación de los sentimientos, no poder visualizar el futuro o anticipar lo que va a suceder. No poder entender realmente a las personas, necesitar la rutina, hacer las cosas de la misma forma. Por primera vez siento que puedo entenderlo un poco.

Me causa ansiedad saber cuál será la reacción de Andrew. Una parte de mí está preocupada que lo vea como un insulto cuando no es mi intención.

"Entonces, pensé en algo que me está ayudando a entenderte, pero parecerá extraño", le digo mientras cenamos en mi casa.

"Oh, sí, ¿qué es?", responde Andrew mientras toma un pedazo del pollo.

"Eres como un robot", comienzo. "Ya sabes, que siempre tomas todo literal y no poder decirme lo que sientes. Eres como un hombre robot".

Andrew lo piensa un momento y se ríe. "Sí, creo que tiene sentido".

"Medité en cómo debe ser la vida como un hombre robot y me ayudó a entenderte", le expliqué. "Entonces espero que estés bien con llamarte así porque creo que es adorable".

"Estoy bien con eso y realmente tiene sentido", me comenta Andrew con una sonrisa. "Si pudieras hablar conmigo como lo haces con Google, te entendería mejor".

"Sí, exactamente", respondo. "Ese es parte del problema. No te hablo como lo haría con Google. Estoy llena de emociones. Hablo con sentimientos, no sé hablar como robot".

Dura poco, pero rápidamente se convierte en uno de nuestros chistes favoritos. Nos ayuda a unirnos y reírnos de nuestras diferencias. Tendemos a no tomarnos la vida en serio y disfrutamos molestándonos.

Cuando tenemos problemas de comunicación o un momento incómodo, bromeamos y nos reímos que "Andrew actuó como un robot" o que "Michelle no habla como robot". O decimos que "Michelle está llena hoy de sentimientos y que confunden al hombre robot".

Otra es que el "Hombre robot no entiende hoy a Michelle. Está actuando diferente y no lo puede programar. El hombre robot está confundido". Estos comentarios hacen más amenas nuestras discusiones. No nos culpamos el uno al otro porque sabemos que nuestra falta de comunicación se debe al hecho de que yo no hablo "robot" y que Andrew nunca aprendió a hablar con "emociones". El problema no es él o yo. El problema es que nunca nos enseñaron a unir estas dos formas de pensar que están lejos una de la otra. Lo mejor que podemos hacer es enseñarle al otro nuestra forma de comunicarnos para quizá encontrar un punto en común. Una vez que empiezo a pensar de esta forma me ayuda a no tomarme las cosas personalmente

A partir de aquí, hasta que nos dan el diagnóstico, cuando no logro entender a Andrew, decido volver a la analogía de la computadora y medito al respecto.

Una computadora no puede anticipar cómo va a resultar algo que nunca ha hecho antes porque no hay un programa encriptado en su memoria (que debe ser aterrador). Muchas veces he intentado explicarle a Andrew qué sucederá para intentar prepararlo, aun así al llegar se sorprende. Nunca lo había entendido hasta este momento. Si nunca le había sucedido, no lo puede visualizar y no importa cuánto se lo explique. Si no está "programado" en su sistema, no lo entiende. Mi explicación no ayuda.

Una computadora entiende los sentimientos y emociones desde su definición. Entiende las palabras de forma literal de acuerdo a su definición y no entiende el lenguaje corporal o cambios en el tono de voz.

Por supuesto puedes programar cosas obvias como "Esa persona está hablado fuerte y rápido, por lo tanto deben estar emocionadas o molestas", o "alguien está viendo el piso, entonces deben sentirse nerviosas o avergonzadas". Pero incluir otros escenarios menores o tonos en la gente es imposible. Dos personas no pueden ser iguales.

El sarcasmo también sería difícil que lo entendiera una computadora, como lo serían los hipotéticos o conversaciones banales. Una computadora no puede enfocarse en lo que otras computadoras están haciendo porque no le importa. Me encanta esto de Andrew, raramente habla de los demás.

Una computadora tampoco sabrá qué hacer cuando algo que sale de la rutina debido a que "ha sido programada" y por eso la rigidez. Es difícil cambiar algo una vez que ha sido programado en una computadora de cierta forma. Es por lo que a Andrew le cuesta cambiar.

Entre más me visualizo caminando en este planeta como un robot, más sentido tiene Andrew. Debe ser difícil ser él. Como personas neurotípicas no decimos lo que queremos decir o cumplimos nuestra palabra. Sostenemos conversaciones triviales que no tienen sentido. Normalmente lo hacemos por costumbre o sentirnos seguros con otros.

"Oye, ¿cómo ves el clima?", realmente significa, "Oye, soy una persona amigable y es seguro estar conmigo". A diferencia de realmente querer hablar del clima. Ese tipo de situaciones deben ser complicadas para que las descifre un robot debido a que ningunas dos situaciones son iguales.

Decimos mentirillas para no lastimar los sentimientos de alguien. Un robot nunca te diría algo que no quiere sólo para no herir tus sentimientos. Creo que eso convierte en una persona honorable al robot, incluso cuando podría percibirse como grosero.

Algo que muchos hacemos es mantener nuestras creencias aun cuando no tienen una base de verdad. Con razón Andrew se siente confundido todo el tiempo. Nadie tiene sentido para él (entendible).

Entre más bromeamos con eso, más me doy cuenta que tener a un robot es un balance con mi personalidad. He salido con hombres con demasiado magnetismo y ahora entiendo por qué no resultó. Eran demasiado parecidos a mí. Cuando ambos estábamos en un buen momento era increíble, pero inevitablemente nos comenzábamos a desconectar porque nadie puede estar siempre arriba.

Un robot es una constante, en cambio yo soy una montaña rusa de emociones. Andrew es sensato y siempre puedo confiar en que siempre será el mismo. Me ayuda a tener los pies en la tierra. Piensa lógicamente y yo pienso emocionalmente. Juntos podemos balancearnos si de alguna manera aprendemos a comunicarnos en algún punto intermedio.

Cuando se trata de decirle a Andrew algo que me molestó, la forma en la que lo he abordado ha sido errónea. Le he dado sugerencias demasiado amplias que no tienen sentido para él. Preguntarle que me busque más seguido no es suficiente, tengo que ser más específica y decirle en qué momentos hacerlo. Búscame cuando "tenemos planes ese día".

Búscame cuando "te estoy esperando". Son situaciones de las que Andrew puede entender si quiero ser consistente. Mis expectativas de romance necesitan un ajuste. Un robot no puede simplemente "prender el enamoramiento" por qué un robot no tiene enamoramiento. Una computadora actúa igual todos los días. No es una mala forma de vida cuando te tratan todo el tiempo con respeto. Cuando le dije a Andrew que quería más romance sin decirlo más claro se sentía perdido. Finalmente entiendo por qué estaba confundido. No sabe por dónde empezar.

Necesito preguntarle cosas específicas como: "Me gustaría una cita cada semana".

"¿Podemos abrazarnos esta noche en casa?". "Si salimos, ¿me puedes abrir la puerta para sentir que es una cita?" Andrew fácilmente entenderá estas direcciones.

Debo pedirle cosas específicas y necesito trabajar en esta habilidad. Irónicamente creo que todas las parejas se beneficiarían siendo más específicos con lo que quieren. Pero entender cómo está conectado Andrew me ayuda a verlo con una nueva luz. Es absolutamente necesario. Darle pistas es una pérdida de tiempo, nunca será obvio para él.

Esto quiere decir que necesito trabajar en mi autoconocimiento para entender que cosa específica ayudará a que mejore nuestra relación y aprender a decirlas de forma directa. Hubo un tema válido en uno de los libros que leí y se me grabó. La autora dijo algo como, "Algunas veces me molesta que siempre le tengo que preguntar a mi esposo que me ayude con las compras del supermercado. Me gustaría que pudiera entender que debe pararse y ayudarme cuando tengo las manos llenas y hay un niño saltando sobre mi pierna.

Me gustaría que supiera que debe ayudarme, pero luego recuerdo que tengo un esposo que siempre me va a ayudar si se lo pido. Si se lo pido lo va a hacer con gusto".

Nunca se me olvidó y estoy intentando enfocarme en esto. Necesito aprender a pedir cosas específicas y tener la paciencia para hacerlo en cualquier escenario. Al menos de momento. Andrew es más que capaz de aprender los patrones de lo que disfruto si sigo siendo consistente.

Desde que realicé este simple ajuste nuestra relación mejoró. Confío en que nuestro tiempo entre ahora y su diagnóstico será llevadero. Hemos tenido algunas mejorías en el camino, ahora entiendo que a Andrew le importa, simplemente lo demuestra de otra forma.

Entendí que no debía de ligar mis emociones a sus comentarios directos y duelen menos. Es como un robot dando una observación. No quiere lastimar, sólo me da hechos.

\* \* \*

## LA PERSPECTIVA DE ANDREW

"No puedo anticipar cómo será algo si nunca se ha hecho antes debido a que no hay un programa encriptado en mi memoria (eso debe ser aterrador)".

Esto fue de gran ayuda para Michelle y para mí, no sentí que fuera un insulto. Esta perspectiva nos ayudó a comunicarnos de mejor manera y eso es lo importante.

Como en una computadora aprendo con el tiempo. Es una sensación increíble cuando me doy cuenta de que mejoré o tengo una autorreflexión y lo pienso. Preguntarle a Michelle la hace feliz, debo seguir haciéndolo. Es difícil entender y aprender de esos pequeños momentos cuando tenemos problemas de comunicación.

En cuanto a la afirmación, "Una computadora no se enfocará en lo que hacen otras computadores porque no le importa", quisiera agregar más contexto a esta frase. Me enfoco en lo que hacen otras computadoras/personas, es sólo que busco información de otra manera. Resuena en mí cuando alguien me dice exactamente lo que siente y lo que quiere. Es casi imposible para mí entender las pequeñas claves de comunicación en las que no tengo experiencia. No es que no me importe en el sentido de que no me importes, es que a una computadora no le importa la información enviada en un formato erróneo.

* * *

## La Chica Del Periodo

La analogía del robot me ayudó a entender a Andrew, pero no me ayudó a entenderme a mí. Aún tengo trabajo por hacer. Operación Aprender Nosotros Mismos no se trata sólo de Andrew. Cumplir con mi parte es importante.

A petición mía mi doctor me refiere a un psiquiatra para hablar sobre mi hipomanía. No cree que tenga hipomanía, pero está de acuerdo con enviarme con un especialista diciéndole que debía aprender al respecto. Me dijo que podrían pasar meses antes de tener una respuesta y no mentía. Para cuando me contactó el psiquiatra ya me había olvidado del tema.

Tomo la primera cita disponible después de las vacaciones de Navidad. Al llegar a mi cita me recibe un hombre mayor bien arreglado. Tiene un impresionante corte y un traje aún más impresionante. No tengo idea de cuál es su nombre debido a que sólo lo veo una vez, entonces nos referiremos a él como el Dr. Buen Traje. El edificio está lejos de las oficinas a las que suelo ir y se siente algo diferente. No es un buen día para estar en pantalón deportivo, pero al menos estoy calientita. Lo sigo a su oficina y no quiero tocar nada.

Todo se ve elegante y nuevo.

Hablo con el Dr. Buen Traje casi dos horas. Me hace sentir algo ridícula al final. Me dice que aunque cree que si tengo altas y bajas en mi vida, no está ni cerca de la hipomanía. Me dice que para que se pueda considerar un episodio maniaco debía hacer algo sin sentido en mi vida como la necesidad de comprar 10 colchones sin aparente razón. Continúa diciendo que un episodio maniaco seguramente llevaría a que me despidieran o que perdiera mi trabajo.

Dado que he tenido el mismo trabajo por casi una década no cree que sea posible. Me disculpo por hacerle perder el tiempo y le agradezco por explicarme todo.

Bromea cuando estoy por partir y hace que todo valga la pena. Creo que es una broma, pero en retrospectiva podría haberlo dicho en serio. Me dice con una sonrisa, "Sí, esto sólo suena como el ciclo menstrual regular".

Me subo al auto y pienso, ¿Podría ser cierto? ¿Mis altas y bajas pueden ser por mi ciclo menstrual? Parece poco probable.

Pasan unos días antes de que un entrenador en el gimnasio me hable de un libro de Lisa Lister que le encantó titulado Code Red: Know your Flow, Unlock Your Superpowers and Create a Bloody Amazing Life. Period. Por el comentario del Dr. Buen Traje le pregunto si me lo puede prestar. Cuando algo se presenta varias veces en un corto periodo me doy cuenta.

Siento que es la forma que tiene la vida de explorar algo importante. Y decidí explorar. Leí Code Red en dos días. Me da la misma subida de adrenalina que cuando leí el capítulo de "Autistic Echoes" en el libro Shadow Syndromes. Pero es mejor, se trata de mí.

Code Red explica que todos los ciclos menstruales tienen cuatro fases: invierno, primavera, verano y otoño. Explica tus cambios de humor en esas cuatro fases y el por qué. ¡Por Dios, no puedo creerlo! Aquí estoy a los 35 años finalmente aprendiendo sobre mi ciclo menstrual. Este libro debería ser un requisito para todos los estudiantes de secundaria.

Aprender a seguir las fases de mi periodo cambia mi relación con Andrew y me ayuda al balance entre mi trabajo y vida privada.

## MICHELLE Y ANDREW PRESTON

Chicas, les recomiendo inmensamente este libro. Aprender a planear y vivir de acorde a mi ciclo ha mejorado mi vida. Explicarle a Andrew le ayuda a entenderme y mis cambios de humor. Lo aprecia. Empieza a preguntarme en qué día de mi periodo estoy. Le ayuda a prepararse para cómo me voy a sentir.

Sin dar demasiados detalles, les daré un resumen de lo que aprendió al leer este libro y dar seguimiento a mi ciclo menstrual por tres meses. Por supuesto, es lo que recuerdo tras leer el libro y cómo funciona mi ciclo menstrual. Puede ser que tu ciclo sea diferente al mío y que tengas distintos resultados al dar seguimiento a tu periodo, que te recomiendo altamente.

El primer día de sangrado es tu primer día del ciclo del periodo. Del día 1 al 7 es el periodo de "invierno'. Es la época perfecta para relajarte y enfocarte en ti mismo. No es el mejor momento para ser sociable o trabajos de alta intensidad. Una caminata o yoga de relajación o simplemente darte un descanso del ejercicio. Un baño de burbujas o la meditación son recomendables. Es un buen momento para escribir, hacer una introspección, reflexionar sobre tu mes, dormir más y tomar decisiones. Como mucho en este periodo. En los primeros dos días me puedo comer una pizza entera intento hacer lo posible tener tiempo para descansar cuando estoy en mi periodo. No hay remordimiento al respecto. El cuerpo necesita descansar y enriquecerse durante este tiempo.

Del día 7 al 14 del ciclo es la "primavera". Este es el periodo en el que mi mente se vuelve un poco maniaca. Tengo la urgencia de hacer compras en línea de cosas que no necesito o reacomodar los muebles de la casa. Después de que el libro me dice que este es un periodo de muchas compras, me fijo en los últimos seis meses de mi tarjeta de crédito y me percato de que es cierto. Consistentemente compro de más en la misma semana del mes.

Tras aprender al respecto comienzo a aplicar esperarme una semana para comprar lo que está en mi lista de compras. Cuando regreso una semana después frecuentemente digo, no lo necesito. No puedo creer que iba a comprar más pantimedias cuando tenía otros 30 pares. Mis compras bajan tras implementar este periodo de espera.

La primavera es el periodo ideal para hacer ejercicio y ser creativo. También me es más fácil seguir una dieta y comer saludable. No es el mejor momento para tomar decisiones por estoy errática. Seguramente estaré de acuerdo en hacer demasiados proyectos sin pensarlos demasiado. Cuando se trata de socializar es seguramente la semana en la que le dirás algo feo a un amigo, como si desapareciera el filtro. Todas tus hormonas comienzan a volver después del periodo y parece que todo sucede rápido. Difícilmente puedo dormir en la primavera porque estoy demasiado ocupado pensando de más. Es el mejor momento para trabajar de más y trabajar de noche. También es el mejor momento para explorar en la cama.

Luego viene el "verano" en los días 13 al 21. El verano es el momento más feliz del mes. Es cuando estoy en mi mejor momento. Alto nivel de energía, mi piel se ve mejor y es el mejor momento para tener un orgasmo. ¡Gracias! Es el momento de ovular, entonces los instintos maternales están en el punto más álgido. Es el mejor momento para hacer planes pues seguramente lo vas a cumplir. Todo es increíble en el verano y los días parecen ir sin problemas.

Luego viene el "otoño" entre el 22 y 28 del mes, el mes más complicado para muchas mujeres. Es cuando tus niveles de estrógeno y testosterona están en el punto más bajo. Estoy molesta, irritable y parece que mi confianza se fue de vacaciones. Usualmente es la semana en la que bebo vino más veces y hago palomitas. Necesito comida reconfortante y la tele. Todas las comedias románticas de los noventa y las botanas me ayudan a superar la miseria. Seguramente me voy a molestar con Andrew.

En el libro, la autora broma que su esposo no llegó de trabajar el día 25 debido a lo molesta que estaba. Bueno, para mí es entre el día 22 y 23. Andrew y yo usualmente discutiremos en uno de esos dos días. No tengo paciencia y no me sentiré bien conmigo misma, entonces me molestaré con él por algo. Realmente es útil decirle desde antes que estoy irritable. Sé que debo tomarme esos dos días y comer comida reconfortante y ver películas. También aprendo a no ser dura conmigo misma por comer comida poco saludable esa semana. No lo puedo evitar y comeré saludable las siguientes dos o tres semanas. Lo llamo, balance.

El Dr. Buen Traje estaba en lo correcto de hacer ese comentario. Creo que no fue una broma. Terminé aprendiendo mucho de mí misma y ayudó a Andrew a entender mis cambios de humor. Completé la misión, pero no como lo pensé originalmente. La vida a veces es extraña.

* * *

## LA PERSPECTIVA DE ANDREW

Realmente aprecié cuando Michelle me explicó el ciclo menstrual. Me ayudó a entender los cambios de humor de Michelle de semana a semana. Me siento menos sorprendido y confundido.

* * *

## Nuestro Lenguaje Del Amor

Como un bono en nuestra misión compro el libro de "The 5 Love Languages" de Gary Chapman. Lo he visto mencionado varias veces en redes sociales y quiero aprender por qué tanto escándalo. Lo compro en Amazon y cuando llega me sorprende que es muy corto. El libro me atrae rápidamente y lo leo en su totalidad y tomo el cuestionario esta tarde.

The 5 Love Languages pone las cosas en perspectiva. Me da ejemplos de relaciones que están fallando porque la gente demuestra su amor de distintas formas cuando su pareja posiblemente necesita algo completamente diferente para sentirse amado. Lo que más aprendo es a demostrar el amor de una forma en la que tu pareja necesita y no sólo como te gusta a ti recibirlo.

Cuando sumo mi puntaje para aprender cuál es mi lenguaje de amor, no me sorprende el resultado. Mi primer resultado son los actos de servicio, seguido de tiempo de calidad y contacto físico. En un distante cuarto y quinto están las palabras de afirmación y los regalos.

Ayudar a lavar platos, arreglar el auto, ser responsable con las cuentas, comprar el supermercado, limpiar y cuidarme cuando estoy enferma son las que cosas que más me importan. No me toma demasiado tiempo percatarme que para Andrew esta área no es tan importante, pero que sigue estando en la cima en el tiempo de calidad y contacto físico. Tengo su completa atención y todas las caricias que necesito cuando estamos juntos en la noche, pero no ayuda mucho con las tareas diarias.

Al día siguiente Andrew lee el libro y toma el cuestionario. Comparamos nuestros resultados y hablar sobre la situación nos abre los ojos. El primer resultado de Andrew son las palabras de afirmación, seguido muy de cerca por el contacto físico y tiempo de calidad.

Aprender esto hace evidente que hay una falta de balance en la relación. Andrew necesita palabras de afirmación y no le importan los actos de servicio. Mientras que yo necesito esos actos, pero no me importan las palabras de afirmación. A ambos nos gusta el contacto físico y tiempo de calidad y no tenemos problemas con eso "Vi un video en el que una chica habla de los lenguajes del amor", le comento a Andrew.

"Explica que posiblemente el lenguaje del amor que más necesitas es el que te faltó de niño. Esto parece cierto para mí, siempre tuve que hacer las cosas por mí misma cuando era niña. Me ayuda a sentirme amada que alguien me ayude en las cosas mundanas".

"Eso tiene sentido", me responde Andrew. "Todos siempre estaban haciendo cosas por mí en la casa y comprándome regalos. Pero realmente no decían cosas bonitas".

"Creo que por eso significa mucho para tí", le explico. "En mi casa todos siempre decían 'Te Amo', pero para mí la palabra dejaba de tener sentido. Posiblemente por qué la palabra dejó de tener sentido para mí".

Mientras hablamos sobre las palabras de afirmación mi mente se va a mi casi-matrimonio cuando estaba en mis veinte y como mi ex se quejaba de que no dijera "Te Amo" tan seguido. En ese momento que estaba siendo ridículo, pero ahora entiendo que seguramente hablaba un lenguaje distinto de amor al mío, pero no lo sabíamos. Me sorprende.

"En mis anteriores relaciones", continúo, "usualmente eran los hombres que decían todo lo correcto los que terminaban rompiéndome el corazón cuando no lo veía venir. Especialmente en mis veinte. Creo que eso ayudó a que dijera menos esas palabras. Muchas promesas rotas".

"Sí, no soy así. Las palabras son importantes para mí. Me gustaría que dijeras 'Te Amo' más seguido y otras cosas así", me explica Andrew.

"Absolutamente, haré un esfuerzo ahora que entiendo lo importante que es para ti", respondo.

"Increíble, ahora ¿cómo puedo hacer más actos de servicio?", me pregunta. "Ni siquiera sé por dónde empezar".

"Bueno, yo te muestro los actos de servicio lavando la ropa, cocinando la cena, haciendo tu almuerzo cuando vamos a hacer senderismo", le comento. "Así es como te he estado demostrando mi amor, ayudando en donde puedo".

Me sorprende la respuesta de Andrew cuando me dice, "Sí, esas cosas son lindas, pero realmente no necesito que hagas todo eso. Realmente no son cosas importantes para mí". En este momento me doy cuenta de lo distintas que son nuestras necesidades.

"¿Lindo?' Vaya, he puesto tanto esfuerzo en esta área y ni se había dado cuenta. Acordamos que yo he estado fallando en las palabras de afirmación con Andrew y que él ha estado fallando en los actos de servicio. Ambos necesitamos mejorar para mantener llenos los tanques de amor de ambos.

Decidimos dejar de sorprendernos con regalos. Debido a que ninguno de los dos valoramos tanto los regalos, no tiene sentido estresarnos en las fiestas o gastar dinero innecesario. Podemos poner la atención de los regalos en otras cosas: en nuestras prioridades en el lenguaje del amor.

Tiene más sentido escribirle a Andrew una carta desde el corazón a diferencia de comprarle un regalo en Navidad. Tiene más sentido para él hacer algo lindo por mí y hacer un acto de servicio. Andrew se siente aliviado debido a que realmente no sabía que comprarme y cuando me compro algo se siente mal cuando es algo que realmente no quería.

Le hago una lista a Andrew de cosas que me gusta recibir o actividades que podemos hacer si quiere sorprenderme. Si quiero un regalo en las fiestas, prometo decirle antes a Andrew y puede elegir algo de la lista. Esta feliz de que nunca va a tener que adivinar o seguir las normas románticas de la sociedad que nunca tuvieron sentido. Acordamos que nunca voy a comprarle algo a menos de que se algo que le guste. En gran medida, decidiré sorprenderlo con cartas de amor.

 Le explico a Andrew porque los actos de servicio son importantes para mí. Hacen que me sienta amada. Me recuerdan que no estoy sola en la vida y que alguien me apoya. Andrew escucha, pero por sus caras entiendo que no sabe qué hacer. Decidimos que comenzaré a mostrarle las cosas que quiero que haga por mí. Acordamos que será más importante una vez que vivamos juntos y le diré específicamente lo que quiero que haga por mí. Así podrá entender este lenguaje del amor.

 Es poco habitual que los nuevos hábitos se formen de una noche a otra. Nos toma meses entender los lenguajes del amor del otro. Ambos pasamos por algunos baches en el camino, hago un gran esfuerzo en las primeras semanas, pero debido a que no es algo natural para mí no pasa mucho tiempo antes de que deje de dar palabras de afirmación. También cometo el error de decirle "Te Amo" en tono de broma unas veces. Por ejemplo, si le pido a Andrew que se pare y haga algo por mí cuando estábamos cómodos en el sofá, le digo "Te amoooo" con un tono sarcástico. Lo hice de manera juguetona como para agradecerle que va a hacer que obviamente yo no quería hacer. Andrew no lo tomó bien, especialmente debido a que no lo había dicho mucho de otra forma. Aprendí la lección.

 La situación estalla durante nuestras vacaciones por el primer aniversario. Es la primera vez que Andrew se molesta conmigo y tenemos una gran pelea. No he estado llenando su tanque de amor y está dolido.

 Tras esta pelea recuerdo hacer una nota en mi calendario diario para recordarme de darle palabras de afirmación a Andrew todos los días. Escribo Andrew Lenguaje de Amor en días aleatorios durante algunas semanas. En uno de esos días, le envío un largo mensaje de texto o correo electrónico diciéndole lo buen novio que es y cuánto lo amo. Andrew está visiblemente más feliz entre más me enfoco en su lenguaje de amor. Disfrutamos más las vacaciones una vez que comienzo a escribirle largas notas positivas. Es una situación en la que todos ganamos. Evito los centros comerciales y mi novio está más feliz. Nuestra relación mejora.

Después de varios meses ya no necesito poner recordatorios. Disfruto hablar con ese lenguaje de amor.

Andrew aprender a hablar mi lenguaje de amor y eventualmente casi no necesito preguntarle. Al principio no sabe en qué necesito ayuda. Cada semana le pido ayuda con algo.

Me ayuda a traer las compras, poner las botanas para nuestras caminatas, cargar algunas cosas o ayudarme a limpiar mi auto. Con el tiempo aprende que es lo que me gusta y ahora pocas veces necesito preguntarle.

Es en este proceso en el que realmente me ENAMORO de Andrew. Lo comprometido que está para hacer funcionar nuestra relación significa todo para mí. No importa lo que la vida nos lance podemos enfrentarlo si trabajamos juntos para encontrar un punto medio.

* * *

## LA PERSPECTIVA DE ANDREW

Lo simples que son los lenguajes del amor me sorprendió. Y son poderosos. No es perfecto, pero puso las cosas de manera simple y fácil de entender. Una vez que noté las mejorías en nuestra relación pensaba para mí, "Oh, me ayuda mucho. Debemos seguir haciéndolo y no olvidarlo."

Leer el libro sobre los lenguajes del amor fue la mejor inversión en cuanto a consejos sobre el amor. Es tan simple, pero poderoso. Los conceptos pueden ser aplicados para cualquiera: amigos, familia, compañeros de trabajo, tus hijos.

Mi lenguaje del amor principal es palabras de afirmación. Me doy cuenta que cuando alguien como mi jefe, supervisor, amigo, compañero o Michelle me dicen "buen trabajo" o "te amo", me siento bien. Cuando era niño, no nos dábamos palabras de afirmación en la casa. Mi familia mostraba que se querían con actos de servicio y regalos. Los actos de servicio y regalos son lindos, pero no sentía el amor como cuando alguien me habla con cariño.

Me tomo las cosas literalmente entonces cuando me dices cómo te sientes, realmente resuena conmigo. Mientras que si haces algo por mí, se siente igual. No lo siento en lo profundo a menos de que digan, "lo hice por ti porque te amo". De otra manera me podría confundir sobre por qué lo hiciste o por qué me diste un regalo. Escuchar a alguien decir y sentirlo se siente más.

He trabajado en algún lugar en el que el jefe decía, "si no escuchas de mí diciendo que estás haciendo un buen trabajo es porque estás haciendo un buen trabajo" y creen que es normal. Me gusta que me digan que estoy haciendo un buen trabajo y mejorando o si "cometí un error". Cuando no me dicen nada, me da ansiedad.

Una vez que Michelle empezó a hablar en mi lenguaje del amor me sentí más feliz. Estaba entusiasmado por recibir sus mensajes o sus amorosas palabras de afirmación. Aún lo hago.

✳ ✳ ✳

# 18

## EL DIAGNÓSTICO

Finalmente llegó el día de la sesión de diagnóstico. Estamos emocionados. Es febrero en Calgary y hemos estado en medio de tormentas de nieve por una semana. Pero ni siquiera el clima puede bajarnos los ánimos.

Ponemos la dirección en Google Maps y nos dirigimos. Estamos un poco nerviosos, en parte debido a las malas condiciones y que llevan a lleguemos lento, pero realmente porque de pronto entendemos la importancia del trayecto que estamos por tomar. Nuestras vidas están por cambiar sin importar cómo suceda la sesión.

Llegamos a la casa a las 6:07p.m. Llegamos siete minutos tarde. Ya hay vehículos estacionados afuera y me sorprende que lleguemos a una casa en una zona residencial para la sesión de diagnóstico. Me preocupa que nos hayamos equivocado de dirección.

La dirección es correcta y caminamos para tocar el timbre. Esperamos en el frío esperando que respondan el timbre. Se abre la puerta y de pronto me tranquilizo. Nos recibe el Doctor Baker, quien nos da la bienvenida.

"¡Lo sentimos por llegar tarde!". Nos presentamos y nos quitamos las botas. Estamos en el lugar correcto, me siento aliviada.

El Dr. Baker es un hombre de estatura baja y de cabello largo y canoso con una agradable sonrisa. No dice mucho mientras nos dirige a una escalera y nos entrega una tabla con un formato para llenar.

"Pueden ir y encontrar un lugar", nos dice el Dr. Baker. "Empezaremos en poco tiempo". Mientras damos vuelta a la esquina me sorprende ver a mucha gente sentada en su sótano. Fácilmente veo a 30 personas esperando y aun así la casa se siente silenciosa. No quedan muchos asientos libres, pero encontramos dos juntos en la primera fila cerca de la pared izquierda. Nos sentamos y comenzamos a llenar el formato. Una pareja mayor llega minutos después y se sientan en los últimos dos lugares disponibles y me alegra que no seamos los últimos.

Antes de terminar de llenar los formularios, el Dr. Baker inicia una presentación de Power Point. Inicia contando la historia del autismo y el síndrome de Asperger. Explica el criterio de diagnóstico original y que entendían al inicio sobre el autismo.

El Dr. Baker explica cómo fue que cambió el criterio en 1994 para incluir a un rango más amplio de personas.

Andrew toca mi pierna y me dice: "Fui a la Clínica Mayo en 1992 antes de que cambiaran el criterio".

"Eso explica tu diagnóstico erróneo con TDAH de niño", le respondo susurrando. Andrew asiente de acuerdo.

La presentación de Power Point del Dr. Baker es impresionante y claramente tiene un gran conocimiento en el tema. Claramente ha dado esta presentación muchas veces y seguramente la podría dar con los ojos cerrados.

Durante la presentación el Dr. Baker cuenta un chiste sobre una situación social. Un hombre mayor de unos 60 años levanta la mano y le pregunta, "¿Estás siendo sarcástico?"

"Sí, es sarcasmo", responde el Dr. Baker y continúa dando las diferentes definiciones de sarcasmo.

"Gracias por la clarificación", responde el señor. "Me confunde cuando la gente usa el sarcasmo". Es un intercambio adorable y el hombre claramente se siente seguro de poder hablar.

Después de este momento comienzo a ojear la habitación. Parece que el 95% de las personas que buscan un diagnóstico son hombres y la mayoría tienen más de 45 años. A nuestros 33 y 34 años parece que estamos entre los más jóvenes. Esta gente de gran corazón seguramente ha pasado toda su vida sin que el mundo los entienda. Me entristece pensar en esto, pero también me pone feliz de que la mayoría finalmente va a encontrar una respuesta y entender sus diferencias.

El Dr. Baker termina la presentación explicando el proceso de diagnóstico.

"Por favor dejen la primera parte del formulario hoy conmigo después de que terminen de llenarlo. Los contactarán en el orden en el que se registraron en el sitio. Podrían pasar de entre dos y cuatro meses dependiendo en dónde se encuentran en la lista".

Le doy un pequeño golpe a Andrew con el codo. "Increíble, dos meses. Debimos estar entre los primeros o segundos", le susurro.

"El libro deben llevarlo a casa y completarlo antes de la primera sesión", continúa el Dr.

Baker. "Sus seres amados pueden asistirles y son bienvenidos en la sesión debido a que ayuda a tener un contexto sobre sus comportamientos".

Andrew me toma del brazo y me dice entusiasmado, "¡Sí, puedes venir!"

El Dr. Baker continúa, "el diagnóstico puede tardar de entre dos a cinco sesiones dependiendo del cliente. Cada sesión toma de entre dos y cuatro horas. Mientras tengan el número de Alberta, Health Care cubre completamente el costo".

"¡Oh, increíble!", le digo a Andrew. Este mensaje satisface a todos y escuchamos a varios más hacer un comentario de alivio.

"Esto concluye la presentación, pero puedo quedarme y responder a otras preguntas que tengan. Sólo asegúrense de dejar el primer formulario en la mesa al irse", concluye el Dr. Baker.

Algunas personas deciden irse, pero muchas más se quedan para hacer una pregunta.

"Quedémonos y escuchemos las preguntas", le digo a Andrew.

"Claro", me responde.

Andrew y yo no tenemos nada que preguntar, pero disfrutamos con la interacción de todos a nuestro alrededor y escuchar cómo responde a sus preguntas. El Dr. Baker tiene una gran energía. Irradia paciencia y entendimiento mientras responde a las preguntas que seguramente le han hecho miles de veces. Esto me impresiona. No debe ser fácil mantener el entusiasmo cuando tus servicios son de alta demanda y lo hace parecer fácil.

La dinámica conversación es interesante para los dos y nos quedamos hasta el final. Son casi las 9p.m. cuando nos retiramos y el Dr. Baker lleva al último grupo arriba y dice adiós.

"Gracias por todo Dr. Baker", le digo mientras me pongo las botas.

"Sí, muchas gracias. Esperamos una respuesta suya", indica Andrew mientras nos alejamos.

Pasan dos meses.

El Dr. Baker nos contacta en abril para agendar la primera cita. Elegimos una sesión en la tarde en mayo para que Andrew sólo tenga que tomarse medio día de trabajo. Sacamos el librito que habíamos guardado y Andrew comienza a llenarlo. Se toma una semana en llenarlo debido a que es largo.

Una vez que Andrew termina lo reviso y tomo algunas notas. Destaco mis comentarios con rosa para que el Dr. Baker vea fácilmente la diferencia.

## Libro De Diagnóstico

El librito de diagnóstico tiene 15 páginas y comienza con cuatro cuestionarios distintos.

Las pruebas pueden encontrarse fácilmente en línea para cualquiera que tenga curiosidad de cuál sería su puntuación.

1. Cociente del Espectro del Autismo. Esta parte tiene 50 preguntas de situación con cuatro posibles respuestas para cada pregunta: Definitivamente de acuerdo, Un poco de acuerdo, Un poco en desacuerdo y Definitivamente en desacuerdo. Esta prueba te dará una evaluación con un solo clic al terminar.

Andrew tiene una puntuación de 35 de posibles 50. Los resultados entre 33 y 50 indican características significativas de autismo.

2. Escala de Comportamiento de Empatía de Cambridge. Esta prueba cuenta con 60 preguntas en las que hay 4 posibles respuestas a cada pregunta: acuerdo, Un poco de acuerdo, Un poco en desacuerdo y Definitivamente en desacuerdo.

Andrew tiene un puntaje de 13 de posibles 80. El rango para el autismo es de menos de 30.

3. Funcionalidad ejecutiva - Desarrollo de habilidades - Escala de autodiagnóstico. Esta prueba cuenta con 50 preguntas en las que las respuestas son: Nunca, Ocasionalmente, Frecuentemente, Muy frecuente. Se puede descargar de forma gratuita en www.neurodevelop.com. También se puede realizar fácilmente en línea, pero tienes que agregar manualmente los resultados.

Esta separado por 10 secciones y cada una se evalúa en una escala del 1 al 15.

1-5 Normal/Ligero
6-10 Moderado
11-15 Severo

Estos fueron los resultados de Andrew:

1. Mente trabajadora                    (6) Moderado
2. Organización                         (5) Normal/Ligero
3. Iniciación                           (6) Moderado
4. Planeación                           (6) Moderado
5. Resolución de problemas              (5) Normal/ligero
6. Inhibición/Impulsividad              (7) Moderado
7. Cambios (adaptarse/flexibilidad)     (11) Severo
8. Auto moderación                      (9) Moderado
9. Regulación emocional                 (10) Moderado
10. Comunicación                        (7) Moderado.

4. Cuestionario de repetición en adultos Este cuestionario cuenta con 20 preguntas que se refiere a comportamientos específicos repetitivos. Respondes cada pregunta dos veces, una en el presente y una cuando eras niño.

La pregunta será sobre cierto comportamiento y tienes que elegir entre las siguientes opciones: 1. Nunca/Pocas veces. 2. Moderado u Ocasional. 3. Notable (ocasionalmente afecta a otros). 4 Serio o severo (afecta a otros regularmente).

Las respuestas de Andrew que fueron severas estuvieron en dos áreas.

1. Insistes en hacer las cosas de cierta manera o rehacer las cosas hasta que salgan "bien" - Severo
2. Casi siempre eliges de un rango restringido o repetitivo de actividad en lugar de tener intereses flexibles.

Andrew puntuó notable en otras dos áreas.

1. Escuchas la misma música, juego o video o lees el mismo libro una y otra vez - Notable
2. Insistes en comer lo mismo o te rehúsas a usar nueva ropa - Notable

Hubo muchas preguntas en este cuestionario en los que Andrew se encontró en la categoría de Ligero o casi nunca. Esto ayuda a poner el reflector en algunos comportamientos repetitivos de Andrew y zonas en las que tiene más problemas.

Mientras avanzo con el librito me ayuda ver las respuestas de Andrew. Hay un puñado de preguntas que me sorprenden por su selección.

Por ejemplo al preguntar, "No me molesta mucho llegar lento a reunirme con un amigo. Andrew responde que está ligeramente de acuerdo cuando esperaba que respondiera con definitivamente de acuerdo, debido a que nunca tiene problema cuando llegamos tarde. Es como si no notara que llega tarde o algo. No hay una gran diferencia, pero hice una pequeña nota en donde sentí que era necesario para que el Dr. Baker viera mi perspectiva.

Noto que Andrew dejó varias preguntas sin contestar.

"Andrew, ¿puedes responder estas preguntas, por favor?" Le grito desde la sala. "Dejaste unas en blanco."

"Sí, lo sé. No se cómo responder esas preguntas. No tienen sentido", me responde.

"¿Qué quieres decir con que no tienen sentido?" Le pregunto un poco confundida. "Las Respondí bien".

"Bueno, entonces creo que le diremos eso al Dr. Baker cuando se lo entreguemos", concluyo.

Pongo una nota en rosa en lo que creo es la mejor respuesta a esas preguntas y lo dejó ahí.

El cuestionario está listo y me siento un poco nerviosa de que lo olvidaremos el primer día. Mi guantera tiene una llave y decido que es mejor ponerlo ahí. Lo pongo dentro de un sobre con las notas que tomé sobre Andrew hace unos meses y me dirijo al auto. Pongo el sobre en la guantera emocionado sabiendo que nos quedan unas cuantas semanas.

## Mayo - La Primera Sesión

Tocamos el timbre y esperamos que el Dr. Baker responda como esa primera vez cuando venimos a la sesión informativa.

Nos recibe en la puerta y lo seguimos al sótano. Pero en esta ocasión entramos a una oficina con una computadora del otro lado de un cómodo sofá. La oficina es cálida y acogedora. Los estantes tienen varias figuras.

"Aquí están nuestros formularios", le digo y le entrego el librito al Dr. Baker. "Todo está llenado excepto por algunas preguntas que Andrew dejó en blanco. Circulé las respuestas que creí servirían en rosa, pero Andrew no sabía cómo responderlas".

"Oh, perfecto, podemos iniciar ahí", nos dice el Dr. Baker y toma el formulario y se sienta frente a la computadora. "Veamos que preguntas dejaste en blanco, Andrew".

"Sí, un par, creo", asegura Andrew.

El Dr. Baker estudia la página por un momento antes de hablar. "La primer pregunta es, En una conversación tiendo a enfocarme en mis propios pensamientos en lugar de lo que la persona que me escucha podría pensar". El Dr. Baker es un profesional, pocas veces quita la atención mientras habla y escribe.

"Sí, no sé cómo responder eso debido a que no siempre es igual", explica Andrew.

"Hay momentos en los que intento imaginar lo que la otra persona piensa y otros momentos me enfoco en mis propios pensamientos".

"Bien, sigamos a la segunda pregunta que dejaste en blanco", sigue el Dr. "Prefiero ir a una biblioteca que a una fiesta".

"Sí, no sé cómo responder esa pregunta porque depende de muchos factores", nos comenta Andrew.

"Yo circulé Definitivamente de acuerdo", explicó, "porque Andrew raramente va a fiestas.

Usualmente está leyendo o aprendiendo algo los fines de semana".

"Si, pero a veces me gusta ir a fiestas", interviene Andrew. "Realmente no me gusta cómo plantean esas preguntas".

"Sí, a veces vas a fiestas, Andrew, pero nueve de cada 10 veces elegirías una biblioteca", le replico.

"Pero eso no es lo que preguntan", me dice Andrew confundido.

"De acuerdo, entiendo lo que pasa aquí", interrumpe el Dr. Baker tras escucharnos con atención. "Lo que Andrew está mostrando es la falta de habilidad de generalizar. Es común con personas con autismo".

Oh, vaya, lo descifró rápidamente pienso para mis adentros y me acomodo en el sofá.

"Las preguntas con las que Andrew tiene problemas para responder son generalizaciones. Entonces si responde definitivamente, siente que está mintiendo. Las personas con autismo tienden a tener problemas en esa área debido a que usualmente ven todo en blanco y negro", explica el Dr. Baker.

Ahora se dirige a mí y me pregunta, "¿Dirías que Andrew piensa en absolutos? Para la gente que piensa en blanco y negro, a veces es o no es. No ven zonas grises. ¿Suena como Andrew?"

"Nunca lo había pensado así", respondo. "Sí, Andrew piensa todo es al 110 por ciento o nada. Las cosas son hechos o tonterías en sus ojos. Posibles verdades no son algo. Creo que por eso se centra en proyectos. No sabe cómo hacer algo 'a medias' o pensar algo 'a medias'".

"Sí, estoy de acuerdo con eso", agrega Andrew. "Suena como yo".

Rápidamente concluimos que Andrew piensa en blanco y negro y el Dr. Baker comienza a escribir en su computadora.

Estoy sorprendida. Parece tan obvio en este momento y me sorprende que no llegara a esa conclusión yo sola. Si Andrew es mi Hombre Robot entonces obviamente no puede generalizar. Los robots hacen algo o no. "A medias" no es una opción. Duh.

A lo largo de la relación he dicho muchas cosas que confunden a Andrew y de repente todo está claro. Soy la reina de las generalizaciones. Las hago con frecuencia. No hablo con hechos, tiendo a dejar espacio para interpretar.

Vaya, apenas llevamos 10 minutos y ya he aprendido algo extremadamente valioso. Gracias Dr. Baker. Pienso para mis adentros.

Después de que acordamos que Andrew piensa en blanco y negro el Dr. Baker aún necesita que Andrew responda las preguntas que dejó en blanco para añadir el marcador. Me siento y disfruto observar el intercambio mientras el Dr. le ayuda a Andrew a llegar a una conclusión. Este proceso me ayuda a entender cómo funciona la mente de Andrew.

## TDAH

"Veo aquí que tienes un diagnóstico oficial de TDAH de la Clínica Mayo", pregunta el Dr. Baker.

"Sí, me diagnosticaron con TDAH cuando era niño, pero realmente nunca creí que tuviera TDAH", explica Andrew. "En tu presentación comentaste que cambiaron el criterio de diagnóstico en 1994 y fuimos a la Clínica Mayo un poco antes cuando tenía siete años".

El Dr. Baker voltea hacia mí y pregunta, "¿Crees que Andrew tiene TDAH?"

"No estoy segura, nunca lo pensé", respondo. "Pero puede enfocarse por más tiempo que nadie más que he conocido cuando algo le interesa".

"Mi psicóloga me dijo en 2008 que no tengo TDAH y siempre me he preguntado si estaba en lo correcto", agrega Andrew. "Evaluó mi IQ y estaba arriba de lo normal. Antes de esa prueba pensaba que era algo tonto".

El Dr. Baker se voltea y toma unos formularios y una tabla.

"Bueno, Michelle te conoce muy bien. Vamos a ver si cree que tienes TDAH. Si eres neurodivergente posiblemente tu IQ es más alto que la prueba debido a que no hubieran considerado ningún factor de impedimento social que podría haber modificado los resultados".

"Oh, vaya", dice Andrew. "Es interesante".

"¿Quieres que los llene?", le pregunto mientras tomo uno de los formatos.

"Sí. Veamos qué puntuación le das a Andrew en TDAH", nos dice el Sr Baker.

"Bien", le digo mientras preparo la pluma y comienzo a llenar el formulario de TDAH.

"Sí, increíble, averigüémoslo", comenta Andrew. "Siempre me pregunté".

Mientras pongo una palomita es No o Casi nunca en casi todas las preguntas en el librito asumo que la psicóloga de Andrew tenía razón.

El Dr. Baker le pregunta a Andrew sobre su historial de trabajo y Andrew le cuenta todas las historias de cómo ha batallado con otros trabajos, como irse por ansiedad y una historia de cuando un compañero de trabajo le dio un puñetazo en la cara

Andrew y el Dr. Baker hablan por casi media hora mientras yo sigo llenando el formulario y disfruto de ese intercambio. Cambian rápidamente de tema de conversación y parece aleatorio, pero ambos hablan sin esfuerzo. Es entretenido observar porque los temas están por todos lados.

El mismo entusiasmo y carisma que amo de Andrew también es aparente en el Dr. Baker. Su cara se ilumina mientras explica lo que más disfruta de su oficina. Parecen ser niños que son amigos mostrándose sus juguetes en el receso y lo absorbo.

"Odio interrumpir esta encantadora charla, pero terminé el formulario", les digo y me siento derecha en el sofá para entregarle la hoja al Dr. Baker.

"Fantástico, lo revisaré rápidamente", nos comenta el Dr.

"Perfecto, necesito una excusa para ir al baño", le digo mientras me pongo de pie.

"Sí, está a la izquierda", explica el Dr. Baker.

Mientras me lavo las manos pienso para mis adentros que amo estar en una casa. Hace que toda la experiencia sea aún más cómoda y personal. Cuando voy con un psicólogo en una gran oficina en un edificio es más intimidatorio.

Le toma unos minutos al Dr. Baker revisar el formulario. Para cuando me vuelvo a sentar, ya terminó.

"De acuerdo con Michelle es casi definitivo que no tienes TDAH, ni cerca de acuerdo con estos parámetros", nos comenta el Dr. y lanza el formulario sobre una pila de hojas en su escritorio. "Ahora, volvamos al resto del librito".

Continuamos revisando las respuestas de Andrew en detalle hasta que se acaba el tiempo.

"Vaya, no puedo creer que ya sean las 4p.m.", le digo. "Las horas pasaron volando".

"Sí, eso sucede", responde el doctor. "Puedo darles otra cita en la tarde en unas semanas si les funciona".

"Sí, una cita en la tarde nos funciona", responde Andrew. "Gracias. Estoy entusiasmado de volver".

"Sí, ha sido un placer", agregó. "Gracias por tomarse el tiempo con nosotros".

"No hay problema. Están agendados", dice el Dr. Baker mientras se levanta para acompañarnos a la puerta.

Mientras nos ponemos las botas agrega, "No puedo decirlo con certeza hasta completar el librito, pero un diagnóstico de autismo es posible en este momento".

"Muchas gracias Dr. Baker. Lo vemos el próximo es", dice Andrew mientras salimos de la casa.

"Esto fue fantástico", le comento a Andrew al subirnos al auto. "Es muy gracioso y fácil de hablar con él".

"Sí, me gustó hablar con él", me dice Andrew antes de irnos para comprar algo de comer.

"Estoy aprendiendo tanto. El comentario sobre la 'nula generalización' fue suficiente para que valiera la pena el proceso completo y apenas comenzamos", le comento mientras busco restaurantes cerca.

"Eso tuvo mucho sentido", reitera Andrew. "Ahora, vayamos por algo de comer".

## Junio - Segunda Sesión

"¿Tienes problema con el contacto visual?", le pregunta el Dr. Baker a Andrew.

"No puedo ver a alguien a los ojos cuando pienso profundamente", le responde Andrew.

"Siento que pierdo puntos en mi intelecto cuando veo a alguien a los ojos".

"Es especialmente difícil para él verme a los ojos si estamos hablando de algo emocional", agrego.

"¿Dijiste que crees que pierdes puntos de IQ cuando ves a alguien a los ojos?", repite el Dr. Baker con una sonrisa viendo a Andrew.

"Sí", repite Andrew y se ríe con el Dr. Baker. "¿Es raro?"

"Déjame decir que nunca había escuchado eso", explica el Dr. Baker mientras escribe una nota.

"Bueno, así me siento", le dice Andrew. "Si tengo que mirar a alguien a los ojos me es más difícil expresar mis pensamientos".

"¿Es por eso que eliges cerrar los ojos cuando cuentas una historia?", le pregunto.

"No, en ese caso es porque intento visualizar una imagen", responde.

"Oh, nunca lo habías explicado de esa manera", le digo. "Tiene sentido".

"Déjame preguntarte algo", interrumpe el Dr. Baker. "¿Alguna vez has hecho un plan para tener contacto visual?"

"¿A qué se refiere con plan?", pregunta Andrew.

"¿Alguna vez has pensando en una estrategia que utilizarías para tener contacto visual con las personas?", explica el Dr. Baker.

"Oh". Claramente Andrew tuvo una realización. "Sí, he ideado una estrategia en la que cuento hasta tres y luego dejo de hacer contacto visual por seis segundos y repito. Parece funcionar".

"Es una característica de los neurodivergentes tener un plan para hacer contacto visual", explica el Dr. Baker. "Si le preguntas a una persona neurotípica si alguna vez han hecho una estrategia para mantener contacto visual, usualmente dirán que no".

"¿De verdad?", pregunta Andrew.

El Dr. Baker me voltea a ver. "¿Alguna vez has hecho un plan para hacer contacto visual?"

"No", respondo y me siento derecha en el sofá. "Ni siquiera sabía que era algo que se hace".

"¿Ves?", dice el Dr. Baker con una sonrisa.

Este es un dato interesante para aprender. Inmediatamente comparto, "Nunca en mi vida he hecho un plan para tener contacto visual".

Andrew continúa. Dice, "Oh, definitivamente lo he hecho más de una vez".

Nuestra segunda sesión es similar a la primera. Dura poco más de tres horas y disfrutamos platicar tanto con el Dr. Baker que por momentos cambiamos de tema. Las horas pasan rápidamente y nunca se acaba la conversación.

Mientras repasamos el librito de Funciones ejecutivas, nos ayuda a entender las áreas en las que Andrew tiene más problemas. Tiene una puntuación de Ligero/normal o ligeramente moderado en cinco de las 10 secciones, entonces no hablamos mucho de estas áreas.

Tiene una puntuación alta (severo) en la habilidad para cambiar y adaptarse. Seguido muy de cerca por la regulación emocional. Auto monitoreo es tercero y la impulsividad y comunicación empatados en cuarto. El rompecabezas comienza a tomar forma debido a que estas áreas eran las que más le causaban problema

Me calma mientras veo al Dr. Baker analizar los resultados. Aprender que tiene problemas para cambiar y adaptarse me hace sentir mejor sobre su resistencia a mudarse conmigo. La regulación emocional y auto monitoreo le sigue, y nos ayuda a entender por qué le tomó a Andrew un año poder incluirme en su vida o expresar sus sentimientos.

"Tuviste una alta puntuación en regulación emocional", explica el Dr. Baker. "¿Han escuchado de la alexitimia? Puede estar relacionada de cerca con el autismo".

"Reconozco el término de un mensaje de texto que me envió Andrew meses atrás", explico. "Es la única vez que lo había escuchado".

"Si, le envié un mensaje de texto a Michelle al respecto", agrega Andrew. "Pero no estaba seguro de que la tenía".

Wikipedia define la alexitimia como "una característica de la personalidad que se distingue por la inhabilidad de identificar y describir emociones que uno vive. La característica clave de la alexitimia es marcada por una disfunción de la conciencia emocional, apego social y relaciones interpersonales. Más allá, la gente con alexitimia pueden tener una dificultad para distinguir y apreciar las emociones de otros que puede llegar a respuestas sin empatía o sin emoción".

No hablamos por mucho tiempo sobre la alexitimia o hacemos un diagnóstico oficial, pero acordamos que suena como que Andrew tiene alexitimia considerando los resultados.

Tras revisar los cuatro cuestionarios, hablamos de varios temas.

"Alguna vez alguien ha hecho un comentario sobre el tono de voz de Andrew, su expresión facial, como se sienta, para o camina?", pregunta el Dr. Baker mientras lee algo en su computadora.

Inmediatamente Andrew me voltea a ver por qué sabe que soy la mejor persona para responder.

"Oh, no sé por dónde empezar", le digo. "Hay mucho que decir".

"Empieza por donde quieras", me indica el Dr. Baker con una sonrisa.

"Bueno", empiezo, "si le susurro, él responderá hablando con voz alta, incluso si estamos en la cama y está junto a mí. Algunas veces habla con un largo tono monótono y cambia de tema sin pausar".

"Está bien", dice el Dr. Baker y comienza a escribir. "Habla en volúmenes distintos en el momento equivocado. ¿Qué más?"

"No reacciona al contacto físico como cualquier otra persona que haya conocido. No puede decirme si disfruta un masaje o no. Cuando intento aliviar un nudo en su espalda, no sabe que es un nudo o si se siente mejor", explico.

"Reacción extraña al ser tocado, de acuerdo con Michelle", repite el Dr. Baker y sigue escribiendo. "¿Algo más?"

"Andrew es la persona menos torpe que conozco y siempre está parado de forma correcta. Se toma su tiempo para hacer todo eficientemente y no sabe cómo apurarse. Rara vez lo he visto tropezarse o dejar caer algo", continuo.

"¿De verdad? ¿No es torpe?", dice el Dr. Baker sorprendido y se voltea hacia Andrew.

"No, no diría que soy torpe", responde Andrew.

"No escucho eso seguido y parece que no tienes un 'stim'", dice el Dr. Baker. "Stimming es un movimiento repetitivo que usa la gente para calmarse Por ejemplo tronar los dedos o mover las manos".

"No, creo que no hago eso", asegura Andrew y voltea a verme para ver si estoy de acuerdo.

"Hay instancias en las que verbalmente ha repetido algo tres veces sin darse cuenta, pero tampoco he notado algo más", explico. "Andrew es la persona más coordinada que conozco y siempre está bien parado. Yo soy la torpe en la relación".

"¿Cuán seguido repite cosas?", pregunta el doctor.

"Unas cuantas veces desde que empezamos a salir. Sucede cuando está realmente molesto", le digo.

"Bien, ¿qué más?", pregunta el Dr. Baker y continúa escribiendo.

"Hay veces en las que parece muy molesto y luego me dice que estaba disfrutando el momento", comento. "Es confuso. Sus expresiones faciales no coinciden con sus emociones".

"Bueno", dice el Dr. Baker y voltea hacia Andrew y le pregunta, "¿Lo escuchas seguido?"

"Sí", responde Andrew. "La gente muy seguido me dice que no puede leerme".

"¿Cuáles son tus intereses o hobbies?", le pregunta el Dr. Baker a Andrew.

'Bueno, he leído 35 libros de finanzas, económica, inversión, operaciones bursátiles y la psicología de la inversión" empieza Andrew. "Me gusta Magic: The Gathering, Calabozos y Dragones, levantar pesas, snowboarding, la astronomía y la mecánica cuántica".

Andrew toma una pausa para pensar y entonces digo, "También le encanta arreglar cosas".

"Sí, no tuve mucha experiencia mecánica cuando era niño, pero soy buen mecánico ahora", explica Andrew. "Y aprender de ciencia y los juegos de computadora me gusta", dice Andrew con una sonrisa sin poder esconder su emoción al mencionar la ciencia.

"Parece que tienes un muy limitado interés", reconoce el Dr. Baker.

"Algo así", responde Andrew. "He pasado cientos de horas investigando estos temas, y también de economía, finanzas y geopolítica. Me gusta todo de la historia de la tierra y la historia de la humanidad".

Esto se convierte en una agradable plática y el Dr. Baker explica sus interesantes figuras de ciencia ficción en su oficina. Él y Andrew hablan de cosas nerd por tanto tiempo que no hablamos de nada más. Hablan de varios temas de los que sé poco, pero sus pasiones me entretienen y me siento en silencio. Me gusta escuchar a la gente hablar sobre lo que más disfruta. El Dr. Baker está emocionado de la misma forma que Andrew cuando explica las cosas que más ama y estoy aquí para eso.

Cuando llega a su fin la conversación, es claro que la mayoría de los intereses de Andrew son típicos de una persona con autismo. Ya lo sabía, pero esta tarde me deja en claro que tan cierto es.

Son después de las 4p.m. cuando nos vamos.

"La próxima sesión será la última. No tenemos mucho que discutir", nos dice el Dr. Baker mientras nos lleva arriba.

"Gracias Dr. Baker. Estamos entusiasmados", le decimos mientras salimos de la casa.

## Julio - Tercera Sesión

"¿Cómo has estado?", le pregunta el Dr. Baker a Andrew mientras nos sentamos en el cómodo sillón.

"Bien. Creo que estoy siendo un poco mejor en muchas de estas cosas", dice Andrew.

"Me siento menos ansioso".

Sin perder el ritmo el Dr. Baker responde, "No, no estás mejor, Andrew. Michelle simplemente te está haciendo sentir cómodo".

"Oh, ¿eso es lo que sucede?", responde Andrew.

"Sí, tu cerebro está conectado de cierta manera. Eso no cambia. Pero si tu ambiente se acomoda, te sentirás mejor", explica el Dr. Baker. "Ahora que Michelle te entiende mejor, seguro que ha hecho algunos cambios que no percibiste".

"Si, eso es cierto", le digo. "También me estoy sintiendo menos frustrada con ciertas cosas ahora que lo entiendo.

Se siente bien sentirme validada por el Dr. Baker por mis esfuerzos. No tenemos mucho de qué hablar después de la última sesión. Sólo tenemos que discutir los problemas sensoriales y del diagnóstico después de completar todo. Esto nos deja tiempo para hablar de otros temas y reírnos.

"No me gusta el programa Friends", dice Andrew. "No sé por qué alguien le gustaría verlo. Me hace sentirme incómodo".

"Me gusta ese programa", explico. "Lo encuentro reconfortante tenerlo en segundo plano cuando estoy cansada o me siento ansiosa".

"Sé que lo ves y no lo entiendo", explica Andrew.

El Dr. Baker inmediatamente lo entiende y hace un comentario interesante.

"Es porque Friends usa lenguaje corporal y emociones", explica. "Te da esos buenos sentimientos con sonrisas exageradas y expresiones faciales exageradas".

El Dr. Baker nos da ejemplos de expresiones faciales exageradas entre sus oraciones y lo hace muy bien. Su gran sonrisa y mueca son impresionantes y graciosas.

"Sin realmente entender el lenguaje corporal o la necesidad de sentir esas emociones de felicidad no hay mucho más en el programa", agrega el Dr. Baker.

"¡Oh por dios! ¿Eso es? Porque realmente odio ese programa", intercede Andrew.

"Es por que no necesitas confort emocional de la misma forma en la que la mayoría de la gente lo necesita", agrega el doctor.

"Es tan cierto", digo con una sonrisa. "Realmente lo veo para sentirme mejor".

Todos nos reímos antes de terminar el librito.

"¿Te molestan ciertas luces, sonidos, olores, o cómo se siente una tela, el calor o frío o que te toquen?", le pregunta el Dr. Baker a Andrew mientras lee de su computadora.

"Realmente odio el calor. No podía estar abrigado de niño", dice Andrew. "Prefería tener frío que el calor en cualquier circunstancia".

"Sí, casi siempre trae una camiseta y pantalones cortos", agregó. Luego cuento la historia de la primera vez que fuimos juntos de compras y casi tuve un ataque de pánico en la tienda.

"Odio que las etiquetas toquen mi piel y cualquier tipo de tela dura", agrega Andrew.

"También odio la sensación del protector solar en mi piel. Me la lavo en cuanto puedo porque odio la sensación.

"Prácticamente usa ropa vieja que ha tenido desde años debido a que es la más cómoda", explico. "Y comenta que las cosas huelen mal cuando yo no noto el olor".

El Dr. Baker no deja de hacer anotaciones en la computadora mientras Andrew y yo hablamos. "Realmente te gustan tus audífonos que cancelan el sonido y tus lentes, pero diría que tu sensibilidad a la luz y sonido es baja", le digo a Andrew.

"Sí, no tengo muchos problemas con eso", responde Andrew.

"¿Tienes imaginación?", le pregunta el Dr. Baker.

"Creo que sí", dice Andrew.

"¿Realmente?", le pregunto. "Por qué te cuesta trabajo visualizar escenario cuando te los explico".

"Sí, lo sé, pero puedo jugar Calabozos y Dragones y eso requiere imaginación", dice Andrew.

"Cuéntame una historia sobre un gato y hierba de gato", le pide el Dr. Baker a Andrew.

"Habían dos gatos que encontrar un poco de hierba de gato el martes y la trajeron a la casa", inicia Andrew. "Luego el gato le mostró la hierba de gato a sus amigos mientras tomaban algo de leche tibia".

El Dr. Baker se sienta en la silla y cruza los brazos con una sonrisa. "Sigue", dice. "Es entretenido".

"Luego todos empezaron a correr por la casa drogados por la hierba de gato. Estaban arañando las sillas y tirando cosas", sigue Andrew.

"Bien, es suficiente. Claramente tienes imaginación", concluye el Dr. Baker riendo.

Es una gran forma de terminar el proceso de diagnóstico.

"Sólo necesito unos minutos para agregar la puntuación final e imprimir la carta diagnóstico", nos explica el Dr. Baker.

Explica que Andrew calificó con un nivel 1, excepto en rigidez y habilidad de adaptación en la que estuvo en el nivel 2.

## La Carta Diagnóstico Oficial

La primera página de la carta diagnóstico de Andrew fue la siguiente

*17 de Julio del 2019*

*A quien corresponda,*

*Andrew fue diagnosticado con Trastorno del Espectro Autista. El diagnóstico específico es:*

*Trastorno del Espectro Autista*
*Nivel 1 Severidad de comunicación social - necesita apoyo*
*Nivel 2 Severidad del comportamiento restrictivo repetitivo - Necesita apoyo sustancial*

*Sin impedimento en el lenguaje*
*Sin un trastorno en el desarrollo intelectual*

*DSM 5 Severidad es basada en el apoyo necesario en cada área*
*Nivel 1 - Apoyo necesario*
*Nivel 2 - Apoyo sustancial necesario*
*Nivel 3 - Un gran apoyo sustancial necesario.*

Engrapado con la página diagnóstico están los resultados de las pruebas de Andrew, así como los síntomas observados por el Dr. Baker.

En el área de comunicación social, el Dr. Baker notó tres de los cinco síntomas de Andrew. Se necesitan tres para tener un diagnóstico de autismo.

En el área de restrictivo-repetitivo (obsesivo), el Dr. Baker notó cuatro de cinco síntomas en Andrew.

Junto a la carta diagnóstico, el Dr. Baker nos dio una copia de las notas que tomó en las tres sesiones, así como las respuestas de Andrew en el cuestionario.

"Entonces qué ahora. ¿Le digo a la gente?", pregunta Andrew.

"Bueno, eso depende de ti", nos explica el Dr. Baker. "Personalmente prefiero mantener mi diagnóstico en privado. No es para que todos lo sepan".

"No sé bien que voy a hacer", piensa Andrew.

"Bueno, no necesitas decidirlo ahora", le digo y tomo su mano. "Sabrás que funciona para ti, pero creo que ayudaría si la recepcionista de tu trabajo entendiera esto de ti. Quizá sería más directa con sus instrucciones por correo electrónico y te frustrarías menos".

"¿Qué les diré?", pregunta Andrew.

"Bueno, técnicamente se llama Trastorno del Espectro Autista. Se le conoce formalmente como síndrome de Asperger", explica el Dr. Baker. "Pero hay otras cosas que puedes decir si no lo quieres contar a la gente".

El Dr. Baker nos entrega un formato y nos explica. "Estas son oraciones que puedes usar como diferentes opciones: 'Soy el tipo de persona que... hace muchas preguntas'. O, 'Soy el tipo de persona que... necesita instrucciones directas'".

"Oh, eso tiene sentido", le digo mientras veo el formato.

"'Me ayudaría si...' es otra que puedes usar. 'Me ayudaría si planearas la pregunta de otra forma'. O 'Me ayudaría si me explicarán más a detalle para entender'", continúa el Dr. Baker.

"Bien, gracias", dice Andrew mientras nos ponemos de pie para irnos.

"Hay un grupo de apoyo que se reúne cada mes para discutir diferentes temas en el Centro de Autismo. Soy bienvenidos si quieren", nos explica el Dr. Baker y le da la información a Andrew.

"Muchas gracias, lo revisaré", responde Andrew y toma el tríptico.

"Gracias por todo, Dr. Baker. Realmente disfrutamos la experiencia", le digo mientras nos acompaña a la puerta.

"Sí, me entristece que no volveremos aquí", agrega Andrew. "Ha sido un placer".

\* \* \*

## LA PERSPECTIVA DE ANDREW

Recuerdo la pregunta: "En una conversación, tiendo a enfocarme en mis propios pensamientos en lugar de lo que lo que el que me escucha podría pensar". Mi respuesta a esa pregunta sería la misma hoy en día. Entiendo que intenta evaluar en que pones atención mientras conversas con alguien, pero se siente frustrantemente ambiguo. La respuesta puede varias dependiendo del tipo de conversación que tengo. Si es interesante y quiero escuchar lo que dice la otra persona entonces mi atención estará en lo que dicen. Estoy en un estado de absorción y enfocado en lo que dicen.

En esas conversaciones, intento determinar qué tipo de conversación estoy teniendo y cómo voy a actuar. En esas situaciones mi atención estaría enfocada en mis pensamientos.

No sólo como responder preguntas generalizadas. Si no es obvio cuál responder, entonces siento que debería explicar.

La pregunta de si, "Preferiría ir a la biblioteca o a una fiesta" es también frustrantemente ambigua. Me gusta ir a fiestas y también me gusta ser un nerd un viernes por la noche. He pasado horas buscando información en Wikipedia. La respuesta a la pregunta es dependiendo del contexto. ¿La fiesta en cuestión es mejor que la biblioteca? ¿O quiero aprender más sobre termodinámica que ir a una fiesta que no sea divertida? La respuesta está en medio. Podría lanzar una moneda.

Esto de "no poder generalizar" se extiende a otras áreas de mi vida. No tuve pasaporte por cinco años porque necesitaba la firma de un garantizador. Un garantizador es una persona que es profesional y que te ha conocido por cinco o más años. Bueno, no tengo eso, ¿Entonces qué hago? Me frustra que hay una prueba imposible en la aplicación al pasaporte y entonces no lo completo y eso hago. Creo que no saldré del país. Esto me sucede con frecuencia cuando lleno papeles. Ya sea en el trabajo, en el banco o el aeropuerto.

"Las cosas parecen ser un hecho o una tontería en los ojos de Andrew. No hay tal cosa como posibles verdades. Todos rápidamente concluimos que Andrew piensa en blanco y negro". Michelle lo mencionó antes en este capítulo y quiero hablar al respecto.

Esto es cierto. Considero casi todo blanco o negro. Pero hay muchas veces que no sé en qué categoría poner algo. Mentalmente consideraré algo como: Posiblemente cierto o falso, blanco o negro y necesito más información. Utilizo este método para etiquetar muchas ideas y conceptos y que no tengo respuesta. Las preguntas no se convierten en verdades enteras hasta que está el 99%, pero prefiero que el tema sea al 100%.

Me impacto cuando el Dr. Baker explicó el concepto de poder generalizar y cuánto he batallado con esto. No creía que tenía problemas con la generalización, pero que me gustaba tener conecto y detalles. Seguro, ¿puedo generalizar? Quizá, pero me causa problemas. Mi mente se traba cuando intenta generalizar. Una vez que comencé a generalizar, mi mente vuelve a los detalles. Una y otra vez esto sucede. Es difícil romper este ciclo y al final tengo que esforzarme y tener disciplina para descifrar una generalización. Aprender sobre mí me ayudó a explicar muchos problemas que he tenido en mi vida.

Mientras me diagnosticó el Dr. Baker, recuerdo los momentos en los que nos percatamos que posiblemente tengo autismo. Cuando hacía exámenes en línea, me seguía preguntando, ¿es correcto? Tengo autismo. Le hacía preguntas al Dr. Baker y me lo explicaba y entonces sentía un momento de: Ah, ha ahora entiendo en que tenía un déficit. Esto ayudó a que sintiera confianza y ninguna duda sobre mi diagnóstico.

Sentí que Michelle estaba aprendiendo mucho también. Esto me hizo sentir doblemente bien. Doblemente bien de que estoy aprendiendo, sintiéndome bien conmigo mismo y que Michelle me entendiera más. Sabía que esto definitivamente incrementaría la posibilidad de tener una larga, fuerte y feliz relación.

\* \* \*

# 19
## DESPUÉS DEL DIAGNÓSTICO

Horas después de que recibimos el diagnóstico de Andrew, nos dirigimos al aeropuerto. Vamos a visitar a su familia en Thunder Bay por segunda ocasión como pareja. En los primeros días del viaje Andrew es él mismo. Visitamos a su familia, realizamos unas lindas caminatas y disfrutamos de unos deliciosos Persians.

Pero este disfrute no dura mucho. El fin de semana se avecina y Andrew se vuelve más callado. Difícilmente está conviviendo, incluyendo conmigo. Primero pienso que es la usual frustración de que su familia no lo entiende. La familia de Andrew tiene las noticias continuamente en la televisión y están preocupados de todos los eventos que suceden en el mundo. Esto nos es difícil. No vemos las noticias o nos preocupamos de las cosas que están fuera de nuestro control. Pocas veces dejamos la televisión prendida ya que no nos encanta tener el sonido en el fondo. Asumo que eso molesta a Andrew, pero estoy equivocada.

Cuando llega el fin de semana, Andrew está completamente agobiado y no puede ni funcionar. Tiene problemas para sostener una simple conversación. Una vez que llega a este punto, le toma unos días más explicar qué le molesta.

Voltea hacia mí y me dice: "Es como si hubiera ido por la vida mirando con el lente equivocado. No sé cómo pensar y no sé qué estoy haciendo. No sé quién soy. Tengo que cambiar el lente".

En este momento me doy cuenta que su estado de agobio se trata del diagnóstico de autismo y seguramente poco tiene que ver con su familia. Siendo Andrew quien es, le tomó una semana entender el diagnóstico.

Durante el proceso de diagnóstico con el Dr. Baker Andrew estaba de buen ánimo. Parecía disfrutar la experiencia. No veía nada que no fuera emoción de aprender sobre si mismo. Este cambio de humor no era algo que esperara o para lo que estaría preparada.

Comienza a pensar de más todas sus decisiones, incluso las pequeñas. No sabe qué comer, si está cansado o qué quiere hacer. Los últimos dos días son una pesadilla. Andrew es un desastre y estar con su familia no ayuda.

La familia de Andrew lo ha extrañado desde que se mudó a los 19 años y lo dicen seguido. "Nos gustaría que llamaras más seguido. Te vemos poco y no podemos creer que pronto te volverás a ir. No vienes lo suficiente. Nunca te vemos".

Es difícil para Andrew escuchar esos comentarios en un buen día, pero en este estado hace que pierda todo. No puede pensar bien. Le tengo que recordar que tome agua y que vea a su familia de vez en cuando. Le dicen algo y es como si no se diera cuenta. Su cerebro está en otro lado. Ni siquiera puedes confiar en que maneje en este estado y no puedo esperar a que volvamos a casa.

De camino al aeropuerto nos sentamos en silencio y apretamos la mano. Ambos estamos exhaustos y ansiosos de tomar el avión. La mamá de Andrew nos sorprende en el aeropuerto para decir adiós. Nos sentamos en una mesa y tomamos café en una última visita antes de pasar por seguridad. Hacemos lo que podemos para entretenerla, pero no tenemos mucho qué decir. No tenemos paciencia y estamos desesperados por tener un tiempo a solas.

Antes de levantarnos de la mesa nos da un regalo. Son unas estatuas con una punta de metal de unos magos envueltos en plástico burbuja. Andrew hace una cara que deja en evidencia que no quiere llevarse las estatuas, pero su madre se sentiría mal si rechazamos el regalo Andrew y yo viajamos solo con una pequeña maleta. Nuestras maletas están casi llenas, pero hay un poco de espacio en la maleta de Andrew. Las estatuas casi no caben y Andrew comienza a sentir más ansioso. Tengo que sostener la parte de arriba mientras la cierra. Sus ojos están grandes como un plato y abrazamos a su madre para despedirnos.

Andrew viaja con un aparato para respirar y lo tiene que sacar en el área de seguridad cada vez que viaja. Andrew se le olvida en esta ocasión y pasa su maleta sin sacar el aparato.

Una mujer del área de seguridad toma la maleta. "¿Puede venir conmigo, señor?", le pregunta a Andrew y se hace a un lado.

Mientras abre la maleta escucho que le pregunta a Andrew, "¿Hay algo puntiagudo o peligroso en su maleta, señor?"

"No lo sé, tal vez", responde Andrew.

Claramente no esperaba esa respuesta.

No sabe qué hacer después. La oficial se detiene un segundo y le pregunta, "¿Usted empacó su maleta, señor?"

"Sí", responde Andrew.

"Le preguntaré de nuevo: ¿Hay un objeto puntiagudo o peligroso en su maleta, señor?".

Su voz comienza a endurecerse.

"No lo sé, tal vez", repite Andrew en el mismo tono.

Mi ansiedad alcanza un nivel alto. Me apresuro para ponerme los zapatos mientras escucho todo esto. Entiendo lo que está sucediendo. La estatua que le dio su mamá a Andrew puede ser considerada puntiaguda. Son magos con sombreros de punta. Andrew no sabe si los consideraría un objeto afilado, entonces él responde con, "No lo sé, tal vez".

Su mirada es una mezcla de terror y confusión. Parece que va a pedir refuerzos. Una parte de mí espera que saque su arma y le pida a Andrew que se arrodille. Con un zapato puesto corro para ayudar.

"Hay unas estatuas que son un poco puntiagudas, pero tienen plástico burbuja". "Quiero continuar diciendo que, "Él tiene autismo, entonces toma literalmente la pregunta", pero no sé si lo estamos diciendo aún.

Con razón no sabe si abrir la maleta. Hago lo mejor que puedo para cortar la tensión con una broma. "Tuvimos un largo viaje visitando a la familia y está cansado. Sabes cómo puede ser la familia. Realmente te cansan". La oficial se ríe y parece relajarse y deja caer sus hombros. "¿Le gustaría que abriera la meta por usted?"

"No señora, está bien. Lo haré lentamente", responde.

Andrew y yo nos paramos en silencio mientras abre poco a poco la maleta y remueve las estatuas y revisa la maquina CPAP. Andrew no se mueve y ni siquiera hace contacto visual conmigo.

Mientras la oficial pone todo de regreso en la maleta de Andrew nos dice. "Bien, puedes seguir".

"Muchas gracias", respondo aliviada.

\* \* \*

## LA PERSPECTIVA DE ANDREW

Aprender que tenía autismo, seguido de la visita inmediata con la familia por siete días fue abrumador. Esto llevó a que tuviera problemas generalizando o respondiendo a preguntas generalizadas. Especialmente cuando estoy en un ambiente con el que estoy poco familiarizado, un ambiente tenso como en la seguridad del aeropuerto.

"¿Hay algo filoso o peligroso en su bolsa, señor?", me dice. Mi mente proceso la pregunta como: ¿Cuál es el contexto? ¿Filoso, filoso? ¿Puntiagudo filosos? ¿Digo que no aunque podría haber un objeto puntiagudo filoso en la maleta? No puedo mentir.

Ahora imagina este pensamiento una y otra vez 50 veces en cuatro segundos y no encuentro respuesta. Mi mente dejó de funcionar. No hay respuesta.

\* \* \*

## DE VUELTA CON MICHELLE

Mientras caminamos a la puerta tengo una realización tensa. He estado viendo el diagnóstico como el final del camino con el autismo.

Estoy equivocada.

Andrew no está bien. No está ni cerca de estar bien. Le dijo a una oficial de seguridad que podría tener un objeto filoso y peligroso en su maleta. Nunca lo había visto así.

Es un después para el que no estoy preparada y apenas es el comienzo.

Fotos del Capítulo 19
Bellamimalifestyles.com/bookphotos

# CONCLUSIÓN

Bueno, lo lograste mejor amigo; llegaste haste el final. Estoy emocionada de que te quedaste con nosotros hasta el final. Es tiempo para concluir.

Me siento avergonzada de que me tomó hasta los 33 años para empezar a salir con alguien como Andrew. Entiendo que muchos entenderán cómo es obviar a una persona como él por cosas parecidas, especialmente la forma de vestir y el hecho de que compartimos casi todas las cuentas.

Muchas personas tienen problemas con la ansiedad social y tienen problemas en el amor. Con este tipo de personas, las primeras citas pueden ser algo incómodas, pero esto no quiere decir que no sean parejas fantásticas. Si hubiera tenido esta perspectiva en mis muchos años de conocer gente en línea y relaciones fallidas, hubiera salido con estas personas en una segunda cita.

Quiero que te abras a la persona callada en la esquina con un protector e intereses únicos. La persona con la que quizá tengas que dar el primer paso porque quizá son demasiado tímidos para pedirte una cita. La persona que se viste por funcionalidad y no por estilo. El que no te va a prometer el mundo hasta que sepan que te lo puede dar (que podría tomar un largo tiempo). La persona con la que puedes ser tú mismo, esa es la pareja que quieres. Podrás sentir que son más un amigo que un amante, pero te aseguro que puede ser una bendición encubierto.

El romance y las ocasiones especiales están sobrevaloradas. Muchas personas presumen los regalos que recibieron en una ocasión especial, pero se sienten desatendidos por sus parejas el resto de la semana. Eso es tonto. A lo que deberíamos prestarle más atención es a los otros días de la semana. El día a día es más importante que los días especiales.

¿Cómo te reciben cuando llegas a casa? ¿Cómo actúan cuando tienes un mal día? ¿Te gusta la persona en la que te estás convirtiendo cuando estás con ellos? ¿Puedes admitir sus defectos? ¿Los dos están lo suficientemente conscientes para admitir cómo sus hábitos afectan el uno al otro? Esto es lo que más importa; de esto deberían ser las películas.

El mundo necesita todo tipo de personas para que todo se mueva sin problemas. Necesitamos extrovertidos, introvertidos, gente que se relaciona bien y gente que destaca trabajando con máquinas. Seguido cuando tenemos éxito en un área, nos falta en otra. A veces nos distinguimos en un área y nos falta en otra, así es como funciona. Hay una limitada banda ancha en el cerebro y no puedes ser un genio en todos los aspectos. Quien quiera que seas en el mundo, acéptalo y entiende que eres exactamente quien debes ser.

Hablaré más al respecto en otro libro, pero soy realmente muy mala en todo en lo que Andrew destaca. Si mi vida dependiera en aprender a arreglar mi auto para llegar a un lugar seguro, estaría muerta. En muchos sentidos sus habilidades son más útiles que las mías y aun así la sociedad hace que se sienta menos. No hay palabras para expresar cuanto me molesta.

Intento recordarle sus talentos cuando se siente mal.

Siento que los nerds son malentendidos por que no asemejan nuestro comportamiento como estamos acostumbrados. Para mí eso los hace increíbles. El hecho de que no cambiará sus gustos sin importar que sea popular o no, es admirable. El problema es que vivimos en una sociedad que quiere que todos sean iguales y no nos enseñan a apreciar la neurodiversidad.

Wikipedia define a los nerds así: "Un nerd es una persona que es increíblemente intelectual, obsesivo, introvertido y que no tiene habilidad social. Una persona así podría pasar horas en una actividad poco popular, poco conocida y que no sea muy conocida que generalmente es altamente técnica, abstracta o relacionada a temas de ciencia ficción o fantasía y que excluyen actividades populares. Además, muchos de los llamados nerds son descritos como tímidos, extraños, pedantes y poco atractivos. No me molesta mucho la definición de Wikipedia, pero cuando escribió "nerd" en el diccionario de google encuentro una definición más negativa, "una persona ingenua o despreciable que no tiene habilidades sociales o es aburrido y estudioso". No me gusta para nada esta definición.

Personalmente describiría a un nerd como, "Una persona que no busca agradar a otras persona. Que tiene sus propios intereses sin importar lo que es popular y que pone atención hasta el último detalle y busca compartir sus conocimientos". Además, por mi propia experiencia, soy personas confiables que cumplen su palabra. Encuentro es más interesante pasar mucho tiempo con ellos. Amo a mi nerd. Es refrescante no vivir para impresionar a alguien como antes. También amo que con él siempre estoy aprendiendo. Quiero animar a más personas en aceptar la segunda cita cuando alguien se sintió "incómodo", por que agradezco que lo hiciera. Los nerds es donde está; sólo hay que entenderlos mejor.

Miro mis primeros días con Andrew muy diferente ahora. Cómo se vestía cuando nos conocimos para jugar squash tenía mucho sentido. Sus medias estaban estiradas hasta arriba y dobladas a la mitad debido a que le acomoda en la pantorrilla y no se le caen. (Usa sus medias de esa manera hasta ahora). Sus pantaloncillos cortos estaban muy cortos porque no quería lidiar con que se le cayeran a medio juego. Quiere que todo sea tan funcional como sea posible para jugar de manera óptima. Respeto esto de él ahora y tras un año como pareja he comenzado a vestirme más como él.

Cuando pienso en nuestra primera caminata juntos, cuando uso esa camiseta horrible con agujeros, me doy cuenta de que hubo algo mágico sobre ese día. Aprendimos mucho de cada uno en horas, pero nunca lo pensé. Revelé mi verdadero yo sin tener la guardia levantada aunque lo conocía poco. Agradezco que escogiera usar esa horrible camiseta amarilla ese día. De lo contrario hubiera pensado que es lindo y no hubiera sido tan fácil hablar con él. Nunca lo volví a ver portar esa camiseta y la tiré a la basura poco después de que se mudó cuando note que estaba colgada de su lado del vestuario.

No fue la ropa de Andrew, los lentes de sol o el espacio en su sonrisa lo que evitó que me sintiera atraída. Eso fue lo que decidí criticar porque algo más faltaba. Le faltaban las habilidades sociales básicas, incluso algo tan simple como preguntarme si había algo que me gustaría. Una vez que Andrew me dio un vistazo de que era capaz de hacer mi café, mi atracción comenzó a florecer debido a que sentí que consideraba mis necesidades antes que las suyas.

Ahora que entiendo cómo funciona la menta de Andrew, me doy cuenta de que nunca hubiera dado el primer paso conmigo. Le dije verbalmente cuando nos conocimos un año antes que sólo me interesaba una amistad, entonces hasta que verbalmente le dije lo contrario actuó de esa manera. Realmente no lo notó. Las cosas hubieran seguido de la misma manera por meses o posiblemente años si no hubiera tomado la decisión. Debido a que Andrew ve cada día como un evento individual, el cambio en nuestra amistad no fue obvio para él.

Por meses, pedía que Andrew pudiera expresar lo que sentía por mí y al final terminó expresando más emoción en la lista que escribió sobre mí que cualquiera con quien había estado antes. No la escribió para impresionarme o recibir crédito. Ni siquiera se molestó en mostrármela. La escribió para sí mismo, para expresar gratitud por su vida. No lo hizo por que estuviera molesto con él o porque era una cursi celebración. Lo hizo porque quería y eso hizo que sintiera el amor de una forma que nunca creí posible.

Espero que este libro ayude a cambiar la forma en la que ves a los otros sin importar si tienen autismo o no. Aquí están unas lecciones que espero te lleves:

- Observa a las personas sin intentar cambiarlas
- Deja de tomarte todo personalmente. Asume que las características de la personalidad de otro no tienen absolutamente nada que ver contigo.
- Tómate tiempo para aprender sobre tus seres amados. Date cuenta de cómo funciona su mente y encuentra la forma de llegar a un acuerdo en áreas que son difíciles. Comienza haciendo

más preguntas cuando digan o hagan algo que no entiendes en lugar de molestarte. Si no pueden conseguir ayuda profesional, aún hay mucho que aprender por ti mismo investigando. Se creativo y e implacable.
- La comunicación lo es todo. A veces el comportamiento no tiene nada que ver con cuánto te ama una persona o cuánto le importas y todo que ver con cómo está conectado su cerebro. Reconoce las diferencias y destácalas en lugar de culpar a tu pareja.
- Una vez que has aprendido más de tu pareja, piensa si puedes ajustar tus expectativas en ciertas áreas para que sus vidas sean más fáciles.
- Diseña una relación que funcione para ambos. Encuentra la mejor forma de hacer que sus piezas de rompecabezas encajen juntas sin preocuparte de cómo los perciben los demás.
- Los medios masivos han dado mucha importancia a los grandes gestos románticos y la atracción física. Ninguna de estas son esenciales para una relación saludable cada día a largo plazo. Se hace poco énfasis en lo que hace que una relación duradera tenga una base sólida.
- Cambiemos la narrativa. El primer año de nuestra relación no necesita ser todo sobre el romance. ¿Qué pasaría si la fase inicial del amor es la más difícil mientras trabajar en aprender sobre cada uno y a partir de ahí sólo mejora? No se necesita una chispa por que inevitablemente se apaga. Tener una base sólida entendiéndose es más importante
- Las relaciones son sobre dos personas con pasados distintos y con problemas que se unen y comunican. No sean esa pareja que pasa décadas discutiendo sobre direcciones por que no se han percatado que uno es pensador visual y el otro no. Aprende cómo funciona la mente de tu pareja y estate consciente de la tuya. Trabaja en esto ahora y no pases toda una vida sintiéndote frustrado.

Seguramente hubo momentos en este libro en los que pensaste para tus adentros, De verdad Andrew, ¿es todo lo que tienes que decir? Lo que puedo decir es, bienvenidos a mi vida. Hacer que se abriera tanto como lo ha hecho fue un trabajo. No le es fácil mostrar sus emociones y estoy orgullosa de él por ser tan vulnerable.

No te preocupes, nuestro trayecto no ha terminado; apenas ha comenzado. Este es el primer libro de una serie de cinco. Aún tenemos suficientes temas que cubrir y lo mejor está por venir.

Nuestro próximo libro se titulará Antes del Amor & Autismo, y cuenta con muchos capítulos escritos por Andrew. Aprenderás sobre su infancia, así como de la mía. Destacará todo el trauma, aventura, desamor y sanación por la que pasamos en nuestra vida antes de Enamorarnos.

\* \* \*

## LA PERSPECTIVA DE ANDREW

Michelle hizo un buen resumen esto muy bien, pero no estoy de acuerdo con una cosa que dijo. "No se necesita una chispa, por que inevitablemente se apaga". Creo que se necesita una chispa, pero no el tipo de chispa que enciende una tonelada de fuegos artificiales en seis semanas y luego se esfuma dejando un desastre.

Estate dispuesto a abrirte a nuevas posibilidades para navegar relaciones. Sólo estando abierto a nuevas ideas sobre cómo "son las cosas" o "deberían de ser" tu vida podría cambiar hacia algo mejor de lo que habías imaginado.

Algunas características base que pueden ayudar a crear y cultivar este enfoque

- Paciencia, tolerancia, cuidado personal, ser consciente de uno mismo y amoroso hacía ti y tu pareja.
- Saber qué quieres y permitir que lo que quieres cambie. De cierta manera, ser suficientemente rígido para protegerte, tu amor propio o lo que sea que te hace increíble. Pero flexible y suficientemente capaz de adaptarte para que la relación fluya y no se dañe.

¿Cómo integrar estos enfoques en tu vida?

Paso número uno - ¿Te amas a ti mismo? Si / No.

Si la primera respuesta es no, entonces tómate las próximas semanas o años para aprender sobre el amor propio. Buena suerte.

En otro caso sigue el paso dos

Paso dos - No hay paso dos. Una vez que aprendes a tener amor propio sabrás qué hacer.

Ahondaremos en este tema en el próximo libro. Mientras tanto, esperamos que nos sigas en redes sociales. Puedes revisar este libro online, consultar por nuestro curso de relación, y además de otras publicaciones.

\* \* \*

Bellamimalifestyles.com

# NOTAS FINALES

Notas que escribí sobre Andrew la noche que leí Síndromes sombra:

- Sensible a las texturas, olores, calidad del aire, sonidos (cómo se siente algo es extremadamente importante).
- Incapaz de cambiar la rutina "de golpe" (sólo tiene una velocidad).
- Debe ponerse los zapatos de cierta manera (todo tiene un proceso que debe mantenerse igual).
- Reacción retardada para procesar emociones (le toma de 9 a 12 días saber cómo se siente por momentos).
- Deja de hacer contacto visual cuando habla de sus sentimientos (o no puede hablar de sus sentimientos).
- Frecuentemente cierra los ojos al contar una historia o ve hacia otro lado.
- Extremadamente literal en su habla (toma todo lo que digo literalmente).
- A veces cuenta fragmentos de historias y "pierde el punto" que intentaba hacer.
- No puede dar contexto necesario al recordar conversaciones con otras personas.
- A veces habla con oraciones largas y monótonas.
- Habla en volúmenes distintos en el peor momento (si le susurro, seguramente va a responder en voz alta).

- Las expresiones no van acorde a su cara (parecerá aburrido cuando realmente está disfrutando).
- Se abrumará y evitará situaciones sociales sin decir nada (¿A dónde se fue Andrew?)
- Conducta extraña.
- No sabe cuándo está abrumado y necesita un descanso (le toma días entender por qué estaba abrumado).
- Le gusta que le digan directamente lo que está haciendo bien o mal (no se ofende, lo ve como información útil).
- No puede distinguir entre información útil e inútil (si le haces una pregunta vaga te hablará de todo su día en lugar de las partes importantes).
- Las reglas tienen que aplicar por igual en todas las situaciones (no parece entender que el contexto podría ser distinto).
- Se micro-enfoca y no puede ver el todo (se obsesiona con una cosa y deja que todo lo demás se derrumbe).
- No puede entender la perspectiva de otra persona (o como lo que hace le afecta).
- No liga dos situaciones o se percata de cómo se afectan la una a la otra (lo ve como eventos individuales).
- No puede decirme de qué humor estaba una persona después de que pasó tiempo con ellos.
- Leal hasta el extremo (con frecuencia con personas que no tienen buenas intenciones).
- No puede estimar cuánto le tomará algo (no te puede dar una aproximación).
- Debe averiguar cómo hacer algo cometiendo sus propios errores o leyendo las instrucciones (se lo puedes explicar a detalle, pero no ayudará; necesita imágenes o cometer el error de aprender primero).
- Si le puedes explicar algo, parecerá que entendió qué hacer, pero cuando suceda el momento no puede conectar la conversación que tuviste (es como si hubiéramos tenido la conversación para nada).
- Pequeñas cosas que lo alejan de su híper atención pueden arruinar realmente su día (Ejemplo: recibir una llamada en

el trabajo. Le tomará tiempo a su cerebro regresar al nivel de enfoque que tenía antes de la llamada). Realmente le afecta cuando tiene que quitar el foco en algo.
- Hará lo que le pido, pero en el momento equivocado o lugar. No parece tener un concepto de un mal momento.
- Piensa en blanco y negro (o está muy preocupado o no se preocupa para nada).
- Muy impulsivo sin pensar en las consecuencias.
- Empieza proyectos nuevos sin tener un concepto de cuánto tiempo le tomará.
- Si algo no está en donde debe estar es incapaz de imaginar en dónde puede estar (no piensa en revisar los lugares obvios; sólo se sentirá confundido).
- No entiende engalanar (lo ve como mentir).
- Odia las conversaciones banales (o no participa).
- No ve cómo afectan otras personas su vida de manera negativa. Lo puede discernir inmediatamente con objetos, muy rápido (Lo odio, tíralo).
- En varias ocasiones ha tenido ataques de pánico y repite cosas tres veces mientras mueve la cabeza (Te lo compré, te lo compré, te lo compré).
- No es capaz de entender el efecto que tiene la gente en su vida o reconocer malas influencias que no necesita.
- No le gustan los animales (no necesita la compañía).
- Su cerebro funciona como folders (puede cambiar de temas con un clic y leer varios libros a la vez).
- Sus mensajes de texto en muchas ocasiones están al revés y no dice lo que quiere decir.
- Puede tener toda la atención y estar presente (tengo toda su atención o ninguna atención).
- No parece entender normas sociales o sabe cuándo me está molestando.
- No le gustan los deportes de equipo excepto dodgeball (porque puede usar su propia estrategia).
- No tiene concepto de cuánto puede hacer en un tiempo limitado (se llena de actividades sin saber que no tendrá tiempo y energía).

- No puede jugar scrabble para nada. Me sorprendió que intentó deletrear palabras al revés o en diagonal incluso después de que le expliqué el juego dos veces.
- Hiere mis sentimientos con comentarios directos que muchas veces parece que están trabados repitiéndose pues los dice varias veces al día.
- Me dice que está bien un día y al día siguiente tiene una crisis porque cree que está bien. Es como si tuviera muy poco entendimiento de cómo se siente.
- Piensa en imágenes (piensa visualmente), especialmente con respecto a direcciones.
- Necesita ver la película en su mente, no puedes decirle simplemente en donde dar vuelta. A veces describe una imagen cuando te cuenta una historia.

www.ingramcontent.com/pod-product-compliance
Lightning Source LLC
Chambersburg PA
CBHW071217080526
**44587CB00013BA/1403**